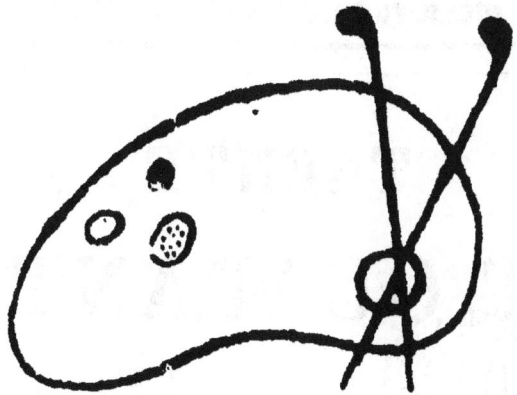

Début d'une série de documents
en couleur

BIBLIOTHÈQUE VARIÉE, 3ᵉ SÉRIE

TRENTE
ET QUARANTE

SANS DOT — LES PARENTS DE BERNARD

PAR

EDMOND ABOUT

QUARANTE-HUITIÈME MILLE

PARIS
LIBRAIRIE HACHETTE ET Cⁱᵉ
79, BOULEVARD SAINT-GERMAIN, 79

1900

PRIX : 2 FRANCS.

Librairie HACHETTE et Cⁱᵉ, boulevard Saint-Germain, 79, À Paris.

BIBLIOTHÈQUE VARIÉE, FORMAT IN-16

À 3 fr. 50 le volume

ROMANS ET NOUVELLES

ABOUT (Ed.) : Le turco; 6ᵉ édit. 1 vol.
— Madelon; 4ᵉ édit. 1 vol.
— Théâtre impossible; 8ᵉ édit. 1 vol.
— Les mariages de province; 9ᵉ édition. 1 vol.
— La vieille roche, 3 vol.
— Le mort immergé; 6ᵉ édit. 1 vol.
— Les vacances de la comtesse; 3ᵉ édit. 1 vol.
— Le marquis de Lanrose; 4ᵉ édit. 1 vol.
— L'infâme; 3ᵉ édit. 1 vol.
— Le roman d'un brave homme; 30ᵉ mille. 1 vol.
— Le Fellah; 6ᵉ édit. 1 vol.

ASTOR : Voyage en d'autres mondes. 1 vol.

CHERBULIEZ (V.), de l'Académie française.
— Le comte Kostia; 15ᵉ édit. 1 vol.
— Prosper Randoce; 5ᵉ édit. 1 vol.
— Paule Méré; 7ᵉ édit. 1 vol.
— Le roman d'une honnête femme; 18ᵉ édit. 1 vol.
— Le grand œuvre; 4ᵉ édit. 1 vol.
— L'aventure de Ladislas Bolski; 8ᵉ édit. 1 vol.
— La revanche de Joseph Noirel; 5ᵉ édit. 1 vol.
— Meta Holdenis; 7ᵉ édit. 1 vol.
— Miss Rovel; 11ᵉ édit. 1 vol.
— Le fiancé de Mˡˡᵉ Saint-Maur; 5ᵉ édit. 1 vol.
— Samuel Brohl et Cⁱᵉ; 7ᵉ édit. 1 vol.

CHERBULIEZ (V.) (suite) : L'idée de Jean Téterol; 6ᵉ édit. 1 vol.
— Amours fragiles; 4ᵉ édit. 1 vol.
— Noirs et Rouges; 5ᵉ édit. 1 vol.
— La ferme du Choquard; 6ᵉ édit. 1 vol.
— Olivier Maugant; 7ᵉ édit. 1 vol.
— La bête; 8ᵉ édit. 1 vol.
— La vocation du comte Ghislain; 6ᵉ édit. 1 vol.
— Une gageure; 6ᵉ édit. 1 vol.
— Le secret du précepteur; 6ᵉ édit. 1 vol.
— Après fortune faite; 6ᵉ édit. 1 vol.
— Jacquine Vanesse. 1 vol.

DUBUT (G.) : Andrée; 9ᵉ mille. 1 vol.
— Le garde du corps; 6ᵉ mille. 1 vol.
— Louison; 13ᵉ mille. 1 vol.
— Victoire d'âme; 7ᵉ mille. 1 vol.

ENAULT (L.) : Myrto. 1 vol.
— Un drame au Marais. 1 vol.

FERRY (G.) : Le coureur des bois; 15ᵉ édit. 2 vol.
— Costal l'Indien; 6ᵉ édit. 1 vol.

SAINTINE (X.) : Le chemin des écoliers; 4ᵉ édit. 1 vol.
— Picciola; 50ᵉ édit. 1 vol.
— Seul; 6ᵉ édit. 1 vol.

VERCONSIN : Saynètes et comédies. 2 vol.

Coulommiers. — Imp. PAUL BRODARD. — 8-1900.

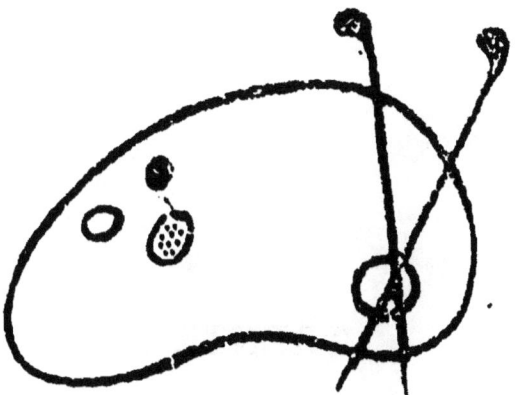

Fin d'une série de documents en couleur

TRENTE
ET QUARANTE

SANS DOT — LES PARENTS DE BERNARD

8° Y² 20061

OUVRAGES DU MÊME AUTEUR
PUBLIÉS PAR LA LIBRAIRIE HACHETTE ET Cie

BIBLIOTHÈQUE VARIÉE

ALSACE (1871-1872); 8° édition. Un vol.
LA GRÈCE CONTEMPORAINE; 11° édition. Un vol.
  Le même ouvrage, édition illustrée, 6 fr.
LE TURCO. — LE BAL DES ARTISTES. — LE POIVRE. — L'OUVERTURE AU CHATEAU. — TOUT PARIS. — LA CHAMBRE D'AMI. — CHASSE ALLEMANDE. — L'INSPECTION GÉNÉRALE. — LES CINQ PERLES; 8° édition. Un vol.
MADELON; 11° édition. Un vol.
THÉATRE IMPOSSIBLE : Guillery. — L'Assassin. — L'Éducation d'un prince. — Le Chapeau de sainte Catherine; 2° édition. Un vol.
L'A B C DU TRAVAILLEUR; 5° édition. Un vol.
LES MARIAGES DE PROVINCE; 9° édition. Un vol.
LA VIEILLE ROCHE. Trois parties qui se vendent séparément :
  1re partie : *Le Mari imprévu*; 6° édition. Un vol.
  2° partie : *Les Vacances de la Comtesse*; 5° édit. Un vol.
  3° partie : *Le marquis de Lanrose*; 4° édition. Un vol.
LE FELLAH; 6° édition. Un vol.
L'INFAME; 3° édition. Un vol.
LE ROMAN D'UN BRAVE HOMME; 55° mille. Un vol.

  Prix de chaque volume in-16, broché, 3 fr. 50.

GERMAINE; 65° mille. Un vol.
LE ROI DES MONTAGNES; 83° mille. Un vol.
LES MARIAGES DE PARIS; 84° mille. Un vol.
L'HOMME A L'OREILLE CASSÉE; 53° mille. Un vol.
TOLLA; 55° mille. Un vol.
MAITRE PIERRE; 19° édition. Un vol.
TRENTE ET QUARANTE. — SANS DOT. — LES PARENTS DE BERNARD; 48° mille. Un vol.

  Prix de chaque volume, broché, 2 francs.

FORMAT IN-8

LE ROMAN D'UN BRAVE HOMME. 1 vol. illustré de 52 compositions par *Adrien Marie*; broché, 7 fr.; — relié, 10 fr.
L'HOMME A L'OREILLE CASSÉE. 1 vol. illustré de 61 compositions par *Eugène Courboin*; broché, 7 fr.; — relié, 10 fr.
TOLLA. 1 volume petit in-4°, illustré de 10 planches hors texte, gravées sur bois d'après F. DE MYRBACH, d'un portrait de l'auteur d'après P. BAUDRY et de 35 ornements par A. GIRALDON, gravés sur bois et tirés en trois tons. Il a été tiré 900 exemplaires numérotés, dont 600 exemplaires sur papier vélin du Marais (301 à 900) avec deux planches hors texte. Prix, broché.................. 30 fr.
TRENTE ET QUARANTE. 1 vol. in-8 jésus, contenant des dessins de *Vogel* et des ornements d'*A. Giraldon*, gravés à l'eau-forte typographique. Broché, 40 fr. — Relié.................................. 50 fr.

Coulommiers. — Imp. PAUL BRODARD. — 902-1900.

TRENTE ET QUARANTE

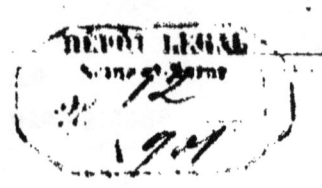

SANS DOT — LES PARENTS DE BERNARD

PAR

EDMOND ABOUT

QUARANTE-HUITIÈME MILLE

PARIS
LIBRAIRIE HACHETTE ET Cie
79, BOULEVARD SAINT-GERMAIN, 79

1900

Droits de traduction et de reproduction réservés.

TRENTE ET QUARANTE

I

LE CAPITAINE BITTERLIN.

Lorsqu'on lui présenta les dernières listes de recensement, il y écrivit lui-même, d'une petite écriture sèche et hérissée comme un chaume :

« Jean-Pierre Bitterlin, de Lunéville ; 60 ans d'âge, 35 ans de services effectifs, 11 campagnes, 2 blessures ; capitaine de 1834, chevalier de 1836, retraité en 1847, médaillé de Sainte-Hélène. »

Sa personne courte et compacte semblait roidie par l'habitude du commandement plus encore que par les années. Il n'avait jamais été ce que les couturières appellent un bel homme ; mais en 1858 il lui manquait un millimètre ou deux pour avoir la taille réglementaire du soldat. Tout me porte à croire que son corps s'était tassé peu à peu sur les grandes routes, à force de mettre un pied devant l'autre : une, deux ! Ses pieds étaient courts et ses mains larges. Sa figure, uniformément rouge, et ridée à petits plis comme un jabot, avait conservé un caractère de fermeté. Ce grand diable de nez, qui la coupait en deux comme les Apennins divisent l'Italie, avait dû faire des malheureuses en 1820. La fine moustache n'était plus souple comme autrefois ; il n'y avait pas de pommade hongroise qui eût la vertu de la dompter : on aurait dit une brosse à dents plantée dans la lèvre supérieure. Elle était toujours noire comme le jais, depuis le dimanche matin jusqu'au mercredi soir ; si elle grisonnait un peu dans les derniers jours de la semaine, c'est que l'art du teinturier n'a pas dit son dernier mot. Quant aux cheveux, c'est autre chose : ils étaient naturellement noirs, et ils l'ont été jusqu'à la fin ; le marchand les avait garantis. L'âge du capitaine, escamoté par une vanité toujours jeune, se trahissait uniquement par les touffes de poils blancs qui s'échappaient de ses oreilles et par les plis de sa figure, plus onduleuse qu'un lac aux premiers frissons du matin. Sa toilette était celle des hommes de trente ans qui brillait vers 1828 :

chapeau à bords étroits, col noir grimpant jusqu'aux oreilles, redingote boutonnée sous le menton, pantalon large à gros plis. Les gants qu'il mettait de préférence étaient de fil d'Écosse blanc; le ruban rouge de sa boutonnière fleurissait opulemment comme un œillet au mois de juin. Sa voix était brève, impérative, et par-dessus tout maussade. Il traînait sur le milieu des phrases et s'arrêtait court à la fin, comme s'il eût commandé l'exercice. Il disait: Comment vous portez.... vous? du même ton qu'il aurait dit: Présentez.... arme! Son caractère était le plus franc, le plus loyal et le plus délicat, mais en même temps le plus aigre, le plus jaloux et le plus malveillant du monde.

L'humeur d'un homme de soixante ans est presque toujours le reflet heureux ou triste de sa vie. Les jeunes gens sont tels que la nature les a faits; les vieillards ont été façonnés par les mains souvent maladroites de la société. Jean-Pierre Bitterlin avait été le plus joli tambour et le plus joyeux enfant de la France à la bataille de Leipsick. La fortune, qui le traitait en enfant gâté, le fit caporal à seize ans et sergent à dix-sept. Devant ses premiers galons, il rêva, comme tant d'autres, les épaulettes étoilées, le bâton de maréchal, et peut-être quelque chose de mieux. L'impossible était rayé du dictionnaire de l'armée. Un brave garçon sans naissance et sans orthographe pouvait aspirer à tout, si l'occasion lui donnait un coup de main. Bitterlin s'était fait remarquer dès son début par la tenue, l'aplomb, le courage, et toutes ces qualités secondaires qui sont l'argent de poche du soldat français. Il mérita sa première épaulette à Waterloo, mais il ne la reçut que neuf ans plus tard, en Espagne. Dans l'intervalle, il avait eu cent fois la tentation de quitter le service pour revenir planter ses choux à Lunéville; mais il n'avait jamais conspiré, quoique mécontent et sergent. Il continuait machinalement et sans goût un métier qu'il avait embrassé par enthousiasme. Le café, le service, la lecture du *Constitutionnel* et les beaux yeux d'une modiste de Toulouse se partageaient les instants de ce guerrier découragé. Il lisait et relisait l'*Annuaire* pour compter tous les camarades qui lui avaient passé sur le ventre, et cette lecture lui aigrissait l'esprit. Cependant un je ne sais quoi le retenait au régiment, et il suivait le drapeau comme les chiens suivent leur maître. Il y a dans cette résignation grognonne quelque chose de sublime que les bourgeois ne savent pas admirer. Bitterlin détestait les Bourbons et leur voulait tout le mal imaginable; mais personne ne les servait plus fidèlement que lui. S'il ne se fit pas tuer pour eux en 1830, il s'en fallut de bien peu : on le porta à l'ambulance des halles avec un lingot de plomb dans la cuisse. Lorsqu'il reprit ses sens, après quinze jours de fièvre et de délire, il se réjouit d'apprendre que le gouvernement était un peu changé. Le désir de revoir sa famille, c'est-à-dire son régiment, abrégea sa convalescence. Il espérait que le temps des grandes guerres allait revenir, et il rêvait l'embrasement de l'Europe, comme tous les vrais soldats. Il n'y eut que des feux de cheminée, et Bitterlin ne fut pas même chargé de les éteindre. Il passa capitaine à l'ancienneté, *à son tour de bête*, comme il disait en rechignant. Son colonel, qui le remontait de temps à autre, lui prouva que rien n'était désespéré. Capitaine à trente-six ans, il avait l'Afrique devant lui. Il passa la Méditerranée, fit campagne, et rencontra la dyssenterie avant d'avoir aperçu l'ennemi. On l'envoya se refaire à Briançon, dans les Hautes-Alpes : sept mois d'hiver, et les torrents au milieu de la rue ! C'est là qu'il épousa par désœuvrement la fille d'un limonadier. A peine marié, il reçut l'ordre de partir pour Strasbourg avec le dépôt : sa femme le suivit dans les bagages. En 1839, il fut père d'une fille, qui naquit entre le 310e et le 311e kilomètre, sur la route de Strasbourg à Paris. L'enfant vint à bien, et le capitaine espéra un instant que les douceurs de la vie de famille le consoleraient de tous ses mécomptes. Malheureusement sa femme était belle et coquette. Elle se laissa faire la cour sans penser à mal, et Bitterlin connut une sorte de jalousie qu'il n'avait jamais éprouvée en lisant l'*Annuaire*. Il se cloîtra chez lui, ferma sa porte et montra les dents. On ne le rencontrait que pour affaires de service. Il affectait une politesse raffinée, comme tous les hommes qui ont une supériorité connue au jeu des armes, mais il n'entendait aucunement la plaisanterie. Les jeunes capitaines le plaisantaient pourtant. Il usa deux ou trois écheveaux de patience, puis il se fâcha contre un camarade qui était allé trop loin, et il eut le malheur de le tuer. Personne ne lui donna tort; l'affaire s'était passée dans les règles. Toutefois il demanda sa retraite à l'âge de quarante-neuf ans. Sa pension, son patrimoine et la petite dot de sa femme composaient au total un revenu d'environ cinq mille francs avec lequel il vint végéter à Paris. Il s'établit au Marais, à quelques pas de la place Royale, mit la petite à Saint-Denis, et s'enferma en tête-à-tête avec sa femme. Cette solitude à deux tua Mme Bitterlin en moins de quatre ans : les anges eux-mêmes se seraient lassés de nourrir le capitaine dans son désert.

Le jour où il rentra chez lui, crotté jusqu'à mi-jambe de cette boue épaisse qui abonde dans les cimetières, il médita une heure ou deux sur le hasard, sur la Providence, sur la destinée et l'avenir des animaux à deux pieds sans plumes; il se posa quelques-uns de ces gracieux problèmes qu'on ne résout définitivement que d'un coup de pistolet ; mais il ne se tua point : il vivait depuis si longtemps qu'il avait fini par en prendre l'habitude. Sa servante vint lui dire que le déjeuner était prêt ; il se mit à table, et mangea tant bien que mal un morceau.

« Mangez, monsieur, mangez, lui disait la grosse Agathe en versant une pluie de larmes sur le ragoût de mouton ; il faut prendre force et courage, maintenant qu'il n'y a plus que nous deux au monde, avec mademoiselle qui est à Saint-Denis. »

La grosse Agathe est une montagnarde de l'Oisans, naine et boiteuse. Le limonadier de Briançon l'avait envoyée à sa fille en cadeau d'étrennes, comme un trésor inestimable dans un ménage. Cette créature héroïque et bornée se lève à l'aube en été, à la chandelle en hiver, déjeune d'une messe basse et d'un morceau de pain sec, fait les provisions à la halle et se prend aux cheveux avec les marchandes, va chercher l'eau dans la rue à l'heure où les bornes-fontaines sont ouvertes, blanchit le linge de la maison et le raccommode elle-même, frotte le carreau rouge de l'appartement, polit les meubles comme des miroirs, et s'amuse à étamer les casseroles de la cuisine dans ses moments perdus. Toutes ses pensées sont au ménage, et, pendant les quelques heures qu'elle abandonne au sommeil, elle rêve que le savonnage est trop bleu ou que les fourmis se promènent en longues files dans le garde-manger.

Mais les talents d'Agathe, aussi bien que ses vertus, étaient lettre close pour M. Bitterlin. Il acceptait ses services avec un dédain misanthropique. Au fond de l'âme, il se croyait très-généreux de ne pas jeter à la porte une créature si nulle et si disgraciée. Il levait les épaules à toute occasion, essuyait avec défiance son verre étincelant de propreté, et mangeait du bout des dents. Il ne chicanait pas sur la dépense de la maison; mais chaque fois qu'il vérifiait les comptes, il disait avec une certaine amertume :

« Ma pauvre fille, je crois bien que vous ne me volez pas; mais quand j'étais lieutenant, la pension me coûtait cinquante francs par mois, et je vivais mieux. »

Agathe fondait en larmes, remerciait son maître de la confiance qu'il lui témoignait, et promettait de se corriger à l'avenir.

Ce maître disgracieux se tint rarement au logis dès qu'il n'eut plus de femme à garder. Lorsqu'il avait fait sa toilette et lu en soupirant *le Moniteur de l'Armée*, il déjeunait sur le coin d'une table, prenait ses gants et son chapeau, et battait le pavé de Paris jusqu'à six heures du soir. Il s'arrêtait souvent aux Champs-Élysées devant les joueurs de boules, et lorsqu'il avait trouvé l'occasion de railler un maladroit, il s'en allait content. Quelquefois, il entrait dans une salle d'armes du Marais, chez un ancien maître de son régiment, qui le recevait avec les marques de la plus haute estime. Jamais il n'y daigna toucher un fleuret, mais il prouvait volontiers aux élèves et aux amateurs qu'ils tiraient comme des mazettes. Le lieu qu'il fréquentait le plus assidûment était le champ de Mars. La vue des uniformes était pour lui une récréation amère dont il ne se lassait point. Les belles manœuvres lui faisaient plaisir, moins cependant que les manœuvres manquées. Chaque fois qu'un officier se trompait en sa présence, il se frottait les mains à s'emporter la peau, et il passait la langue sur ses moustaches, comme une chèvre lèche un buisson d'épines. Tous les soirs, après son dîner, il s'en allait lire les journeaux au café du Pas-de-la-Mule, vers le boulevard Beaumarchais. Les garçons lui servaient le meilleur café et l'eau-de-vie la plus vieille, parce qu'il était le plus désagréable et le plus exigeant des consommateurs. Il conseillait les joueurs de billard, les joueurs de dames et les joueurs de piquet, sans leur épargner les mauvais compliments ; mais personne ne se fâchait contre lui, car on savait depuis longtemps que tel était son caractère. Lorsqu'on l'invitait à faire une partie, il répondait sèchement qu'il avait d'autres mœurs. Chose étrange ! ses connaissances de café, les seules qu'il eût à Paris, lui parlaient avec d'autant plus de considération qu'il les traitait de plus haut : les hommes du vulgaire prennent à la lettre l'estime que nous professons pour nous-mêmes et témoignent le plus de déférence à ceux qui leur en montrent le moins.

L'humeur aigre du capitaine devint formellement acide à la suite d'un mauvais procédé de ses anciens camarades : ils prirent Sébastopol sans lui. Aux premières nouvelles de la guerre de Crimée, il s'était expliqué carrément avec la grosse Agathe sur la situation de la France. « Ma pauvre fille, lui avait-il dit, vous n'entendez rien à ces choses-là, et je ne sais pas pourquoi je vous en parle; mais il y a des moments où l'on causerait avec son tire-botte, ma parole d'honneur! La France va se rempoigner avec la Russie : c'est une idée à nous, je pourrais dire à moi. En 1811, à l'âge de treize ans, je disais déjà : « Il faut prendre la Russie. » La Russie me connaît, Agathe; je l'ai parcourue à pied d'un bout à l'autre. Je me suis mesuré avec elle à la Moskowa. J'ai parlé sa langue; je la sais encore un peu : *Niet! Da! Karacho!* Si les Russes me voyaient descendre en Crimée, il y en a peut-être plus d'un qui dirait : « Tiens! c'est le petit « Bitterlin! gare dessous! » Dans cette circonstance, que fera le ministre de la guerre? croyez-vous qu'il viendra me chercher? Ah! bien ouiche! »

Aucun Français ne s'intéressa plus passionnément que lui aux succès et aux revers des forces alliées. Son ancien régiment, après s'être couvert de gloire au siége de Rome, était parti dans les premiers pour la guerre d'Orient. Bitterlin suivait des yeux, avec un profond sentiment d'envie, toutes les prospérités de ce beau 104ᵉ de ligne. Il passait des journées entières à compter des étapes sur la carte de Crimée ou à renverser à coup de crayon les défenses de Sébastopol. Matin et soir, il gourmandait les chefs de l'expédition, parlant à la personne d'Agathe. Lorsqu'un général lui semblait trop prudent à la besogne, il le fourrait sans façon dans le cadre de réserve, montait à cheval à sa place, sabrait tout et se couchait maréchal de France. Toutes les fois que les nouvelles étaient mauvaises, il se promenait dans Paris en haussant les épaules. Cinq ou six habitués du café du Pas-de-la-Mule croyaient fermement que la guerre ne finirait jamais, parce que les hommes spéciaux n'étaient pas là.

Le jour où l'on sut à Paris que la tour Malakoff était prise, il se livra une deuxième bataille dans le cœur du capitaine. D'un côté, la gloire de son cher drapeau, l'honneur du nom français, ce chatouillement délicieux qui enivre un vieux soldat au bruit lointain de la victoire; de l'autre, l'ennui de n'être rien et de n'avoir rien fait, quand les croix, les grades et les titres pleuvaient sur la tête des vainqueurs : tous les sentiments contradictoires qui l'assiégeaient à la fois le secouèrent si rudement, qu'il pleura, sans trop savoir lui-même si c'était de joie ou de douleur. La grosse Agathe, qui n'entendait rien à la politique, lui demanda naïvement si c'était à lui qu'on avait pris la tour Malakoff, et s'il faudrait, pour plus d'économie, supprimer le second plat du déjeuner.

De temps en temps, le capitaine se souvenait qu'il était père, et cette idée, consolante en elle-même, exaspérait son incorrigible chagrin. La paternité lui rappelait fatalement le mariage, et son mariage n'avait pas été plus heureux pour lui que pour les autres. Cet esprit étroit et extrême, imbu des idées les plus fausses et les plus exagérées sur le chapitre de l'honneur, se croyait encore intéressé à découvrir si Mme Bitterlin avait été fidèle à ses devoirs. Doute ridicule, qui éveilla plus d'une fois le capitaine au milieu de la nuit. Sa jalousie n'était pas morte avec sa femme ; elle revenait par accès, comme une fièvre périodique. Le malheureux était homme à rester un quart d'heure devant une glace pour observer sa propre physionomie, et rechercher s'il avait le visage d'un mari trompé. Il roulait incessamment dans son cerveau malade les circonstances qui avaient excité ses soupçons ; il jugeait tous les jours à nouveau un procès interminable, avec une gravité stupide. Lorsque l'innocence de sa femme lui semblait démontrée, il se transportait personnellement au cimetière, et demandait pardon à la pauvre créature de tout le mal qu'il lui avait fait. Mais si au même moment le doute le plus léger lui traversait l'esprit, il montrait le poing à cette tombe pleine de poussière, et il souhaitait de ressusciter sa femme pour lui tordre le cou. Il avait défendu au marbrier de graver sur la pierre les mots sacramentels de *bonne épouse;* la place restait en blanc jusqu'à plus ample informé.

Cette incertitude laborieuse ne lui permettait pas de goûter une joie sans mélange dans les embrassements de sa fille. Quoiqu'il n'eût aucune raison raisonnable de supposer qu'il avait signé l'œuvre d'un autre, il remarquait avec un déplaisir croissant que la petite Emma ne lui ressemblerait jamais. Lorsqu'il se décidait à l'aller voir à Saint-Denis, il la trouvait disgracieuse au dernier point sous l'uniforme antique de la maison. Il la baisait sèchement sur le front ; il ne la mangeait pas de caresses avec cet appétit qui distingue les vrais pères. De son côté, l'enfant venait au parloir comme en classe. M. Bitterlin faisait le professeur avec elle ; il la corrigeait comme un devoir.

Le temps des vacances se passait en famille à Auteuil. M. Bitterlin, Agathe et la petite montaient avec leurs paquets dans un omnibus jaune, et descendaient devant une sorte de cité, de ruche, de république bourgeoise, composée de deux cent cinquante appartements et d'autant de jardins. Les Bitterlin occupaient un troisième, avec vue sur la campagne. Leur jardin était assez grand pour qu'on pût y faire douze pas dans tous les sens. M. Bitterlin trouvait cette résidence absurde, mais il la garda plusieurs années, pour le plaisir d'en dire du mal. Lorsqu'il était assis sur son banc de gazon, sous son arbre unique, en fumant un cigare d'un sou dont il mangeait la moitié, il regardait jouer Emma dans l'allée qui desservait comme un corridor tous ces jardins d'auberge. Il se demandait ce qu'il y avait de commun entre lui, Bitterlin, maréchal de France manqué, et cette petite fille maigre, aux mains rouges, qui courait en jetant les bras et les jambes.

L'âge ingrat se prolongea pour Mlle Bitterlin bien au delà des limites ordinaires. A quinze ans sonnés, elle était sinon laide, du moins parfaitement insignifiante, et le capitaine ne se gênait pas pour dire devant elle que les hommes ne feraient jamais de folies pour ses beaux yeux. Mais lorsqu'elle eut terminé son éducation et qu'elle rentra pour toujours à la maison paternelle (c'était, si je ne me trompe, aux vacances de 1856); lorsqu'elle échangea l'uniforme sévère de la Légion d'honneur contre une jolie robe d'été, d'une coupe plus moderne, le capitaine fut stupéfait et épouvanté de la transformation qui s'était opérée en elle. Il jura qu'elle était d'une beauté indécente, et s'attendit pour ses vieux jours à une nouvelle série de tribulations.

II

EMMA.

La terreur du capitaine, pour être un peu exagérée, ne paraît pas absolument sotte. Elle sera comprise de tous ceux à qui la nature a confié les fonctions gratuites du dragon des Hespérides. Lorsqu'on garde les oranges et qu'on n'en mange pas, on regrette de bonne foi qu'elles soient si belles et si appétissantes. Le cas d'un mari est tout différent : d'abord, les oranges sont pour lui ; ensuite, il a la ressource de les manger toutes, si ses dents sont bonnes, et de laisser le zeste aux voleurs. C'est pourquoi la même corvée qui chargerait de soucis le front d'un père ou d'un frère aîné, apparaît comme un jeu adorable à tous les jeunes maris.

M. Bitterlin, qui s'était cru capable de prendre

Sébastopol, ne savait pas s'il serait de force à défendre Emma. Ce n'était pas que la pauvre enfant semblât d'humeur à se laisser prendre, mais elle avait cette séduction irrésistible qui met en mouvement toutes les convoitises du sexe agressif. Les conservateurs des musées, des bibliothèques et de toutes les collections privées ou publiques vous diront qu'il y a dans chaque galerie un tableau, un livre, un bronze, dont la destinée est d'être volé, à l'exclusion de tous les autres. Ici, c'est un Elzévir ou un Alde pas plus grand que la poche, et relié si commodément qu'il vous tombe dans la main comme une noisette mûre. Là, c'est une figurine antique dont la beauté complice attire invinciblement le bras du voleur. Ailleurs, c'est un petit tableau, pur comme le diamant, qui non-seulement fascine les gens de profession malhonnête, mais invite la vertu même à le glisser sous son manteau. Le président de Brosses était plus qu'homme de bien, puisqu'il était homme de justice : il faillit pourtant oublier tous ses devoirs devant un petit Corrége qui lui faisait les yeux doux, dans la galerie d'un prince romain. Emma semblait prédestinée au même sort que le petit Elzévir, le petit bronze ou le petit Corrége : Corrége n'a rien peint de plus frais, de plus velouté, de plus savoureux. Sa figure était semée de ce duvet impalpable que la nature répand sur la joue des pêches et sur l'aile des papillons : poussière de jeunesse et d'innocence que le premier amour efface, et que les beautés fanées remplacent en vain par toutes les poudres du parfumeur. Doublement femme, puisqu'elle était blonde, elle voilait à demi sous ses longs cils bruns deux grands yeux bleus, riants comme un ciel d'été. Les contours suaves de sa bouche, l'éclat de ses belles lèvres rouges, la blancheur de ses petites dents, légèrement écartées comme chez les enfants, la transparence nacrée de ses narines frémissantes, le dessin exquis de deux mignonnes oreilles qui se noyaient dans l'ombre dorée de ses cheveux, toutes les perfections harmonieuses de son visage formaient un ensemble nullement angélique, mais d'une provocante virginité. Ce n'est pas ainsi que Sasso Ferrato et Carlo Dolci rêvaient la Madone; c'est ainsi que tous les peintres voudraient représenter Ève, et tous les hommes la rencontrer.

M. Bitterlin avait exprimé grossièrement le vrai caractère de la beauté de sa fille. Rien n'est aussi divers que la beauté des femmes, si ce n'est l'impression qu'elle produit sur nous. Il y a des beautés héroïques qui nous inspirent des sentiments chevaleresques; des beautés mélancoliques qui nous portent à la rêverie; des beautés séraphiques qui nous jettent dans le mysticisme et nous conduisent au ciel par les chemins les plus escarpés; des beautés vénéneuses qui conseillent le crime; des beautés de ménage qui nous communiquent un désir immodéré d'être pères de famille et conseillers municipaux ; des beautés de kermesse qui nous donnent soif de bière ; des beautés pastorales qui nous font penser à boire du lait. Avec les femmes de Van Ostade, on aimerait à vendre du drap ; avec celles de Téniers, on se résignerait à fumer des pipes ; avec celles de Rubens, on ne détesterait pas de répandre sur la terre une cascade d'enfants joufflus ; avec celles de Van Dyck, on se plairait au métier de roi ; avec celles de Watteau, on mangerait de la crème de meringues dans des gamelles de bois de rose. En présence d'Emma Bitterlin, comme devant certains portraits de Titien et de Raphaël, on oubliait tous les intérêts, tous les devoirs, toutes les ambitions du ciel et de la terre pour ne penser qu'à l'amour.

Comment ce gamin femelle, qui courait comme une araignée à longues pattes dans le phalanstère d'Auteuil, était-il devenu en moins d'un an la femme la plus désirable de Paris ? La nature garde avec un soin jaloux le secret de ces métamorphoses. Une fille sort un beau matin de son adolescence comme d'une coquille dont il ne reste rien. Tous les angles aigus dont la petite Emma semblait hérissée s'émoussèrent en quelques mois. Ses bras se remplirent, sa taille s'arrondit, son buste se modela comme s'il avait été mis en forme dans le moule d'une statue, sa figure se fit. Si ses mains restèrent rouges, ce fut uniquement pour sauver le principe et garder la couleur de la vertu : elles ne demandaient qu'à blanchir au plus tôt, et à devenir ainsi les plus belles mains du monde. Le changement fut si rapide que les compagnes d'Emma purent s'en apercevoir, quoiqu'elles vécussent tous les jours auprès d'elle. Elles éprouvèrent le même étonnement que des voyageurs arrivés la nuit dans un pays inconnu, lorsque le soleil levant leur découvre des forêts, des rochers, des rivières et un paysage délicieux qu'ils ne s'attendaient pas à voir.

L'enfant apprit qu'elle était belle : ce serait grand miracle si une fille était la dernière à s'apercevoir de ces choses-là. Il n'était si petit miroir où elle ne parvînt à s'admirer tout entière. Elle se comparait en elle-même à Cendrillon, et elle ne désespérait pas de monter un beau matin dans le grand carrosse d'or, attelé de six chevaux gris souris. Pourquoi non? Elle souriait à son petit pied en méditant sur cette féerie. Sa première vocation avait été pour le professorat, ce pis aller des filles qui n'ont ni beauté ni fortune. Elle avait rêvé de finir ses jours à Saint-Denis, et d'accomplir entre quatre murs tout le voyage de la vie. On n'eut pas besoin de lui prêcher la résignation aux plaisirs du monde : elle se remontra bientôt à elle-même qu'elle avait une figure trop mondaine pour les fonctions austères de l'enseignement.

Le premier accueil de son père la surprit un peu ; elle comptait sur une ovation domestique. Agathe seule l'admira sans réticence et lui dit qu'elle épouserait quelque fils de roi. Par malheur, il n'était pas probable que les princes viendraient la chercher rue des Vosges, au Marais, et M. Bitterlin semblait peu disposé à la conduire dans le monde. Le seul endroit où il pût la présenter était le café du Pas-de-la-Mule. Ce vieillard égoïste et refrogné avait construit autour de sa vie une muraille de la Chine ; lorsqu'il se vit un trésor à garder, il ne songea qu'à se fortifier davantage. Il craignait que ce petit être séduisant, mignon et portatif, ne fût volé par un larron d'honneur ; l'idée d'en faire don à quelque honnête homme n'était jamais entrée dans son esprit. Il méprisait souverainement cette politique des Anglais et des pères de famille, qui consiste à créer des débouchés pour les produits de leurs maisons. Aussi avare de son sang que de son argent, il trouvait naturel d'économiser pour ses vieux jours ses écus et sa fille. La première mesure qu'il prit fut de donner congé à son propriétaire d'Auteuil ; il craignait les jeunes gens du phalanstère et la liberté de la campagne. Il signifia à l'enfant qu'il ne la perdrait jamais de vue, et qu'elle ne se mettrait pas même à la fenêtre sans lui.

Emma prit en bonne part cette menace et toutes les sévérités de son père : les oisillons se trouvent bien en cage jusqu'au jour où leurs ailes sont venues, et l'on ne sent le besoin de la liberté que lorsqu'on en a l'emploi sous la main. Elle accepta sans murmure toutes les lois que M. Bitterlin crut devoir promulguer dans la maison. Elle se laissa mettre sous clef, elle consentit à ne voir personne, elle joua à la princesse enfermée dans la tour, sans soupçonner qu'à ce jeu elle pouvait gagner les chevrons de vieille fille. La seule chose qui lui causât quelque ennui était la grimace de son père. Elle souffrait de se voir entourée d'un personnage si morose, et elle tenait à honneur de l'apprivoiser un peu. Le désir de plaire, inné chez toutes les femmes, était dominant chez elle, au point que si un indifférent l'avait regardée sans sourire, elle aurait éprouvé comme le sentiment d'une défaite. Elle avait commencé l'apprentissage de la grâce, du temps qu'elle avait sa figure à faire pardonner; après la métamorphose, elle trouvait impertinent qu'on lui fît mauvais visage lorsqu'on n'était ni sourd ni aveugle, et qu'on était son père par-dessus le marché. Elle se mit donc à entourer M. Bitterlin d'un réseau de petits soins et de mignardises où tout autre que le capitaine aurait été pris. Elle lui fit une cour assidue; elle le câlina comme à la tâche; elle épuisa pour lui seul cette somme d'amour qu'une fille de dix-sept ans dépense comme elle peut, en caresses aux petits chats et en baisers aux petits oiseaux. Mais plus doucement elle berçait ce vieil enfant, plus il grognait. Toutes ces coquetteries filiales rappelaient à M. Bitterlin d'autres caresses aussi décevantes, dont la sincérité ne lui était pas démontrée. Emma ressemblait à sa mère jusque dans ses baisers, quoique la pauvre femme ne lui eût guère donné de leçons. Chaque geste gracieux, chaque bonne parole de l'enfant réveillait la jalousie posthume du mari et la prudence maussade du père. Le capitaine souffrait réellement lorsqu'il surprenait dans un mouvement d'Emma la gentillesse provocante qu'il avait tant déplorée chez Mme Bitterlin : il confessait à la grosse Agathe, qui n'y comprenait rien, sa peur d'être déshonoré deux fois.

Dans ses accès de misanthropie, il reprochait à l'enfant l'obstination de son sourire et la banalité de son cœur. Un soir qu'elle était un peu rêveuse pendant le dîner : « Attention! lui cria-t-il, voilà que tu fais de l'œil à la carafe! » Une autre fois, comme elle l'embrassait en lui prenant la tête dans ses deux mains, il la repoussa durement et s'oublia jusqu'à lui dire : « Tu es *lorette!* tu finiras mal! » Sans comprendre le sens littéral de cette injure, Emma fut froissée dans toutes les délicatesses de son âme, et elle répondit pour la première fois avec un peu de révolte : « Je ne sais pas comment je finirai, mais je ne commence pas trop heureusement. »

La longueur des journées était terrible dans cette vie resserrée sans intimité. On se levait matin, par habitude, sans songer qu'on se donnait ainsi quelques heures de plus à remplir. Emma s'habillait pour tout le jour, fort simplement, mais avec une recherche de propreté dont le capitaine maugréait. Il faisait la guerre aux éponges, et disait sérieusement que chez les femmes, la propreté est la mère de tous les vices. Après déjeuner, le père fumait, tournait, grondait, ouvrait et fermait les fenêtres, regardait l'heure à la pendule et donnait des chiquenaudes au baromètre. Emma se brodait un col, chantait devant le piano droit que sa mère lui avait laissé; quelquefois elle lisait. M. Bitterlin n'y voyait aucun mal, et il permettait à l'enfant le libre usage de sa bibliothèque, rangée dans l'ordre suivant :

La Maison rustique, Dorat, les Trente-sept Codes, Victoires et conquêtes, Voltaire, édition Touquet, *l'Abbé Raynal, la Théorie, la Médecine sans médecin, l'Histoire de Napoléon*, par Norvins; *les Ruines*, par Volney; *l'Imitation de Jésus-Christ*, reliée en noir, avec le chiffre de Mme Bitterlin.

Emma n'était ni une sotte ni une Sand, mais un gentil petit esprit féminin, ouvert, enjoué, raisonnable, façonné d'après les meilleurs programmes dans la première maison d'éducation que nous ayons en France : c'est pourquoi les livres de son père l'ennuyaient mortellement, car elle n'y trouvait pas dix lignes à son adresse.

A quatre heures du soir, heure militaire, M. Bitterlin la *sortait*, comme un palefrenier sort ses bêtes. Il la conduisait à la place Royale ou au jardin des Plantes, rarement sur le boulevard Beaumarchais. Le dimanche on la régalait d'un voyage soit à Vincennes, soit à Bièvre, soit dans quelque autre pays tranquille, où une jolie femme qui passe ne fait point retourner la tête aux promeneurs. Le père et la fille étaient toujours rentrés pour six heures précises, et ils dînaient en tête-à-tête, comme ils avaient déjeuné. Après le dessert, le désœuvrement et l'ennui reprenaient leurs droits, jusqu'à ce que le sommeil s'ensuivît. Dans une de ces heures impossibles à tuer, Emma s'enhardit un soir jusqu'à demander à son père s'il ne lui apprendrait pas quelque jeu amusant, ou s'il ne la conduirait jamais au spectacle? Cette innocente question effaroucha le tyran du logis comme un appel aux barricades. Il déblatéra sans fin contre le jeu; dit que c'était le fléau des régiments; que toutes les dettes et toutes les fautes provenaient du jeu; qu'un officier modèle, comme il se glorifiait de l'avoir toujours été, ne jouait pas; aussi n'avait-il fait en trente-cinq ans, ni un centime de dettes, ni un quart d'heure de punition. Quant au théâtre, il n'y trouvait pour lui-même aucun plaisir, et il y voyait du danger pour sa fille. Emma pouvait y rencontrer quelque garçon assez mal élevé pour s'amouracher d'elle, et lui faire la cour : « auquel cas, ajoutait-il, je ne ferai ni une ni deux, et je tuerai le jeune homme, conformément aux lois de l'honneur. »

C'était toujours par des amplifications de ce style que M. Bitterlin formait l'esprit et le cœur de sa fille, pendant les premières heures de la nuit. Aussi la pauvre enfant voyait-elle approcher avec effroi l'instant où l'on ôtait le couvert, et elle traînait le dessert en longueur, lorsqu'il y avait des noix ou des noisettes sur la table. Un soir que la grosse Agathe prenait congé de ses maîtres pour s'aller mettre au lit, Emma lui dit à l'oreille : « Je n'ose pas me plaindre et je m'ennuie trop ; va pleurer pour moi dans ta chambre. »

Vers le milieu de décembre, le capitaine reçut une lettre à l'adresse de sa fille. Il la décacheta vivement et lut ce qui suit :

« Cher petit *Désir de plaire*,

« Me voilà revenue de la campagne ; Henriette aussi, Julie et Caroline aussi. La grave Madeleine m'a fait assavoir qu'elle arriverait demain. Avec toi, sans qui rien n'est bon, le sextuor sera au complet. Maman a décidé que la première réunion des inséparables aurait lieu chez nous. La bonne journée ! J'en saute de joie : n'attribue pas à une autre cause le pâté qui vient de tomber au beau milieu de ma lettre. C'est pour lundi matin. Prie le papa-loup de te faire mener rue Saint-Arnaud, n° 4, avant l'aurore ; on te rapportera dans la tanière après dîner. Nous danserons peut-être, mais à coup sûr nous bavarderons beaucoup, nous rirons comme des folles, et c'est le solide. Il s'agit d'organiser les plaisirs de l'hiver *sur une grande échelle*, comme disait notre respectable professeur de littérature. J'espère bien que l'on se verra tous les jours, jusqu'au mariage, et encore après. C'est tout un plan de campagne à dresser ; mon frère le soldat, qui vient d'arriver en semestre, nous aidera. Il ne veut pas croire que tu es cent fois plus jolie que moi ; ces lieutenants du génie sont d'une incrédulité choquante. A lundi ! à lundi ! à lundi ! Encore un pâté ! La pâtissière t'embrasse à tour de bras.

« LOUISE DE MARANNES. »

M. Bitterlin qui avait été homme, qui avait été jeune, qui avait été aimable, répondit à la compagne d'Emma comme un dogue à un pinson :

« Mademoiselle,

« J'ai reçu la lettre que vous m'avez fait l'honneur d'adresser à ma fille, et, quoique très-flatté de l'invitation y incluse, je ne crois ni outre-passer mes droits, ni manquer à mes devoirs en vous disant qu'Emma ne va que dans les maisons où va son père, qui, du reste, se trouve mieux au logis que partout ailleurs. Elle mange et rit chez moi autant que sa santé le réclame, et ne songe nullement à ces questions de mariage auxquelles une jeune personne ne saurait être trop étrangère, pour peu qu'elle tienne à sa réputation. Enfin, la fille du capitaine Bitterlin n'est pas faite pour se laisser passer en revue par des lieutenants, eussent-ils même l'avantage d'appartenir à des armes spéciales.

« J'ai l'honneur d'être, mademoiselle, votre très-humble, très-dévoué et très-obéissant serviteur. »

Quelques jours après, Emma dit à son père :

« Je suis étonnée que Louise ne m'écrive pas ; elle doit être revenue de la campagne. »

Le capitaine repartit en fronçant le sourcil :

« Elle t'a écrit.

— Ah !

— Des sottises. Je lui ai répondu comme il faut, et je te promets que tu n'entendras plus parler d'elle. »

En effet, ce fut une affaire faite ; et trois ou quatre autres boutades du capitaine isolèrent sa fille aussi parfaitement que si elle n'avait jamais été en pension.

Elle vécut dix-huit mois dans ce vide accablant, en tête-à-tête avec le plus maussade des hommes.

Cependant sa santé ne souffrit point, et son humeur même ne fut pas sensiblement altérée. Que la jeunesse est heureuse! Elle se heurte impunément à toutes les aspérités de la vie, comme les enfants donnent du front contre l'angle de tous les meubles sans en garder une cicatrice.

La seule amie qui lui restât était la grosse Agathe, fille de peu de ressource, hors de la cuisine. Cette créature falote avait une admiration religieuse pour la beauté de sa maîtresse. Elle lui trouvait des points de ressemblance avec toutes les saintes coloriées qu'elle hébergeait entre les pages de son *Paroissien*. Lorsqu'on lui permettait de sortir seule avec Emma, soit pour aller à la grand'messe du dimanche, soit pour faire une commission à deux pas du logis, elle se grandissait d'un pied, tant elle était fière. Elle lui dit un jour en sortant de l'église :

« Je ne sais pas comment nous ferons quand tu te marieras. Monsieur ne voudra pas que je le quitte, et je ne saurai jamais me passer de toi. Si l'on pouvait se couper en deux!

— Crois-tu donc que papa songe à me marier? demanda la petite.

— Tiens! ça va tout de go. Les filles ne sont pas faites pour autre chose, excepté quand on est une curiosité de la foire comme moi.

— Louise est peut-être mariée à l'heure qu'il est.

— C'est bien possible. Aujourd'hui l'une, demain l'autre. Pas plus tard qu'hier samedi, on en a marié plus de sept à Saint-Paul.

— Mais papa ne connaît personne à Paris.

— Il en a l'air, comme ça, mais je suis bien sûre qu'il a son idée. Demande-lui, si tu es curieuse ; il ne te mangera pas.

— Je n'oserai jamais, Agathe. Rien ne presse, d'ailleurs. Les hommes sont si maussades !

— Pas tous. »

Le même jour, en ôtant le couvert du dîner, Agathe aborda son maître à brûle-pourpoint et lui dit : « Pas vrai, monsieur, que vous pensez quelquefois à marier notre demoiselle ? »

La réponse de M. Bitterlin fut telle que je n'oserai jamais l'écrire. S'il ne battit pas la pauvre créature, c'est parce qu'il sut trouver dans le vocabulaire de la langue française une volée de jurons qui équivalaient à autant de coups. Sa conclusion fut que toutes les femmes étaient des dévergondées, toutes les servantes des entremetteuses, tous les hommes des coquins sans foi ni loi, et qu'il n'avait pas élevé sa fille avec tant de soin pour en faire hommage à un de ces animaux-là.

Cette profession de foi fut si bruyante que tous les habitants de la maison, le portier compris, se couchèrent avec la certitude que Mlle Bitterlin mourrait fille.

Dès ce jour, la consolante Agathe s'efforça de prouver à sa maîtresse la supériorité du célibat : « N'avait-elle pas tout ce qu'on peut désirer au monde? un bon père, une servante dévouée, une jolie petite chambre à rideaux bleus, un lit bien bordé tous les soirs; tous les matins, le meilleur café au lait de Paris, et la permission de chanter au piano toute la journée? C'était le paradis sur terre, et un homme de plus dans la maison n'aurait été qu'un meuble inutile. Les hommes étaient de beaux merles vraiment! Agathe avait trotté cahin-caha, jusqu'à l'âge de quarante ans sans s'appuyer sur le bras d'un homme, et elle ne s'en trouvait que mieux! »

A ces raisons, l'enfant n'avait rien à répondre, car elle n'aimait pas.

III

MÉO.

Le marais est un quartier paisible, qui le serait bien davantage si l'on y rencontrait moins de pensions. Les personnes timides qui viennent chercher le repos vers la rue Saint-Antoine, sont exposées à tomber quatre fois par jour dans les grandes caravanes murmurantes qu'on mène au lycée Charlemagne. Cette belle jeunesse est l'espérance de la patrie et la terreur du voisinage. Il ne faut pas le dire aux parents : les mères et les sœurs ne voudront jamais croire qu'un garçon doux et poli dans sa famille devienne impertinent et grossier dans les rangs de ses camarades. Cependant, les bourgeois qui prêtent à dire ou à rire, les hommes qui ont le nez fait de certaine manière, et toutes les femmes, sans exception, cherchent des détours d'un quart de lieue pour échapper aux quolibets des pensions.

Agathe oublia cette précaution importante, un matin qu'elle était sortie avec Emma. Elle l'avait menée au *Paradis des Dames*, rue Saint-Antoine, pour choisir une robe d'été. En revenant vers la rue des Vosges, elle aperçut un gros d'écoliers qui s'acheminait au pas accéléré vers la porte du lycée. Pour éviter la rencontre, elle se jeta étourdiment dans la rue Culture-Sainte-Catherine, et elle se trouva prise entre deux interminables pensions, comme entre deux murs parallèles. Les pauvres filles trottèrent sans trop d'accidents jusqu'à moitié de leur course : tout au plus si les petits garçons qui marchaient en tête risquèrent une observation sur la *bobonne* d'Emma ; mais à la hauteur du numéro 4, devant la caserne des pompiers, les élèves de rhétorique et de seconde, renforcés de quelques mathématiciens, se serrèrent en rond autour d'elles pour les mitrailler de leurs galanteries :

« Mademoiselle, n'ai-je pas eu l'honneur de danser avec vous à la *Closerie des Lilas* ?

— Mademoiselle, si je ne craignais de vous compromettre, je vous offrirais un sou de pain d'épice.

— Mademoiselle, daignez accepter mon bras jusqu'à la pension !

— Mademoiselle, demandez ma main au pion, il ne vous la refusera pas.

— Mademoiselle, venez me voir jeudi au parloir; je m'appelle Samajou.

— Ce n'est pas vrai, mademoiselle, il s'appelle Caboche. »

Je ne sais pas où les maîtres d'étude avaient l'esprit : l'un regardait voler les premières hirondelles, l'autre lorgnait le comptoir d'étain d'une boutique voisine; tandis qu'Emma, rouge comme une cerise, s'escrimait de ses deux coudes pour faire une trouée dans l'ennemi, et que la grosse Agathe distribuait des coups de poing dans la foule.

« Je te connais beau masque, disait un lettré à la servante; tu es Vulcain déguisé en femme pour accompagner Vénus à Paris. » Un autre citait de mémoire quelques plaisanteries de haut goût inventées par le bon Panurge à l'usage des dames de son temps.

Une grêle de soufflets qui sembla tomber du ciel vint écarter les assiégeants et mettre les prisonnières en liberté. Emma, brisée de fatigue et de peur, et plus morte que vive, se sentit comme emportée par un grand jeune homme à barbe noire. Elle entendit confusément un mélange épouvantable de clameurs indignées : ah! oh! ouh! Grand lâche! C'est dégoûtant! » Elle vit quelques livres pleuvoir autour d'elle sur le pavé de la rue; puis ses yeux se fermèrent et elle ne vit plus rien.

Lorsqu'elle reprit ses sens, elle était dans une

chambre inconnue. Agathe lui faisait respirer un flacon; un homme beau comme le jour, ou plutôt comme le soir, se tenait à genoux devant elle et lui frappait dans les mains. Elle promena machinalement ses yeux sur les quatre murs, et se vit entourée de grands seigneurs et de grandes dames, dans les cadres les plus magnifiques : « Où suis-je ? » dit-elle.

Son libérateur lui répondit d'une voix grave et douce, avec un accent étranger : « Chez-moi, mademoiselle ; excusez la liberté de ma conduite et la pauvreté de mon réduit. »

Elle s'aperçut que sa robe était ouverte, et elle se leva vivement pour passer dans une autre pièce et se rajuster à loisir. Le jeune homme devina son intention : « Je n'ai que cette chambre, lui dit-il, et je vous y laisse; trop heureux si vous daignez un instant vous y croire chez vous. Nous sommes au rez-de-chaussée ; j'attendrai fort bien dans la cour. »

Lui sorti, Emma se jeta au cou de la grosse Agathe : « Quelle aventure ! lui dit-elle. Pourvu que mon père n'en sache rien ! » Elle chercha une glace pour se recoiffer; elle ne trouva qu'un petit miroir grand comme la main : « Notre ami n'est pas coquet, dit-elle.

— M'est avis plutôt qu'il n'est pas riche, reprit Agathe en montrant du doigt les chaises de paille, la table de bois blanc et un lit de pensionnaire. Il n'y a pas là pour deux cents francs de meubles, excepté les images qui auront coûté cher. Mais te voilà prête, on peut faire rentrer ce monsieur. » Elle ouvrit la porte en criant: « Revenez, jeune homme! C'est fait. »

L'inconnu représentait le type italien dans toute sa beauté et dans toute sa force. Ce n'était plus un adolescent, mais un homme de trente ans sonnés, grand, brun, large des épaules, coloré, brillant de santé et de vigueur. Ses yeux, ses dents, ses ongles bien polis, quelques bijoux qu'il portait sur sa personne, formaient autant de points lumineux dont une enfant de l'âge d'Emma devait être éblouie. La recherche de sa toilette, comme la beauté de ses tableaux, semblait incompatible avec la modestie de ses meubles. L'élégance de sa tournure et la distinction de son langage ne contrastaient pas moins violemment avec cette chambre de trois cents francs par an, située au rez-de-chaussée, sur la rue, comme une loge de portier.

Il demanda à ses protégées si elles n'avaient besoin de rien.

« Vous m'excuserez, répondit la grosse Agathe. Nous avons besoin de filer tout de suite, pour que monsieur ne sache pas nos histoires. Emma, dis merci à ce jeune homme: nous lui devons une fière chandelle.

— Je me trouve plus que payé, reprit-il en souriant, et n'insistons pas sur un service que je suis presque honteux d'avoir rendu. Plût à Dieu que j'eusse tué quelqu'un pour être agréable à mademoiselle !

— J'en serais bien fâchée, dit Emma sur le seuil de la porte, tandis que je m'en vais fort heureuse de vous avoir rencontré. »

Il l'escorta jusque dans la rue avec force révérences qui n'étaient pas gauches, et, au moment de prendre congé d'elle, comme la jeune fille lui réitérait ses remercîments pour la dernière fois, il la regarda tristement et lui dit :

« Tout ceci est peut-être un grand malheur pour moi, car je n'ai plus rien de ce qu'il faudrait pour obtenir votre main, et je sens que je vous aimerai toute ma vie. »

Emma tressaillit violemment à cette brusque confidence tirée à brûle-pourpoint sur le trottoir.

« Gardez-vous-en bien, répondit-elle en fuyant ; vous seriez un homme mort ! »

L'Italien la suivit des yeux jusqu'au bout de la rue, sans penser à courir après elle. Il demeura quelque temps sur la porte tout songeur et sans chapeau, en homme qui se préoccupe peu du qu'en dira-t-on. Bientôt il se souvint qu'il ne connaissait ni le nom ni la demeure d'Emma, et il prit sa course, mais trop tard.

Il revint au bout d'un quart d'heure, trouva sa chambre grande ouverte, et écrivit trois lettres que je veux transcrire ici, parce qu'elles dépeignent fidèlement l'état de son âme. Permettez-moi de conserver dans la traduction toute la naïveté italienne.

« *A noble homme M. le comte Marsoni, en son palais. Bologne.*

« Ami très-estimé,

« Depuis ta dernière très-affectueuse lettre, je ne t'ai pas répondu une ligne parce que je n'avais rien à te mander. Je végétais plutôt que je ne vivais et l'histoire d'une plante ne s'écrit point. N'est-ce pas d'aujourd'hui seulement que je suis un homme, puisque c'est aujourd'hui que j'ai commencé d'aimer? Oui, j'aime! Le grand mot est lâché, tu peux en faire part à tous nos amis, à l'univers entier : je voudrais que la nouvelle en parvînt jusqu'au ciel. Ce Meo, plus indifférent quoique moins vertueux qu'Hippolyte, ce Meo, que vous accusiez d'avoir le cœur glacé d'un Anglais, brûle de tous les feux de l'amour. Il a ressenti cette commotion violente qui renverse les idées les mieux enracinées et les résolutions les plus fermes. Te ferai-je le portrait de celle que j'aime? Non. Va voir le soleil la première fois qu'il se lèvera dans les blonds nuages du matin, et sois persuadé qu'il est moins brillant qu'elle. Ne me demande pas si elle est riche et noble; je crois qu'elle appartient à la classe moyenne, qui est la plus intelligente, la plus honnête et véritablement la première dans ce pays. Mais fût-elle la fille d'un homme de rien, tu sais qu'on ne s'arrête pas à de tels obstacles lorsqu'on aime. Il y en aura d'autres que je prévois, dont elle m'a averti elle-même. « Danger de mort, » m'a-t-elle dit. Peut-être quelque rival !... Qu'il vienne ! je lui apprendrai ce que mes amis et mes ennemis connaissent également bien, c'est à savoir que le fer et le feu sont les joujoux des enfants de la maison de Miranda. Ce nom, que je n'ai plus le droit de porter, me rappelle aux affaires.... (je ne dirai pas sérieuses, car il n'y a rien de plus sérieux que l'amour), mais aux affaires ennuyeuses. Renvoie-moi les mille écus que je t'ai adressés sou à sou en cinq ans, et qui devaient servir, avec mes futures économies, à racheter la terre et le titre de Miranda. Cet argent me sera probablement nécessaire ici, car tu prévois bien que Meo amoureux ne va plus s'abrutir à travailler. Ajoutes-y du tien tout ce dont tu pourras disposer présentement, sans oublier que je ne serai peut-être jamais en état de te le rendre. Enfin aide-moi à être heureux ; c'est la seule fortune à laquelle prétende désormais

« Ton ami très-fidèle et très-dévoué,
  « BARTOLOMEO NARNI,
« Qui n'est pas en bon chemin pour redevenir
  « Comte DE MIRANDA. »

La seconde lettre était adressée à M. Silivergo, directeur de l'imprimerie franco-italienne à Paris.

« Très-respecté monsieur,

« Je serais le plus ingrat et le dernier des hommes, si je pouvais oublier le généreux empressement avec lequel vous m'avez fourni des moyens d'existence, le jour où, exilé et sans ressources, j'ai, pour la première fois, frappé à votre porte. En me donnant, malgré mon inexpérience avouée, l'emploi très-honorable et assez lucratif de correcteur, vous m'avez littéralement mis le pain à la main. Croyez donc, très-cher monsieur, que, si je vous quitte sans avertissement et sans préparation, aujourd'hui que mes services vous sont devenus assez utiles, ce n'est pas pour éviter lâchement d'acquitter une dette de reconnaissance, mais plutôt parce que je ne me possède plus, et qu'une force supérieure à ma volonté dispose tyranniquement de ma vie. Cette force irrésistible, est-il besoin de la nommer ? On n'arrive pas à l'âge vénérable où vous êtes, cher et excellent monsieur, sans éprouver au moins une fois les violences de l'amour. Ah ! si seulement je pouvais vous montrer la divine petite main que, tout à l'heure encore, je serrais dans les miennes, vous seriez le premier à encourager ma désertion et à louer la résolution que j'ai prise de vivre tout à la passion. Je sais que je laisse l'imprimerie dans un grand embarras, et que mon départ vous fera perdre quelque argent dans un moment où vous êtes surchargé d'ouvrage et où tout votre monde vous est nécessaire; mais l'argent peut-il être mis en balance avec le bonheur? D'ailleurs la besogne que je ferais chez vous serait nécessairement négligée, et plus nuisible qu'utile à vos intérêts. Mettez-vous à la place d'un homme qui n'a jamais aimé, et qui, pour la première fois, aime : comment pourrait-il s'appliquer sérieusement à autre chose qu'à son amour? Agréez donc, cher monsieur, ma démission de l'emploi que vous m'aviez si gracieusement offert, et croyez à l'éternelle reconnaissance de votre bien dévoué

« B. Narni. »

Il écrivit ces deux lettres sans hésiter, sans chercher un mot, laissant aller sa plume au courant de la sensation présente. Il ne fut pas plus embarrassé pour rédiger la curiosité morale que voici :

« *A la très-illustre signora Aurelia, coryphée au théâtre impérial Italien, Paris.*

« Ma très-chère Aurélia,

« Te souviens-tu que bien souvent tu m'as reproché d'être plus froid que la neige et d'ignorer les véritables transports de l'amour? Je croyais t'aimer cependant, et je souffrais tant de te voir incrédule, que je recherchais, pour te persuader, toutes les expressions les plus violentes dont les poëtes se sont servis dans la peinture de la passion. Aujourd'hui je sens enfin que tu avais raison et que tes plaintes étaient justes, car je viens d'éprouver quelque chose de nouveau et d'inconnu que, dans toute ma jeunesse, je n'avais pas même deviné. Je brûle et j'ai froid, mon cœur bat furieusement et s'arrête tout à coup; je me sens à la fois hardi comme un lion et timide comme un agneau; bref, je suis devenu un autre. Tu comprendrais toi-même ce délire, si tu avais seulement aperçu celle qui le cause. Qu'elle est belle ! Que ses yeux sont purs ! Que sa voix est douce ! Toute sa personne est comme pétrie d'innocence et de candeur; c'est un ange. Dès à présent ma vie est entre ses mains; car, si je n'arrive à l'obtenir pour femme, je quitterai ce monde plutôt que de la voir unie à un autre. Me voilà donc le plus heureux et le plus malheureux des hommes. J'irai te conter mes plaisirs et mes peines; ne peut-il pas rester une bonne amitié entre nous? Si tu m'aimes réellement, comme tu me l'as dit et comme je le crois, tu t'intéresseras à une affaire qui est devenue l'unique but de mes pensées. Je te parlerai d'elle; tu me consoleras dans mes chagrins; tu me conseilleras dans mes dangers; tu m'aideras s'il le faut : c'est un rôle digne d'un cœur comme le tien. A ce prix, tu peux compter sur l'amitié solide et le dévouement inébranlable de ton très-affectionné, « Meo. »

Celui qui montrait ainsi le nu de son âme avec l'égoïsme naïf et l'impitoyable sincérité d'un enfant, est un des hommes les plus grands et les plus courageux de la jeune Italie. Bartolomeo, ou plus familièrement Meo Narni, citoyen de la noble ville de Bologne, est le dernier rejeton d'une famille aussi ancienne que les Caetani ou les Pepoli. Dans la grande salle de son ancien palais, Annibal Carrache a peint les rois mages prosternés devant les armes des Miranda (une étoile d'or sur champ d'azur) avec cette devise héroïque : *Miranda regibus*. Les revenus nets de cette illustre maison s'élevaient encore il y a dix ans à sept ou huit mille écus romains, et Meo jeune, brillant, élevé dans une des meilleures écoles du Piémont, faisait bonne figure aux yeux de ses concitoyens. L'éclat de son nom, la générosité de son caractère, l'abondance avec laquelle il exprimait les idées à la mode, tout le désigna, malgré son extrême jeunesse, aux suffrages des Bolonais : on l'élut membre de cette première assemblée que Rossi avait convoquée pour son malheur. Il était encore député sous la république romaine, et l'honneur de représenter le peuple lui coûta tout son bien. Il se ruina d'ailleurs fort honorablement, à l'antique, en distributions de pain et de souliers. La misère était grande, les étrangers qui donnent à vivre aux petites gens de Rome se sauvaient de l'Italie comme du feu; l'argent était si rare que le gouvernement frappait des pièces de 8 sous, d'une valeur intrinsèque de 2 centimes. Les 40 000 francs de rente du pauvre Meo ne furent qu'une bouchée pour ce peuple aux dents longues. Cette noble escapade le rendit odieux au parti monarchique, suspect au triumvirat, ridicule aux yeux de plusieurs, et cher à quelques pauvres diables. Mais il avait suivi son penchant, et c'est beaucoup pour un Italien. Quand les Français parurent devant Rome, il monta à la tribune et prouva assez éloquemment que la lutte était impossible; mais sa proposition ayant été rejetée, il se battit en homme qui n'a plus le sou. La ville prise, il fut dénoncé au général français comme pillard des palais et des églises, et traduit en cette qualité devant le conseil de guerre. Assis au banc des accusés, il ne se souvint nullement qu'il était en cause, et fit un très-beau discours sur l'avenir de l'Italie. Il avait oublié de chercher des témoins à décharge : « Je n'en ai pas besoin, dit-il, les témoins à charge me suffiront. » Nos officiers acquittèrent glorieusement ce jeune fou qui exhalait un parfum de vaillance et de loyauté.

Cependant, comme tout le monde ne lui avait pas

pardonné, il s'exila dès qu'il eut liquidé ses affaires. L'opération ne tira pas en longueur. Tous ceux à qui il avait emprunté se partagèrent tout ce qu'il avait. Un accapareur de grains, appelé Giacomo Filippo, se fit adjuger au prix de 80 000 francs la terre de Miranda et le titre de comte. Pour ce dernier lot seulement, notre étourdi se souvint de stipuler le droit de rachat; non parce que la terre valait le double de ce qu'on la payait; mais parce que le titre y était attaché. Tous comptes faits, il resta presque aussi nu que saint Jean.

Ainsi nanti, il s'embarqua pour la France où il ne connaissait personne, et il employa les plus belles années de sa jeunesse à manger du pain dur sur le pavé de Paris. En 1852, un honnête homme d'imprimeur lui fournit les moyens de vivre, au moment où les portraits de ses aïeux étaient sa dernière ressource. Grâce à l'excellent papa Silivergo, vingt-quatre générations de Miranda furent sauvés du bric-à-brac aussi miraculeusement que Moïse avait été sauvé du Nil. Vous savez le reste de l'histoire. Ce qui est prodigieux, c'est qu'un jeune homme qui gagnait moins de trois mille francs par an ait pu en économiser plus de cinq mille dans un espace de cinq ans. Mais les Italiens, grands et petits, pratiquent, lorsqu'il le faut, une sobriété héroïque. Ces mangeurs de salade et de pâtes bouillies ont reçu de la nature une simplicité de goût qui est une richesse et une indépendance. Malheur à l'homme qui a des besoins! Le superbe Meo, qui avait cassé les verres tout comme un autre, s'accoutuma facilement à vivre de peu. Il prit ses repas dans un bouge ignoré des dieux et des hommes; mais il fut constamment vêtu comme un seigneur, il but de temps à autre une tasse de café devant Tortoni, et il eut toujours un peu de monnaie à donner aux pauvres, qu'il ne savait pas congédier autrement.

IV

RÊVERIES INNOCENTES.

Lorsqu'un homme en âge d'aimer, c'est-à-dire de quinze à soixante-quinze ans, a rencontré au théâtre ou dans un bal une femme qui lui a plu, il emporte au fond du cœur une petite provision de plaisir qui ne s'épuise pas en un jour. Pendant toute une semaine, et plus longtemps quelquefois, on est poursuivi par un arrière-goût de tendresse ; on voit l'univers d'un œil plus bienveillant ; on trouve aux choses les plus indifférentes comme une vague suavité d'amour. Cet état de contentement oisif se prolonge surtout au bénéfice des rêveurs ; ceux qui en jouissent le mieux sont les cœurs renfermés et languissants auxquels il faut un mois pour digérer le parfum d'une rose. Ils se laissent aller sans effort au courant d'une douce et mélancolique espérance ; ils contemplent dans le miroir magique de la mémoire une image qui leur sourit ; ils se bercent eux-mêmes, et ils ferment les yeux à la lumière aigre de la réalité, pour rêver plus commodément à ce qui leur plaît.

Mais l'image que nous avions précieusement renfermée au fond de notre cœur, cette image si nette et si bien dessinée, s'altère au bout de quelques jours. Elle se frange, elle s'irise, elle se déforme ; l'imagination la surcharge de traits capricieux. Bientôt elle est aussi indécise et aussi vaporeuse que l'ombre d'un pêcheur matinal qu'on aperçoit au loin dans le brouillard des prés. Un instinct secret nous avertit qu'elle va disparaître, et nous cherchons vainement à la retenir entre nos mains, comme Ulysse aux enfers voulait serrer dans ses bras le corps impalpable de ses anciens amis. Elle s'efface enfin, si une heureuse rencontre ne remet pas sous nos yeux l'original dont nous avons perdu le portrait.

C'est ainsi que Meo faillit égarer l'image de la belle Emma. Pendant un mois entier il se laissa aller doucement au bonheur d'aimer, qui est tout en nous. Il ne doutait pas qu'Emma ne fût peu ou prou sa voisine, et il attendait l'occasion de la revoir, sans toutefois courir après elle ; vous auriez dit qu'il se faisait scrupule de violenter le hasard. Chaque fois qu'en fermant les yeux il revoyait la jolie tête blonde de Mlle Bitterlin, les veines de son cou se gonflaient, comme si véritablement l'amour l'eût pris à la gorge; il racontait sa passion à tout le monde et versait le trop-plein de son cœur sur les indifférents et les inconnus; mais il n'éprouvait nul besoin de répéter à Emma ce qu'il lui avait déclaré. Si l'on était venu lui dire : « Tu ne la reverras jamais ! » il serait peut-être mort de douleur ; cependant il ne souhaitait pas de la rencontrer tout de suite. Il aimait passivement, comme on a chaud ou froid.

La vigueur de son caractère ne se réveillait qu'au souvenir des dangers dont Emma l'avait averti. Il croyait avoir un rival, et dans cette pensée il portait un excellent poignard. C'était assurément un homme des plus civilisés, mais imbu d'une idée italienne sur l'aplanissement des obstacles. Si on lui avait montré son rival au milieu de la rue, il eût trouvé tout simple de le tuer directement, non par jalousie ou par vanité froissée, mais pour n'avoir plus de rival.

Au milieu de ces préoccupations, il s'aperçut un matin que l'image de la belle inconnue était beaucoup moins nette dans sa mémoire. Ce changement le surprit. Il ferma les yeux pour mieux voir en lui-même; mais les traits de ce délicieux visage se mirent à flotter aussi confusément que le reflet d'un château dans le cours rapide du Rhin.

Les couleurs étaient toujours aussi vives, mais le dessin fuyait à vau-l'eau. Tous les efforts qu'il fit pour préciser l'image ne servirent qu'à l'effacer un peu plus; il était comme un maladroit qui, afin de mieux voir un pastel, l'essuie proprement avec sa manche. Alors il fut pris d'un vrai désespoir et pleura son illusion aussi amèrement que si elle était morte, parce qu'il la sentait bien malade. Mais en même temps il tendit les ressorts de sa volonté et se mit à battre Paris comme un bois pour y découvrir Emma.

De son côté, Mlle Bitterlin avait emporté au fond du cœur un petit souvenir, faible et chétif comme un enfant ramassé sous une porte cochère, et elle le nourrissait secrètement. Lorsqu'elle rentra au logis, après la grande aventure de sa vie, son unique sentiment était la peur. Elle tremblait que les yeux du capitaine ne vinssent lire dans son âme, et le fait est que sa physionomie candide était transparente comme le cristal. La journée lui parut interminable, parce qu'elle la découpa en cent actions diverses. Elle se donna plus de mouvement qu'à l'ordinaire; elle resta moins assise; elle fut comme l'oiseau qui sautille de branche en branche. Elle chanta d'une voix qui ne lui était pas naturelle; son timbre doux et moelleux prit quelque chose de saccadé et de métallique. Elle n'osait regarder ni son père, ni sa complice Agathe; elle craignait même de réfléchir devant M. Bitterlin à ce qui s'était passé dans la matinée, tant elle redoutait la question familière du capitaine : « A quoi penses-tu ? » Son cœur était comme une cachette où l'on a serré quelque trésor mal acquis ; on n'ose pas y jeter les yeux soi-même, de peur d'y attirer l'attention de la justice.

Son père la conduisit au jardin des Plantes. Elle n'y était pas allée depuis longtemps, et en son absence, le printemps avait fait du chemin. Le soleil était tiède ; la fleur des arbres précoces sentait bon. M. Bitterlin maugréait contre la boue, contre les gamins qui poussaient leur cerceau jusque dans ses jambes, contre l'odeur fade des lilas qui lui donnait la migraine. L'enfant aspirait délicieusement ces émanations légères qui parfument la jeunesse de l'année, elle piétinait sur la terre humide comme sur un tapis moelleux ; elle pensait que les enfants étaient jolis avec leur grande moustache de confitures. L'ours blanc dodelinait de la tête au bord d'une eau sale et puante. Elle s'intéressa à la mélancolie de cet exilé et lui trouva une physionomie sympathique. Mais la petite babillarde, qui avait l'habitude de penser tout haut, oublia de communiquer ses réflexions à son père. La veille encore, elle éparpillait ses idées comme les prodigues qui partagent avec tout le monde et ne gardent rien pour eux. Mais du jour où l'on a mis quelque chose de côté, on entre dans la voie de l'économie.

La nuit vint enfin. Après un dîner silencieux et une soirée plus maussade que d'ordinaire, Emma, seule et bien close dans sa chambre, expédia sa toilette de nuit, se glissa toute frissonnante dans son petit lit bleu, souffla la bougie et se dit presque tout haut : « Je suis chez moi. » C'est alors qu'elle descendit à tâtons jusque dans les profondeurs les plus intimes de son âme et qu'elle écarta curieusement les nuages légers qui troublaient la sérénité de sa conscience. Les idées qu'elle avait ajournées depuis le matin se représentaient toutes à la fois, et dans cette foule tumultueuse, elle ne savait auquel entendre. Les grands seigneurs, les grandes dames, la figure renversée de la pauvre Agathe, le beau jeune homme, les méchants collégiens, M. Bitterlin et l'ours blanc : que de monde ! Elle n'avait jamais eu affaire à tant de gens à la fois. Petit à petit, les personnages accessoires rentrèrent dans l'ombre, et l'homme de la rue Culture-Sainte-Catherine apparut seul, en pleine lumière, comme ces figures saintement phosphorescentes, qui des rayons de leur nimbe éclairent tout un tableau.

Emma ne savait pas encore bien positivement s'il était beau et si une femme serait fière de paraître à son bras dans la rue. Elle l'avait trouvé brillant, et elle en gardait comme un éblouissement vague, mais elle ne savait rien de plus. La pauvre enfant n'était pas fille du monde. Elle n'avait pas encore le coup d'œil de ces vierges expérimentées qui toisent un homme, le détaillent, notent le fort et le faible de son individu, et se trouvent en mesure d'écrire son signalement, sans avoir jeté un regard sur lui ni détaché les yeux de leur tapisserie. Ce talent, comme celui du sportman qui parie à coup sûr, demande une série d'études comparatives ; on ne l'acquiert jamais sans passer quelques années dans l'enceinte du pesage. Mais Emma n'avait pas mis le pied dans un bal; elle n'avait pas vu courir ces chevaux de danse qu'on entraîne chez Cellarius, et qu'on marie lorsqu'ils sont hors d'âge.

Elle n'aurait pu dire s'il avait la taille bien prise, les cheveux bien plantés, l'œil bien fendu et la jambe belle. On l'avait si mal élevée qu'elle ne se doutait pas même de ce que nous entendons par un homme bien fait. Elle ne connaissait le sexe contraire que pour l'avoir évité sur le trottoir. Mais elle se souvenait que l'inconnu était jeune et pauvre, brave et respectueux, bon et triste. Elle lui savait gré de l'avoir défendue et de ne pas l'avoir suivie. Surtout elle se rappelait ces mots, qui étaient tombés sur son cœur à l'improviste : « Je vous aimerai toute ma vie! » Cette phrase se murmurait elle-même aux oreilles d'Emma, et revenait obstinément, toujours plus importune et plus harmonieuse, quelques efforts qu'on fît pour la chasser. Un orchestre invisible brodait des variations infinies sur ce thème monotone et charmant: « Il est fou, pensait-elle, on n'aime pas ainsi à première vue. Sans doute il a voulu rire. Cependant le pauvre garçon avait plutôt l'air de vouloir pleurer. Mais quel malheur pour lui, s'il allait m'aimer tout de bon! Papa ne pardonnerait jamais.... D'ailleurs, je ne l'aime pas, moi. Je ne le déteste pas non plus; il ne faut pas être ingrate. Heureusement, il ne sait pas qui je suis, ni où je suis; il ne me fera pas la cour, et papa ne lui coupera pas la tête. Papa est un être bien étonnant. Tous les hommes ne lui ressemblent pas, et la preuve!... C'est égal, il fait bon penser qu'on a quelque part dans Paris un homme qui vous aimera toute sa vie. » Elle enfonçait voluptueusement sa petite tête dans l'oreiller en répétant ces trois mots: *toute sa vie!* Elle ferma les yeux en caressant une si douce chimère, comme les petites filles s'endorment quelquefois avec leur poupée dans les bras.

Le lendemain et les jours suivants, elle ne se mit pas à la fenêtre sans une certaine inquiétude. Chaque fois qu'elle sortit au bras de son père, elle retourna la tête de temps en temps : elle craignait que ce pauvre fou de la rue Culture ne vînt se dénoncer lui-même au courroux de M. Bitterlin. Personne ne parut, et elle se rassura peu à peu, non sans quelque étonnement. Tous les hommes qu'elle apercevait de loin ressemblaient au bel inconnu. Un jour elle passa devant chez lui en compagnie du capitaine. La fenêtre était ouverte ; elle y plongea les yeux et ne vit que des portraits. « C'est pourtant bien là, pensa-t-elle ; à quoi est-il occupé? Je parierais cent contre un qu'il ne songe aucunement à moi. Tant mieux ! » Je crois pourtant qu'elle se mordit la lèvre en disant tant mieux !

Si elle avait été entourée de tous les plaisirs de son âge, nul doute qu'elle n'eût oublié en huit jours un étranger qui ne lui était rien. Mais il est dangereux d'isoler une fille et de la renfermer en elle-même, surtout en compagnie d'un souvenir. Son père lui dit un jour en la voyant rêveuse :

« Qu'est-ce que tu as?

— Rien ; pourquoi ?

— Tu ne ris plus ; est-ce que t'ennuies ?

— Non, papa ; je m'amuse en dedans. »

Elle ne s'ouvrit à personne, pas même à la grosse Agathe. Sa préoccupation lui semblait trop ridicule pour être contée.

Elle évitait même de causer avec la brave fille, comme si Agathe n'avait pas oublié depuis longtemps l'histoire de la rue Culture. Un matin que le capitaine les avait laissées ensemble, Agathe lui dit :

« Mademoiselle !

— Tais-toi! répondit-elle en lui fermant la bouche. Je te défends de m'en parler.

— Mais de quoi?

— De ce que tu voulais me dire.

— Tu ne veux pas que je te parle de la grille de mon fourneau qui est brûlée? Il m'en faut pourtant une neuve, ça économisera du charbon. »

Emma n'en resta pas moins persuadée que la servante avait voulu ouvrir la porte aux confidences, et elle s'admira d'avoir gardé son secret. Un mois plus tard, elle rompit spontanément ce profond silence. Elle allait à l'église en compagnie d'Agathe, car M. Bitterlin la conduisait partout excepté là. L'aimable homme était brouillé avec le ciel aussi bien qu'avec la terre. Emma s'arrêta un instant, regarda la servante dans le blanc des yeux et lui dit:

« Tu n'as donc plus de confiance en moi? Pourquoi ne me parles-tu pas de notre amoureux?

— Quel amoureux? fit Agathe.

— Mais notre protecteur à barbe noire; celui qui a fait vœu de nous aimer toute sa vie.

— Tu y penses?

— Moi! pas plus qu'il ne pense à nous! Mais, dis-moi, Agathe, pourquoi les hommes s'amusent-ils à nous conter des choses qu'ils oublient l'instant d'après? Qu'est-ce qu'ils y gagnent? Qui espèrent-ils tromper?

— Je ne sais pas, répondit Agathe. On ne m'a jamais rien conté. Mais je comprends qu'un homme soit amoureux de toi jusqu'à la mort ; il y a de quoi !

— Oh! je leur donne la permission à tous, s'ils ne sont pas plus importuns que le premier !

— C'est donc vrai que tu y penses ?

— Je ne le reconnaîtrais pas dans la rue, si je le rencontrais. »

Comme elle disait ces mots, tout le sang de son cœur empourpra son visage, comme pour lui donner un démenti : elle venait d'apercevoir Meo sur les marches de Saint-Paul. « Enfin ! » pensa-t-elle. Il la cherchait évidemment, mais il ne la voyait pas encore. Les femmes ont la vue plus perçante que nous, et lorsque nous croisons le regard avec elles, l'homme est toujours le premier touché. Emma profita de son avantage pour examiner attentivement cette belle figure qui commençait à flotter un peu dans sa mémoire. Elle la trouva moins colorée, plus éteinte et plus intéressante que le premier jour. Mais tout à coup le teint s'anima, les yeux brillèrent : on s'était reconnu de part et d'autre. L'inconnu salua vivement, avec un tel rayonnement de joie qu'Emma craignit de le voir accourir à travers la foule. Elle entraîna la grosse Agathe et se jeta dans l'église comme dans un asile, tandis que Meo, trop ému pour faire un pas en avant restait cloué sur place.

Les deux femmes tombèrent à genoux sur leurs chaises. La boiteuse n'en pouvait plus. « Qu'est-ce qui t'a pris ? dit-elle à sa maîtresse.

— Tu ne l'as pas vu ? Il était devant l'église. Il nous poursuit.

— Qui ?

— Lui, te dis-je. Il n'y en a pas deux. Comme ta tête est dure !

— Ah ! je comprends, » répondit Agathe, qui n'avait absolument rien compris.

Emma lut sa messe avec une ferveur inusitée. Ce n'était pas une dévote, et elle n'avait que la dose de piété qui s'acquiert dans les bons pensionnats ; mais les faibles se réfugient dans la prière à la moindre apparence du danger. Si vous l'aviez vue remuer les lèvres, fermer les yeux et pencher la tête en arrière dans une sorte de demi-extase, elle vous eût édifié, j'en suis sûr. Tandis qu'elle murmurait entre ses dents une phrase du texte latin, deux larmes d'attendrissement brillèrent entre ses longs cils. Larmes charmantes que les anges ne vinrent pas recueillir et qu'ils laissèrent rouler jusqu'à terre, apparemment parce qu'elles n'étaient pas à l'adresse du ciel.

Tout alla bien jusqu'à la lecture de l'évangile Mais, dès le premier verset, l'enfant fut prise d'un malaise inconnu, qui n'était pas sans quelque charme. La lecture lui devint aussi difficile que si un rayon de soleil était venu danser sur les pages de son livre. Elle se sentit harcelée par tous les lutins de l'amour ; celui qui insinue entre nos paupières fermées le portrait d'une personne absente; celui qui voltige autour de nos oreilles en murmurant toujours le même nom ; celui qui nous force à retourner la tête vers ceux que nous ne voulons plus voir ; celui qui égare un amant dans le parc et le ramène malgré lui à la porte qu'il déteste ; celui qui chatouille nos narines avec une plume invisible, toute chargée des parfums d'une chevelure adorée ; celui qui écrit avec notre main les serments que la prudence nous défendait. Assaillie de tous côtés à la fois par cette multitude bourdonnante, Emma se cherchait et ne se trouvait plus. Quelques efforts qu'elle fît pour se recueillir en elle-même, une secrète agitation la poussait vers les choses extérieures. Il lui semblait par moments qu'une bande de polissons ailés s'introduisait dans son cerveau comme dans une chambre mal close, pour jeter le mobilier par les fenêtres. Pour rien au monde elle n'aurait retourné la tête, tant elle craignait de se trouver face à face avec l'étranger. Mais elle leva les yeux et elle aperçut, dans l'ombre d'un pilier, Meo qui l'admirait tout à son aise.

Vous avez vu dans certaines *Assomptions* de l'école espagnole un groupe de disciples agenouillés devant le miracle. Murillo a rendu mieux que personne le transport radieux de ces âmes croyantes. La foi étincelle dans leurs yeux ; leurs figures basanées semblent dévorées intérieurement par les feux mystiques de l'amour divin. Tel était Meo Narni devant la fille du capitaine : il adorait. Une femme aurait eu l'esprit bien mal fait si elle s'était sentie offensée par ce culte-là. Mlle Bitterlin regarda deux ou trois fois sans aucune malveillance l'homme qui lui rendait un si discret hommage.

Elle le revit au sortir de l'église et elle répondit sans scrupule au coup de chapeau qu'il lui envoya de loin. Elle le revit tous les dimanches à la même place. Elle l'aperçut quelquefois devant ses fenêtres sur le trottoir de la rue Royale. Il passait comme un homme affairé, et M. Bitterlin lui-même n'aurait pas deviné quelle était sa grande affaire. Le premier fruit de ces allées et venues fut que les deux jeunes gens s'occupèrent l'un de l'autre pendant toute la semaine ; et, comme chacun d'eux méritait d'être aimé, ils ne tardèrent pas à se rendre réciproquement justice. La surveillance du capitaine et leur propre timidité les maintenaient à sage distance, mais quand leurs regards se rencontraient, c'était comme un baiser.

Innocence des cœurs !... J'ai entendu dire à une Dauphinoise de beaucoup d'esprit que l'amour se nourrit comme les vers à soie. Une petite feuille de mûrier bien tendre suffit à tout leur appétit lorsqu'ils sont jeunes, mais une fois grands, ils dévorent jusqu'aux poutres du grenier.

Emma dit à son père, un jour qu'il était presque de bonne humeur. « Cher petit papa, est-ce que nous vivrons toujours ainsi ? »

Le vieillard fit la grimace et répondit d'un ton aigre-doux : « Chère petite fille, nous ne vivrons pas toujours, attendu que nous ne sommes pas éternels. Patience, mon enfant! Un de ces quatre matins le croque-mort te débarrassera de ta vieille guenille de père. » Emma pleura sept jours et sept nuits, comme la fille de Jephté, et son père ne daigna pas même s'en apercevoir. Mais il tança sévèrement la grosse Agathe, et déclara qu'il la mettrait à la porte si elle continuait à donner des idées à sa maîtresse.

« Est-il Jésus Dieu possible ! s'écria la pauvre créature. Des idées ! Je ne sais pas seulement ce que c'est ! »

V

LES AFFICHES.

Meo était, sans un ami et sans un sou, le plus parfaitement heureux de tous les hommes. Son ancien patron, M. Silivergo, lui avait répondu sans périphrases : « Vous êtes un ingrat ; l'ingratitude est le pire de tous les vices, et les Égyptiens du bon temps le punissaient de mort. J'espère qu'un jour ou l'autre vous aurez besoin de moi, et je me fais une fête de vous fermer ma porte. Si jamais vous êtes repris du besoin ou de l'envie de travailler, cherchez votre vie ailleurs que chez nous. Enfin je profite de l'occasion pour faire vœu de n'obliger personne. Je ne m'intéresserai plus à aucun malheureux, si méritant qu'il me semble, et c'est vous qui en serez cause. »

Le même jour, la puissante Aurelia, citoyenne romaine, avait couru en fiacre jusqu'à la rue Culture-Sainte-Catherine. Elle tomba devant le numéro 4 comme une avalanche qu'elle était; mais elle ne trouva point son ancien ami, et elle n'eut pas la consolation de lui arracher les yeux. Elle se rabattit sur la loge et conta ses chagrins à M. et Mme Ridé qu'elle voyait pour la première fois. Ces bonnes gens interrompirent leur repas pour écouter ses doléances. Elle s'était jetée sur une chaise avec une familiarité tout italienne; elle appelait le portier *mon ami* et sa femme *ma chère;* de temps à autre elle les tutoyait. Elle leur montra son âme déchirée, sa vie déserte, son espérance morte, son soleil éteint. Tout en pleurant, elle choisissait dans le saladier les plus belles feuilles de chicorée, et elle les prenait avec la main, sans relever ses manches pagodes. Le spectacle d'une douleur si vraie et de mœurs si peu françaises faisait rire et pleurer les deux vieillards. Aurelia n'hésita point à les accréditer comme ambassadeurs auprès de Meo. Elle les chargea de lui dire que tout était fini, même l'amitié; qu'elle ne se souciait nullement d'écouter ses confidences, et que s'il osait se présenter devant elle, il aurait les yeux arrachés. Elle montra même un coutelas qu'elle avait acheté pour cette opération ; car elle prenait les mots au pied de la lettre, et elle ignorait les finesses de la langue française.

Trois semaines plus tard, le Pylade de Meo lui écrivit de Bologne la lettre suivante :

« Ami très-cher et très-estimé,

« Il est bien vrai que l'amour console de tout, j'en fais chaque jour la douce expérience. En vain le sort jaloux s'acharne à me persécuter; l'affection de la petite marquise me donne plus de plaisir que toutes les affaires ne sauraient me causer d'ennui. Les deux dernières récoltes ont été si mauvaises que mes pauvres colons me demandent de l'argent au lieu de m'en apporter. Le procès de la famille traîne toujours en troisième instance. J'ai obtenu onze décisions favorables, et nos adversaires n'en ont que dix pour eux. Si l'appel qu'ils ont interjeté en dernier lieu n'est pas reçu par la Rote, j'aurai définitivement gain de cause, pourvu que la *Segnatura* ne casse point l'arrêt. Les vingt et une décisions rotales rendues pour et contre nous m'auront coûté mille écus romains chacune; ce procès me reviendra donc à cent douze mille trois cent cinquante francs si je le gagne, et nous sommes ruinés si je le perds. Mais qu'importe la richesse ou la misère à un cœur vraiment heureux? Depuis quinze ans, pas un nuage n'a troublé la sérénité de notre amour. La jalousie du marquis a beau contrarier nos projets dix fois par semaine, nous trouvons le moyen de nous voir tous les jours en public et souvent en secret. Cet homme attacherait la pauvre Hersilie au pied de son fauteuil, s'il l'osait; tu sais qu'il ne lui a jamais laissé la chaîne bien longue. Ses infirmités lui servent de prétexte pour la retenir à la maison; il est décidément impotent. Le plus triste, c'est qu'on n'entrevoit pas le terme de cette maladie : elle peut nous enterrer tous avant lui. Hersilie le soigne avec un dévouement héroïque! Combien de femmes, à sa place, l'aideraient plutôt à finir! J'ai toujours mes entrées dans la maison, quoique le maître me soit secrètement hostile. C'est bien souvent devant lui, dans sa chambre, auprès de son fauteuil, qu'un regard d'Hersilie ou une pression de main m'approvisionne de bonheur pour toute la journée. Dans la guerre sourde que je soutiens patiemment contre lui, sur son terrain, j'ai pour moi Hersilie, les gens du palais et la ville entière; il a pour unique allié son grand bélître de fils, dont nous nous déferons bientôt, s'il plaît à Dieu, par un bon mariage. Malgré tous les ennuis, toutes les résistances, toutes les jalousies, j'habite le ciel, car je ne passe pas une minute sans me rappeler que j'aime et que je suis aimé. Cher Meo! tu étais notre confident autrefois, dans les premiers temps de notre bonheur. Que ne puis-je t'avoir ici pour te faire part à chaque instant de mes plaisirs et de mes peines! Hersilie m'est plus chère de jour en jour. Te rappelles-tu comme elle était jolie au bal de Marchetti en 1842? Aujourd'hui que le temps a mis la dernière main à sa beauté, elle est véritablement divine. Quelle douce harmonie unit nos âmes! Nous nous entendons sans rien dire, comme si la nature avait mis en nous les deux moitiés d'un même cœur. Je le répète, pourquoi n'es-tu pas ici? J'aimerais tant à te parler d'elle, et à te conter de vive voix tout ce poëme de bonheur que la plume ne saurait écrire! Enfin! L'homme ne commande pas à la destinée. Mais souviens-toi que, de loin comme de près, je suis un autre toi-même, et use sans discrétion de ton ami et de tout son bien disponible. G. Marsoni.

« *P. S.* J'oubliais de te donner des nouvelles de ton vil métal. Je l'ai placé à six pour cent, sur première hypothèque conformément à ton désir. Il sera exigible, avec les intérêts capitalisés, le 1ᵉʳ janvier 1862. »

Meo n'eut pas besoin d'autre encouragement pour commencer à vendre ses ancêtres. Ses économies de poche étaient épuisées; son mobilier, réduit depuis longtemps au strict nécessaire, ne l'aurait pas fait vivre un mois; ses bijoux lui semblaient inséparables de sa personne: ils faisaient partie de lui-même. Meo sans bijoux n'aurait plus été Meo. Passez-lui cet enfantillage. Restait cette collection de portraits de famille qu'il avait fait sortir par contrebande et apportée jusqu'à Paris. Il ne savait pas au juste ce qu'elle pouvait valoir, mais il savait qu'elle était signée des plus grands noms de l'école bolonaise, depuis Oderigi, contemporain de Dante, jusqu'à Lorenzo Pasinelli, le Romulus Augustule de cette longue dynastie. On y voyait, entre autres pièces rares, un Francia (le Louvre n'en a point) et un portrait de femme peint par l'Albane en 1600, quand l'artiste avait vingt-deux ans et faisait de grands tableaux pour les églises. Les trois Carrache, le Dominiquin, le Guerchin barbouillé de noir, y vivaient en bons voisins avec le Guide aux doigts de roses. Je ne parle pas de vingt ou trente toiles médiocres, mauvaises ou ridicules comme on en trouve dans toutes les galeries de portraits. Meo passa gaillardement en revue le bataillon sacré de ses aïeux, comme un berger choisit dans son troupeau les bêtes qu'il veut vendre. Il réserva les portraits les plus anciens et les plus modernes : les uns parce qu'ils prouvaient l'antiquité de sa famille, les autres parce qu'ils lui rappelaient des parents connus et aimés. Il en retira cinq ou six autres qui représentaient les personnages les plus célèbres de la maison de Miranda, ou ceux pour qui il se sentait le plus de sympathie. Le général Augusto Narni, mort en 1525 à Pavie, et la belle Olympia qui aima mieux prendre du poison que d'épouser un Bentivoglio, furent exemptés de la vente. Le reste s'en alla tout droit aux Batignolles, dans le galetas d'un brocanteur milanais qui vendait des tableaux anciens et en fabriquait aussi. Meo le connaissait un peu, et il connaissait beaucoup la galerie Miranda. Quand le jeune homme lui fit part de la résolution qu'il avait prise, le vieux faussaire lui dit : « Vous pouvez faire cinquante mille francs de vos tableaux, ou cent écus ; c'est à votre choix. Voulez-vous que nous portions la collection à l'hôtel des ventes, sans en rien ôter, pas même le portrait de M. le comte votre père ? Nous afficherons sur papier rouge la vente de la galerie Miranda, comprenant toute la famille. Votre collection est connue ; les amateurs viendront; il y a de l'argent à gagner. Mais ce que vous m'apportez n'est ni complet, ni authentique. Les signatures ne prouvent rien hors d'une galerie célèbre : je signe tous les huit jours un tableau de maître.

— Mais enfin mes tableaux sont bons ! s'écria Meo.

— Je ne dis pas le contraire, mais ils se vendront à rien si vous ne voulez pas m'écouter. Pour les amateurs qui achètent, il n'y a pas de bons tableaux, il n'y a que des galeries célèbres. Votre Francia, qui vaut dix mille francs dans la collection, n'en vaut plus cent cinquante à un étalage. »

Meo était trop fier pour afficher la famille Miranda au coin des rues, et le marchand le savait bien. La délicatesse du pauvre garçon et son ignorance des affaires le livra pieds et poings liés au

Milanais. Il avoua naïvement qu'il était amoureux, incapable de travailler, et dénué de toute ressource : un morceau de pain lui suffisait pour le présent ; il livrait l'avenir au hasard, sans trop savoir de quel nuage le bonheur pouvait tomber sur lui ; cependant il ne voulait à aucun prix afficher sa famille en vente publique. Il marchanda plus timidement qu'un voleur d'argenterie dans la boutique d'un recéleur, et il toucha deux mille francs en échange d'un trésor qui valait vingt fois davantage. Certain instinct de défense lui inspira l'idée de stipuler le droit de rachat, comme il avait fait en vendant son nom : le brocanteur s'y prêta volontiers, sachant qu'il avait affaire à un homme sans avenir. Il fut donc convenu et mis par écrit que M. Bartolomeo Narni, ci-devant comte de Miranda, pourrait réclamer ses ancêtres dans un délai de deux années, contre un versement de mille écus romains. Quoi qu'il pût arriver, l'acheteur était sûr de bien placer son argent.

Pour un fou qui vivait tout entier dans l'heure présente, deux mille francs d'argent libre étaient une fortune, puisqu'ils lui permettaient de vivre un an sans penser à autre chose qu'à son amour. Je vous ai dit comment il employa les premiers loisirs que sa famille vendue lui avait faits. Rencontrer Emma dans la rue ou dans l'église, la voir à sa fenêtre, lui lancer de temps en temps un regard plein de feu, recevoir en échange une œillade sans rigueur, tels furent les éléments de la félicité contemplative dont il se contenta longtemps.

S'il passa un beau matin de l'extase à l'action, M. Bitterlin seul en fut cause. Le lendemain du jour où le capitaine avait menacé de congédier Agathe, Meo rencontra les deux filles sur le chemin de l'église, et il vit à leurs yeux qu'elles avaient pleuré. Son premier mouvement fut de les aborder sans façon, et elles se jetèrent tout naturellement en arrière, comme si elles avaient marché sur le serpent du paradis terrestre. Mais il était trop ému de leur chagrin pour prendre garde à leur effroi. Il dit à Emma sans préambule, et comme en poursuivant l'entretien muet qu'il avait avec elle depuis un mois : « Mon ange, ma vie, mon idole, quel est l'homme qui t'a fait pleurer? Veux-tu que je le tue? J'y cours de ce pas! »

La jeune fille, ébahie de cette rencontre et de cette improvisation, tremblant que son père ne l'eût suivie, et tout égarée par la surprise et par la peur, répondit en courant, et sans trop savoir ce qu'elle disait : « Mais, monsieur, vous êtes fou! Je ne vous connais pas! Tuer mon père! car c'est lui. Jamais il ne voudra consentir à notre mariage. Il déteste tout le monde, vous, moi, Agathe; il a parlé de la renvoyer! S'il nous voyait ensemble, nous serions tous perdus. Au nom du ciel, monsieur, laissez-moi! »

Elle doubla le pas et courut tout d'une haleine jusqu'à l'église, sans savoir qu'elle s'était cramponnée machinalement au bras de Meo. Son étonnement fut au comble lorsqu'elle se vit assise, dans une chapelle de Saint-Paul, entre Agathe et le bel étranger.

La messe qu'ils entendirent ce jour-là ne fut pas marquée à leur avoir dans le grand-livre du paradis.

Meo, en sa qualité d'Italien, trouvait tout simple de traiter les affaires de cœur dans une maison de prière. Emma, plus chrétienne de beaucoup, cédait en résistant. Tantôt se reprochant la légèreté impie de sa conduite, elle s'enfermait dans son livre et priait avec une dévotion si fébrile qu'elle n'entendait plus d'autre bruit que le murmure de ses lèvres; tantôt elle se laissait aller au plaisir d'écouter le langage poétique, exalté et déraisonnable de Meo. Une femme plus mûre et de sens plus rassis aurait peut-être ri de ce flot de paroles incohérentes et ampoulées, qu'un accent étranger et une grammaire capricieuse assaisonnaient singulièrement; mais la folie de l'amour, la plus contagieuse qui soit au monde, gagnait peu à peu ce jeune cœur trop bien préparé. Meo n'était pas un homme de grand sens, l'histoire de sa jeunesse en est une preuve assez évidente; il ne savait pas même faire sonner ce grelot argentin que les Français appellent l'esprit; mais tout l'esprit et toute la sagesse du monde ne valent pas un grain de folie aux yeux des filles de dix-neuf ans. La plus sceptique et la plus malicieuse fait plus de cas d'une bonne larme bien bête, pendue au bout du nez d'un homme de cœur, que de tous les raisonnements d'une déclaration étudiée.

Pour un auditeur de sang-froid, le discours de Méo eût été non-seulement absurde, mais coupable. Lorsqu'un homme sans position et sans avenir s'attaque à une fille condamnée au célibat par la volonté de son père; lorsqu'il vient lui rebattre les oreilles de la violence de ses sentiments, lui jurer qu'il l'aime à la folie et qu'il mourra si elle n'est pas à lui, la raison le blâme de s'engager étourdiment dans un chemin sans issue, et la morale lui reproche d'y entraîner un être faible après lui.

Tout ce qu'on peut dire pour la défense de ce grand fou, c'est qu'il n'y avait dans son fait ni plan arrêté, ni projet de séduction, ni calcul, ni préméditation, ni but, ni conduite. Il allait sans savoir où, avec toute l'impétuosité d'une nature indomptable. Les corneilles qui gaulent les noix à coups de bec, les hannetons qui donnent de la tête dans les carreaux, sont des êtres plus logiques et plus responsables que lui. La fureur du premier mouvement aurait pu l'entraîner jusqu'au crime, sans que le jury des sept sages se crût en droit de le déclarer coupable. S'il avait pris Emma dans ses bras pour l'emporter au sommet d'une montagne ou au sixième étage d'une maison, la justice la plus sévère n'aurait pu rendre qu'un verdict d'enlèvement par imprudence.

La jeune fille assistait à cette éruption d'amour comme une personne assise à sa fenêtre regarde couler au loin la lave d'un volcan. Elle était émerveillée d'un tel torrent de passion vraie, et, quoique la femme ait l'instinct de la défense, elle ne se sentait point menacée : la loyauté de Meo brillait à travers cette tempête de sentiments comme un phare.

Agathe, qui aurait dû être défiante puisqu'elle était bornée, se livrait aussi aveuglément que sa maîtresse. « Va, ma fille, disait-elle à l'oreille d'Emma, il n'y a pas de péché à écouter de bonnes paroles : ce n'est pas tous les jours fête. Moi, pendant ce temps-là, je prierai pour deux, et le bon Dieu n'y perdra rien. »

Meo reconduisit les deux femmes jusqu'au coin de la rue des Vosges, et l'on ne se souvint plus des foudres de M. Bitterlin. Dès ce moment, les semaines, qui avaient paru si longues, s'écoulèrent rapidement dans l'attente du dimanche. Meo trouva moyen de les abréger encore en établissant une sorte de correspondance. Il y a des affiches de théâtre sous l'arcade qui fait communiquer la rue des Vosges avec la place Royale. Tous les matins, entre

onze heures et midi, l'Italien venait là, tirait un
crayon de sa poche et soulignait un certain nombre
de lettres imprimées dont la réunion formait des
mots, des phrases, et tout un billet à l'adresse
d'Emma. C'est un jeu de patience, et même assez
difficile; mais il s'y était fait la main dans ses jours
de grande misère en correspondant avec ses amis
de Bologne par l'entremise d'un vieux numéro des
Débats. Emma sortait avec son père et s'arrêtait
comme une enfant devant les spectacles du jour :
sous quel prétexte le capitaine lui aurait-il refusé
une distraction si innocente ?

La première affiche disait :

Comédie-Française.

Jeudi, 25 mai 1858.
Les comédiens ordinaires de l'Empereur donne-
ront :

Gabrielle.

Emma lisait couramment: *Ma jolie*, et elle continuait du même train jusqu'au théâtre Beaumarchais.

Cette petite station au bout de la rue n'était pas
désagréable à M. Bitterlin. Lui aussi jetait son coup
d'œil sur les affiches, le coup d'œil de l'aigle, et il
savait toujours tirer de sa lecture quelque moralité
profitable à l'éducation d'Emma. Il lui montrait
que les auteurs sont réduits à inventer des titres

saugrenus pour attirer le public au théâtre ; il lui prêchait le mépris de la comédie et lui assurait que la nation française n'en veut plus. « Tu es bien heureuse, lui disait-il de ne connaître ces bêtises-là que par l'affiche. A quoi ça ressemble-t-il ? *Le Fils naturel !* C'est scandaleux. *Le Fruit défendu !* C'est immoral. *La Joie fait peur !* Ça fait pitié. *Les Lionnes pauvres !* Qu'est-ce qu'il peut y avoir là dedans ? des histoires sans queue ni tête et des indécences, probablement. Les va-nu-pieds qui travaillent dans cette partie-là ne gagnent pas leur vie, et c'est bien fait. Viens-tu ? » Emma, qui avait fini sa lecture, appuyait le bout poudreux de son ombrelle au coin de la dernière affiche, et cette légère empreinte apprenait à Meo que le billet était déchiffré. Le capitaine aurait éclaté dans sa peau s'il avait pu deviner qu'une fille si bien gardée correspondait avec un amant, sous ses yeux !

Vers la fin du mois de juin, Emma s'était si bien laissé prendre qu'elle ne vivait plus que pour Meo. Toutes ses pensées allaient au même but, tous les battements de son cœur étaient à la même adresse. Le brillant Italien était devenu pour elle une sorte de dieu. Elle ne savait ni sa naissance, ni son état, ni sa fortune, mais on n'adore bien que ce que l'on connaît peu. Si Meo avait été un de ces amoureux positifs qui pensent que tout est de bonne prise, elle ne lui aurait pas plus résisté que les femmes de la mythologie ne résistaient à Jupiter. Mais l'honnête garçon ne songeait pas plus à lui serrer la main qu'on ne s'avise d'empoigner une belle rose ou d'écraser entre les doigts la fleur ambrée d'un magnolia. Ainsi, cette liaison clandestine et reprochable était d'une pureté idéale. Le hasard et la sympathie avaient marié deux cœurs, mais c'était comme une de ces unions royales que la diplomatie concluait autrefois entre deux enfants couronnés.

Cependant la grosse Agathe, avec son bon sens rustique, leur disait de temps en temps : « Tout ça est bel et bon, mais où allez-vous ? Il faudra vous marier à la fin, et monsieur n'y consentira jamais.

— Pourquoi ? répondait Meo. Il ne me connaît pas. J'ai envie de rentrer avec vous et de lui demander son consentement. S'il me refuse, j'en serai bien étonné. »

Emma poussait les hauts cris et l'affaire en restait là.

Un matin, Meo dit aux femmes : « J'ai mon idée. Nous entrerons ensemble à l'église, nous aborderons un prêtre, je lui dirai : Voici ma femme ! vous ajouterez : Voici mon mari ! Et il nous bénira bon gré, mal gré ; c'est une chose qui se fait en Italie. » Emma ne dit pas non ; mais Agathe assura qu'un tel mariage ne serait pas valable en France.

Un autre jour Agathe apprit aux deux amants qu'ils étaient riches. Elle avait supputé les revenus de M. Bitterlin. Sa pension se montait à dix-huit cents francs; son héritage rapportait deux mille francs par année; la mère d'Emma avait eu en dot les douze cents francs de rente sans lesquels il n'est pas permis d'épouser un capitaine; enfin on économisait plus de deux mille francs par an depuis 1848.

« Qu'importe ? dit Meo. Je n'ai pas besoin d'argent.

— Vous en avez donc ? répliqua la servante.

— Non, mais je n'en ai pas besoin.

— En effet, ajouta la jeune fille. Pour quoi faire, de l'argent ? Je n'en ai jamais eu, et je n'ai jamais manqué de rien. »

Meo se mit à étudier nos lois, lui qui en avait fait dans son pays. Il feuilletait les 37 codes dans un cabinet littéraire. Cette lecture lui démontra qu'Emma pouvait se marier sans l'aveu de M. Bitterlin, mais à l'âge de vingt et un ans, après trois actes respectueux. Le délai lui parut long. Emma voulut approfondir la même question, et elle compulsa de ses petites mains le code de son père. Elle comprit que son bonheur dépendait du capitaine pour deux ans et quelques mois.

Cette perspective lui inspira une résolution héroïque. Sans prendre conseil de personne elle demanda gravement une audience au maître de ses destinées, et elle lui dit d'un petit ton résolu :

« Mon cher père, je suis amoureuse.....

— C'est du propre ! rugit le capitaine. Qui est-ce qui t'a permis...?

— Je suis amoureuse d'un jeune homme que vous aimerez quand vous l'aurez vu, et que je vous montrerai, si vous me promettez de ne pas lui faire de mal. Depuis le mois d'avril, nous nous rencontrons et nous correspondons ensemble. Il a ma parole et j'ai la sienne; la seule chose qui nous manque est votre consentement. Si je n'étais pas une enfant soumise et respectueuse, j'attendrais ma majorité pour l'épouser malgré vous, sans autre dot que les vingt-quatre mille francs de ma mère....

— C'est un huissier qui t'a fait la leçon !

— Non, cher petit papa; j'ai vu tout cela dans votre code. Mais je ne veux vous contrarier en rien, et je vous supplie, au nom de votre bonté pour moi et de ma tendresse pour vous, de me marier tout de suite avec mon amant. »

Le capitaine avait pour principe que les enfants doivent être pris par la douceur, et il blâmait sévèrement l'usage des corrections manuelles : mais cette fois la colère fut plus forte que la théorie. La pauvre enfant reçut un paire de soufflets qui n'aurait pas déparé les joues d'un commissionnaire. Une heure après, Agathe descendait l'escalier sans compter les marches. M. Bitterlin pensa mourir d'apoplexie, et peut-être serait-il parti pour l'autre monde sans la peur qu'il avait de faire des heureux.

Agathe entra au service de Meo pour épousseter les tableaux qui lui restaient, et pour lui procurer des nouvelles d'Emma. Sa fuite avait été si précipitée, qu'elle trouva dans ses paquets, des cols, des manches et toutes sortes de chiffons appartenant à sa jeune maîtresse. Elle voulait les reporter au risque d'être battue, mais l'Italien s'en empara, comme ces dévots qui volent des reliques. Il s'appropria jusqu'à une double clef du logement, aussi grosse qu'une clef de prison, et il la mit sur son cœur avec tout le reste.

Ce n'est pas sans quelque raison que les habitants de Paris comparent le Marais à une petite ville. Tout le quartier retentit de la colère de M. Bitterlin. Les bonnes âmes racontèrent que le capitaine avait laissé sa fille pour morte et jeté sa servante par la fenêtre. On assurait que la pauvre Agathe s'était cassé une jambe sur le pavé, et ceux qui l'avaient vue partir en boitant étaient prêts à déposer en justice. Il n'y avait personne qui ne s'intéressât au malheureux sort d'Emma parce qu'elle était jolie. En revanche, la figure du capitaine avait toujours éveillé peu de sympathie chez les voisins, et plus d'une mère disait à ses enfants : « Si vous n'êtes pas sages j'irai chercher M. Bitterlin. » Aucune femme de ménage, aucune servante ne voulut remplacer Agathe et s'exposer au même sort; les portiers eux-mêmes refusaient presque le service et ne faisaient les lits qu'en rechignant. Un petit restaurateur de la place Royale consentit à envoyer les produits de sa cuisine dans cet antre mal famé; mais le garçon qui apportait le dîner dans un panier couvert regardait le capitaine comme les gens du peuple regardent le bourreau.

Quinze jours se passèrent sans que personne rencontrât M. Bitterlin avec sa fille. Les fenêtres de l'appartement s'ouvraient tous les matins et tous les soirs, mais on n'y voyait que la figure rogue du capitaine. Le bruit courut que la jolie fille de la rue des Vosges était séquestrée dans un cabinet noir, et qu'elle n'en sortirait que les pieds devant.

On devine que la rumeur publique exagérait beaucoup les infortunes d'Emma. Cependant il est vrai de dire qu'elle n'était ni très-libre ni très-heureuse. Séparée violemment de sa seule amie, privée de la vue de l'homme qu'elle aimait, elle subissait entre quatre murs une pénitence sévère. Son père ne lui pardonnait pas le rôle ridicule qu'il avait joué. Cet homme gonflé d'orgueil donnait des coups de poing dans sa perruque, en songeant qu'une petite niaise et une paysanne bornée avaient pu tromper toutes les précautions de sa défiance. Il enrageait de savoir qu'un homme s'était fait aimer d'une fille si bien gardée, et il en concluait que sa défunte femme, cent fois moins surveillée, avait pu le trahir cent fois. Peut-être aurait-il usé d'indulgence si l'enfant avait fait un aveu détaillé de sa faute; mais Emma s'était renfermée dans un silence absolu, lorsqu'elle avait vu de quel prix on payait sa sincérité. Le capitaine jura qu'elle garderait les arrêts, sans mettre le nez à la fenêtre, tant qu'elle n'aurait pas confessé toutes ses fautes et nommé son suborneur. Elle jura à son tour, avec une mutinerie bien prononcée, que tant qu'elle serait prisonnière elle serait muette.

Les deux adversaires se tinrent en présence pendant dix-sept jours, et ni l'un ni l'autre ne rompit d'une semelle. On ne voudra jamais croire qu'une petite créature si tendre et si caressante ait pu vivre dix-sept jours et dix-sept nuits sans dire une parole, et cela dans la compagnie de son père; mais Emma était bien la fille authentique de M. Bitterlin. Elle souffrit, maigrit, pâlit; elle nourrit au fond de son cœur la flamme chère et douloureuse qui la consumait peu à peu, mais elle ne démordit pas une fois de son obstiné silence.

Le 15 juillet, le capitaine, après avoir enfermé sa fille à double tour, descendit au premier pour payer son terme. C'est un devoir qu'il remplissait tous les trois mois, à midi moins un quart, avec une exactitude militaire. Le propriétaire de la maison est un bourgeois doux et timide, qui a encaissé plus de drapeaux tricolores que de pièces de cinq francs en 1848. Cet excellent homme respectait en

M. Bitterlin le plus ponctuel et le plus exigeant des locataires. Lorsque le capitaine venait se plaindre des cheminées ou récriminer contre les plafonds, il lui répondait avec un sourire invariable : « Qu'il soit fait suivant votre bon plaisir. Jarnicoton ! ce n'est pas à un homme aussi chatouilleux que vous qu'on refuse une réparation ! » Mais cette fois, le sourire avait fait place à une grimace plus sérieuse. Le bonhomme regarda son locataire entre les deux yeux, et lui dit presque sévèrement :

« Oserai-je vous demander comment se porte mademoiselle ? »

Le capitaine répondit d'un ton qui n'admettait pas la réplique :

« Elle se porte comme il me plaît. »

Et il prit son chapeau sans demander son reste. Mais le propriétaire le suivit en murmurant quelques réflexions sur les abus du pouvoir paternel ; sur le scandale de certaines rigueurs exagérées ; sur l'opinion publique, le mécontentement des gens de bien, l'intervention possible de l'autorité, et les condamnations prononcées tout récemment contre deux marâtres qui avaient séquestré des enfants d'un premier lit. Le capitaine fit la sourde oreille, mais il remonta chez lui tout soucieux.

Le concierge le poursuivit dans l'escalier pour lui donner une lettre anonyme, écrite au nom de tous les habitants du quartier. Le correspondant inconnu l'appelait père Barbe-Bleue, et le sommait de montrer sa fille à la fenêtre, s'il ne l'avait pas égorgée. Il déchira le papier avec rage, et se promit de déménager dans trois mois.

Il n'était pas au bout de ses étonnements. A quatre heures du soir, il reçut la visite d'un médecin connu et estimé dans le Marais, qui avait guéri Emma de quelques indispositions légères, et soigné Mme Bitterlin dans sa dernière maladie.

« Eh bien! dit le docteur en déposant sa canne dans un coin, il paraît que ma jolie malade a encore besoin de moi? J'espère bien que vous vous exagérez la chose.

— Quelle chose? balbutia Bitterlin, plus rouge qu'une tomate. On est donc allé vous chercher?

— Est-ce que vous ne m'avez pas envoyé votre servante?

— Moi! non. Ou plutôt, si; mais ce n'est rien. Je vous remercie, docteur.

— Ah! la malade a guéri sans la permission de la Faculté! Ces jeunes personnes n'en font pas d'autres. Et elle est sortie, peut-être?

— Oui, c'est-à-dire non. Si vous voulez la voir? Je vous réponds qu'elle n'est pas enfermée. Oh! je ne suis pas homme à lui défendre la vue des honnêtes gens. Par exemple, vous serez un grand physicien si vous lui déliez la langue.

— Voyons ça, capitaine. Mais vous-même, qu'avez-vous? Je vous ai connu meilleur visage. Si vous m'en croyez, vous vous ferez saigner un de ces jours. Rien ne presse, certainement; mais c'est une précaution utile, quand on a la cravate un peu courte. »

Le capitaine étranglait de colère. Il aurait jeté l'innocent docteur à la porte, si les deux avertissements du matin ne l'avaient mis en garde contre lui-même. Il ouvrit la porte d'Emma et dit assez doucement: « Voici la demoiselle; vous êtes témoin qu'elle n'est pas morte. »

Le médecin n'était pas plus dans la confidence des victimes que dans la complicité du bourreau. Il venait tout naïvement apporter ses soins à Emma, parce que la grosse Agathe était allée lui dire qu'on le demandait au plus vite. Mais il ne tarda pas à flairer un de ces drames bourgeois qui se jouent sans spectateurs dans tous les coins de Paris. Emma lui parut sérieusement changée, sans que le pouls ou la langue accusât une maladie proprement dite. Il remarqua que le père et la fille évitaient de se parler et ne s'adressaient qu'à lui. Une secrète irritation perçait sous chacune de leurs paroles, et leurs yeux brillaient d'un feu inusité. Les regards de l'enfant exprimaient à la fois la douleur, la révolte et l'invocation de quelque secours étranger. Cet homme avait une haute idée des devoirs de son état; il pensait que les médecins ne sont pas seulement sur la terre pour enrichir les pharmaciens. Sans prétendre s'immiscer dans les secrets de la famille Bitterlin, il chercha dans son esprit les éléments d'une ordonnance qui pût améliorer la santé morale du père et de la fille. Emma fut touchée de l'intérêt qu'il lui témoignait, et peut-être lui eût-elle crié à l'aide, s'il n'avait fallu en même temps divulguer le secret de son cœur.

« Y a-t-il longtemps que vous souffrez, mon enfant? demanda le docteur d'un ton paternel.

— Mais, docteur, je vous jure qu'on ne souffre pas, répondit vivement le capitaine.

— On vous dit la vérité, docteur ; je ne suis pas malade. Un peu triste, voilà tout.

— On a des papillons noirs, ajouta M. Bitterlin.

— On ne me rend pas toujours la vie douce.

— On ne mérite pas des prix de sagesse.

— On me garde à vue à la maison.

— On abusait de la liberté.

— On donne tous les torts à ceux qu'on n'aime pas.

— Lorsqu'on veut se faire aimer, on commence par se bien conduire.

— Il y a des gens bien injustes.

— Il y a des natures bien perverses. »

La consultation se soutint à ce ton pendant quelques minutes. Le docteur y mit fin en prenant congé de la petite malade.

« Allons, allons, dit-il, tout cela est nerveux. Comptez sur moi, mademoiselle. Vous, capitaine, vous avez bien fait de m'appeler. Emmenez-moi dans votre chambre; je veux vous dicter une ordonnance qui guérira toute la maison! »

Lorsqu'il fut seul avec M. Bitterlin, il lui dit:

« Votre fille n'a rien.

— Ah! qu'est-ce que je vous disais?

— Minute! Elle n'a rien, mais elle peut en mourir.

— Allons donc!

— C'est comme ça. Pourriez-vous nommer la maladie dont sa mère est morte? Non. Eh bien! ni moi non plus. Les femmes ne sont pas comme les soldats, qu'il faut tuer : elles s'éteignent quelquefois dans nos mains, et nous serions bien embarrassés s'il nous fallait dire pourquoi. Votre fille est délicate comme feu Mme Bitterlin. Sa santé réclame des ménagements infinis.

— Eh! docteur, je la ménage assez! Il y a plus de quinze jours que nous n'avons mis le pied hors de la maison!

— Tant pis. L'air est un aliment plus nécessaire que tous les autres. La jeunesse en a grand besoin, et de mouvement aussi. Ajoutez une bonne dose de récréation, de plaisir, de gaieté. Les anciens croyaient que le rire est nécessaire à la rate. Dans tous les cas, il ne peut faire que du bien. Je ne connais pas assez vos intentions pour vous parler de certain remède héroïque que plus d'un de mes confrères ordonnerait sans hésiter. Vous me répondriez peut-être que charbonnier est maître chez lui. J'ai pour principe d'intervenir très-prudemment dans les affaires de mes malades. Quand l'enfant dit oui, quand le père dit non, je me tais et je prends mon chapeau : ce ne sont pas là mes affaires. Mais les questions de régime et d'hygiène sont du ressort de notre art. Nous devons dire aux pères de famille qu'une créature de dix-neuf ans, privée d'air, d'exercice, de société et de gaieté, risque de s'éteindre un beau matin comme une lampe sous le globe de la machine pneumatique. »

Le capitaine se grattait la nuque avec un embarras visible.

« Docteur, reprit-il, vous me connaissez depuis longtemps; vous savez que je ne suis pas un méchant homme. Que faut-il faire?

— Presque rien. Comprendre qu'une fille aussi délicate ne se mène pas à la baguette comme un régiment prussien. Vous avez les moyens de la distraire. Conduisez-la au spectacle, au bal....

— Jamais! jamais!

— Vous êtes puritain, soit. Menez-la dans quelques maisons honorables.

— Y en a-t-il?

— Vous êtes misanthrope; accordé. Au moins, promenez-la dans Paris! Montrez-lui les lieux de réunion, les Champs-Élysées, le Bois, le pré Catelan, que sais-je ?

— Halte-là ! docteur. J'ai des raisons, vous m'entendez bien, des raisons majeures pour me défier de ces promenades-là : elle ne s'est que trop promenée, la malheureuse ! Oh ! ces Parisiens !

— Les Parisiens vous font peur ? Promenez-la donc en province, à l'étranger, en Chine !

— Quant à ça..., un joli voyage, loin d'ici, bien loin.... Tenez ! si j'étais riche, docteur, je partirais ce soir.

— On est toujours assez riche pour voyager, depuis que nous avons des chemins de fer. Je vous laisse à vos réflexions. A bientôt, capitaine ! Soyez doux, faites-vous saigner, promenez votre fille, et souvenez-vous que le plus cher de tous les voyages est encore celui du Père-Lachaise. »

Pendant cette consultation, Meo courait les rues de Paris sans pouvoir tenir en place. Il y a des hommes qui veulent surveiller les événements et assister à tout, comme si leur présence pouvait exercer une pression sur la destinée : on les voit debout dans la chambre de leur femme pendant qu'elle leur donne un héritier, debout dans la coulisse pendant la première représentation de leur grand ouvrage, debout dans la salle du scrutin pendant qu'on dépouille un vote important pour eux. Il en est d'autres qui, en pareille occasion, se

sauvent comme des fous et n'osent plus rentrer chez
eux pour apprendre leur sort. Meo appartenait à
cette seconde catégorie. C'était lui qui avait fait
chercher le docteur, et il tremblait de savoir le
résultat de la visite. A six heures du soir, au lieu
de rentrer chez lui pour interroger Agathe, il ar-
pentait le pavé aux environs de la rue des Vosges.
Les gamins qui le voyaient courir tout effaré, le nez
au vent, auraient pu lui demander s'il ne cherchait
pas l'omnibus de Charenton. L'habitude le conduisit
vers cette arcade de la place Royale où il avait écrit
tant de jolies choses à Emma sur les affiches des
théâtres. Il ne fut pas médiocrement surpris de voir
qu'il avait été devancé par un petit homme en tout
semblable à M. Ditterlin. Si ce n'était pas le capitaine, c'était assurément son ombre. L'ombre était
plantée au pied du mur, un portefeuille à la main,
et elle copiait une affiche. Meo se demanda longtemps quel intérêt nouveau cet homme avait pu
prendre à la littérature dramatique. Il se tint en
observation, et dès que le terrain fut libre, il accourut. Le premier objet qui frappa ses yeux fut un
immense papier jaune placé à une certaine distance
de la dernière affiche des spectacles du jour. Il s'assura que l'ennemi s'était arrêté à cette place. Un
bout de cigare qu'il avait vu tomber de la bouche
du capitaine brûlait encore entre deux pavés et cer-
tifiait que c'était bien là. Il lut donc, avec une émo-

tion que ni poëme ni roman ne lui avaient jamais procurée, un avis du chemin de fer de l'Est ainsi conçu :

Voyage de plaisir
en Suisse et dans le grand-duché de Bade,
etc., etc., etc.

Lecture faite, il ne craignit plus de rentrer chez lui ; il courut même tout d'une haleine jusqu'à sa porte. Agathe l'attendait là.

« Monsieur, lui dit-elle, j'ai guetté le docteur à la sortie, et j'ai fait celle qui revient du marché avec son panier. Je lui ai demandé ce que mademoiselle avait, et il m'a répondu : « Peu de chose, et quand elle aura fait un petit voyage, ça ne sera rien. » Savoir si son père voudra la faire voyager. Il est serré, le capitaine !

— Et moi, dit Meo, je sais déjà qu'il pense à la conduire en Suisse. C'est à vous à chercher la date de leur départ et l'itinéraire qu'ils suivront. Prendront-ils les premières classes ? Il faut que je sache tout cela avant de payer mon billet.

— Vous partirez donc aussi, mon doux monsieur ? Et pourquoi faire ?

— Pour la voir, d'abord ; ensuite pour rencontrer le capitaine, m'en faire aimer et obtenir la main de sa fille. Croyez-vous donc que je ne l'obtiendrai pas d'emblée ?

— Mon Dieu, monsieur, si vous ne l'obteniez pas, ça m'étonnerait bien de vous ; mais s'il vous l'accorde jamais, ça m'étonnera bien de lui »

V.

LE HUITIEME VOYAGEUR.

Le 20 juillet, à sept heures et demie du soir, M. Bitterlin et sa fille roulaient en fiacre vers la gare de l'Est. En montant le boulevard de Sébastopol, le capitaine, qui semblait bien radouci, dit à l'enfant :

« Tu vas faire un beau voyage, mais apprends à te conduire. Je suis bon ; je vais te montrer la Suisse, le grand-duché de Bade et Strasbourg, où j'ai tenu garnison quand tu n'étais pas encore née. Nous nous arrêterons un mois à Lunéville : tu verras le parterre et le château ; tu verras aussi l'humble toit où ton père a reçu le jour. En revenant à Paris, il est possible que je te paye une promenade au camp de Châlons, si toutefois tu as su t'en rendre digne. Songe à répondre à mes bontés par une sagesse exemplaire. Je ne regretterai pas l'argent que tu me coûtes, si tu vas devant toi, sans regarder les freluquets à droite et à gauche. Et commence par ne pas mettre la tête à la portière quand ton père te fait l'honneur de te parler. »

Emma partait pour la Suisse comme les poltrons vont au feu, et jetant à chaque pas un regard en arrière. Il y avait plus de vingt jours qu'elle était sans nouvelles de Meo, et elle supposait que Meo n'avait point de ses nouvelles. De là le profond déchirement qui grandissait en elle à mesure qu'on l'entraînait plus loin du logis. Elle cédait par lassitude à la volonté de son père, car les plus fortes résolutions féminines s'ébranlent toujours au second choc; mais elle adressait, chemin faisant, un appel désespéré à toutes les puissances de la terre et du ciel.

La terre ne s'ouvrit pas sous les roues du fiacre, et le ciel ne fit tomber aucun aérolithe sur le chapeau verni du cocher. Telle est l'indifférence de la nature devant le spectacle de nos misères, que le capitaine aborda sans accident l'escalier de la gare avec sa fille et ses paquets.

Emma parcourut d'un coup d'œil les quatre coins de la salle d'attente; elle n'y vit rien de saillant, que le râtelier d'une vieille Anglaise. Jusqu'au dernier moment, elle s'attendit à voir entrer quelque providence en paletot marron, quelque *Deus ex machina* roulé dans un plaid; elle en fut pour son espérance. La cloche sonna, les portes glissèrent dans leurs rainures, le capitaine prit les parapluies; il fallut partir.

M. Bitterlin, qui avait quelque habitude des voyages, fendit la presse à grands coups de coude, et se jeta, suivi de sa fille, dans un compartiment de première classe. A peine installé, il se retrancha de son mieux en fermant la portière et en baissant les stores : c'est ainsi qu'on s'y prend lorsqu'on aspire à voyager seul. Mais un couple fort ingambe escalada le marchepied et s'empara des deux coins qui restaient libres. Un instant après, deux hommes roux, l'un grand et maigre, l'autre gros et court s'élancèrent l'un après l'autre dans le wagon ; le plus long, qui avait de l'avance, s'assit sur la robe d'Emma et posa son pied sur les cors de M. Bitterlin; l'autre comprima violemment une petite Allemande dodue, assise en face de son mari. Il fallait que le capitaine eût fait provision de patience, car il se contenta de grommeler entre ses dents. Mais un dernier arrivant, jeune, bien fait et bien mis, vint s'installer à son côté, sur la basque droite de sa redingote, en fredonnant un morceau du *Trouvère* :

> Sauvé ! sauvé ! Bonheur divin !
> Merci, bonté céleste !
> Mon cœur respire enfin !

« Monsieur ! cria le capitaine en relevant sa

moustache, j'ai tout supporté patiemment, mais voici qui passe la mesure!

— Quelle mesure, s'il vous plaît? répondit le nouveau venu.

— Mais, monsieur, ne pouviez-vous entrer dans un autre compartiment? Vous voyez bien que nous étouffons ici!

— Tant mieux, monsieur ; les nuits sont fraîches. »

Au même instant, un employé de la gare ouvrit la portière en disant :

« Cinq, six, sept; une place! Par ici, messieurs, s'il vous plaît! »

Le capitaine se leva d'un bond et cria :

« Mais, monsieur, ça n'a pas de nom! J'ai pris les premières pour être seul avec ma fille, et vous nous empilez comme des harengs!

— Pardon, monsieur, il y a huit places.

— Mais, monsieur, si nous sommes huit, comment ferons-nous pour étendre nos jambes?

— Monsieur, nous avons beaucoup de monde pour Mulhouse, et il faut que nous casions tous les voyageurs.

— En ce cas-là on ajoute une voiture.

— Monsieur, si l'on écoutait tout le monde, on mettrait une voiture par personne.

— Eh! que diable! je ne suis pas tout le monde! Il est possible que mon nom ne soit pas arrivé jusqu'à vous, mais je suis le capitaine Bitterlin.

— Monsieur, quand vous seriez le maréchal Gérard, je ne pourrais pas vous donner un compartiment pour vous seul. » Il reprit d'un ton plus haut : « Par ici, messieurs, une place! »

Un huitième voyageur allongea sa tête dans la voiture, et Mlle Bitterlin poussa un cri.

« N'aie pas peur, lui dit son père, je me suis promis de tout supporter. Je suis doux. »

Emma n'avait pas eu peur; bien au contraire. Elle avait reconnu le huitième voyageur.

La machine siffla, le train partit. Les yeux d'Emma et ceux de Meo commencèrent un dialogue qui devait durer jusqu'à Bâle. Les deux hommes roux tirèrent de leurs poches deux journaux grands comme des draps de lit. L'un déploya le *Times*, l'autre le *New York Herald*, et chacun manœuvra l'énorme feuille de manière à aveugler son voisin. Le jeune couple ingambe, qui faisait pendant au capitaine et à sa fille, chuchota, se prit les mains, se regarda dans le blanc des yeux, et échangea de cinq en cinq minutes un sourire amoureux, naïf et germanique. Le capitaine et son voisin dormaient profondément. Le voisin était un gros garçon réjoui, de ceux qui vivent à Paris sans rien faire. Il s'en allait perdre son argent à Bade, et il avait pris le chemin le plus long, pensant que c'était toujours cela de gagné. Il avait bien dîné avant de monter en voiture, et il jouissait de ce sommeil robuste qui est la récompense des bons estomacs. M. Bitterlin, après lui avoir fait l'accueil que vous savez, s'était si bien accoutumé à lui qu'il le couvrait de toute sa personne et lui ronflait sur l'épaule, sans rancune.

Encouragés par cette musique, Emma et Meo se penchèrent l'un vers l'autre, et leurs têtes s'avancèrent graduellement jusque vers le milieu de la voiture, à l'endroit où le Parisien croisait les genoux avec l'homme de New-York. Lorsqu'ils furent à portée de s'entendre sans être entendus, ils se racontèrent de la bouche à l'oreille tout ce qu'ils avaient éprouvé séparément depuis la fin du mois de juin. Emma n'insista pas beaucoup sur les souffrances de sa captivité; elle trouvait que le bonheur présent n'était pas cher à ce prix. Meo passa rapidement sur ses marches et contre-marches : toutes les fatigues de la campagne sont oubliées quand les clairons sonnent la bataille. Il était tout à l'espérance de se mesurer avec M. Bitterlin, de vaincre son mauvais vouloir, de culbuter ses préjugés tambour battant, et de signer la paix dans un bon mariage.

L'entretien fut interrompu par le capitaine, qui s'éveilla en éternuant trois fois. Il chercha la cause de sa démangeaison et la trouva dans l'étoffe dont le voisin était vêtu. C'était un tissu soyeux de laine très-longue, aussi chaud qu'une fourrure et beaucoup plus léger, excellent, en somme, pour le voyage. Mais M. Bitterlin avait aspiré une bouffée de laine, et un chatouillement incendiaire lui mettait le nez tout en feu. Il secoua son oreiller vivant, et lui dit sans façon lorsqu'il le vit éveillé :

« Monsieur, y a-t-il de l'indiscrétion à vous demander le nom de votre tailleur ?

— Non, monsieur ; c'est Alfred.

— Ah ! vous le tutoyez ? Moi, je me fais habiller par mon concierge, et croyez bien que je lui ôterais ma pratique s'il me faisait une capote aussi incommode que celle-là.

— Monsieur, je vous assure que mon paletot est très-commode et qu'on y dort parfaitement. Bonsoir, monsieur.

— On y dort parfaitement ! Dedans, c'est possible ; mais dessus je le nie. Lorsqu'on voyage en voiture publique, on devrait choisir des vêtements qui ne fussent pas de nature à gêner ou incommoder les autres voyageurs.

— Veuillez donc agréer mes excuses. Bonsoir, monsieur.

— Monsieur, des excuses en pareil cas sembleraient ironiques. Vous n'avez pas d'excuses à me faire. C'est moi qui ai eu tort de me laisser aller à droite, quand je pouvais m'appuyer à gauche. Je rentre dans mon coin, monsieur; chez moi, monsieur!

— Bonsoir, monsieur. »

Le Parisien se rendormit en cinq minutes, mais le capitaine y mit du temps. Il se tourna dans tous les sens pendant plus de trois quarts d'heure. Emma, les yeux prudemment fermés, attendait sous sa voilette le premier ronflement de son tyran. Meo rêvait tout éveillé. Il enviait le sort de son voisin, qui avait été assez heureux pour porter la tête du capitaine. Il se promettait de changer de place avec lui, dès qu'il le pourrait sans se compromettre. Il se voyait déjà le compagnon assidu, patient et docile de M. Bitterlin. Il lui donnerait toujours raison, il applaudirait toutes ses théories, il rirait à ses bons mots. Une douce sympathie naîtrait peu à peu dans ce cœur farouche; le vieux loup s'apprivoiserait à la fin. Et qui sait? Les voyages sont semés d'aventures. Le pied pouvait manquer à M. Bitterlin sur le bord d'un précipice. Quelle joie! Courir à lui, le saisir par le bras, l'arracher à une mort certaine, le ramener sain et sauf, recevoir ses remercîments avec un tendre respect, tout cela serait pour Meo l'affaire d'un instant. Le lendemain, nouvelle histoire. M. Bitterlin dînait à table d'hôte, avec sa fille à droite et son sauveur à gauche. Une discussion s'élevait au dessert; le bonhomme, toujours un peu vif, s'attirait quelque méchant propos. Meo ne disait rien jusqu'à la fin du repas, mais après le café il provoquait dans un petit coin l'impertinent qui avait manqué de respect à son vieil ami. On se battait ; Meo blessait son homme, ou, mieux encore, il était blessé. Il revenait le bras en écharpe, et M. Bitterlin lui disait : « Je sais tout. C'est la seconde fois que vous exposez votre vie pour moi : comment ferai-je pour reconnaître tant de dévouement ? Tout ce que j'ai vous appartient ! — Monsieur, répondait Meo, de tous les biens que vous avez, je n'en demande qu'un seul. » Et il désignait d'un regard timide Emma tout interdite et toute rouge de plaisir. Le capitaine lui tendait la main et s'écriait avec une rudesse militaire : « Touchez là, mon gendre, et soyez bon mari, ventrebleu ! »

Cependant tout dormait dans la voiture, et M. Bitterlin lui-même s'était recouché sur le Parisien, comme les lièvres retournent au gîte. Emma et Meo reprirent l'entretien qu'ils avaient commencé, et ajoutèrent un étage à leur château en Espagne.

A minuit dix minutes, le train s'arrêta pour un quart d'heure à la gare de Troyes. Le Parisien descendit au buffet pour boire un verre d'eau sucrée, et Meo le suivit.

« Monsieur, lui dit-il sur le marchepied du wagon, vous avez un voisin qui n'est pas commode.

— Non, mais c'est un bon type. Il me gêne, mais il m'amuse.

—En ce cas, monsieur, je n'ose plus vous adresser ma requête. Il y aurait peut-être de l'indiscrétion.

— Dites toujours, monsieur.

— Je voulais vous demander la permission de changer de place avec vous, mais si vous tenez au voisinage de M. Bitterlin....

— Oh! je n'y tiens pas tant que ça. Vous le connaissez donc?

— Oui, monsieur, et je donnerais tout ce que je possède pour le voir appuyer sa tête sur mon épaule, comme il faisait tout à l'heure sur la vôtre.

— Des goûts et des couleurs!... Faites, monsieur, faites.

— Merci, monsieur, et du fond du cœur!

— Il n'y a pas de quoi, je vous jure.

— Il n'y a pas de quoi! Vous ne savez donc pas que j'aime sa fille? Que je.... qu'il.... qu'elle.... Ah! monsieur, c'est toute une histoire! tout un roman! tout un poëme! Je peux vous le conter; vous êtes mon ami; je n'ai pas de secrets pour vous. »

Le pauvre garçon n'avait de secrets pour personne. Il débita ses aventures avec tant de feu que son ami improvisé le trouva intéressant. C'était un homme de plaisir, assez indifférent aux affaires d'autrui; mais il trouva que le caractère de Meo n'était pas fondu dans le moule usé où l'on fabrique les Français de notre temps : il lui voulut du bien de n'être pas bourgeois.

« Maintenant, poursuivit Meo, c'est entre nous à la vie à la mort. Vos amis sont les miens; je vous aiderai à écraser vos ennemis; mon cœur, ma tête, mon bras, tout est à votre service !

— Vous êtes trop aimable, en vérité. Je vis dans un monde où l'on n'a ni amis ni ennemis; nous n'avons que de bonnes connaissances et des antipathies. Je vous remercie pourtant.

— De votre côté, vous m'aiderez à surmonter les obstacles, vous ne me quitterez pas, vous serez mon appui, mon guide; vous me marierez !

— Mon Dieu, mon cher monsieur, ce n'est pas précisément ma spécialité; cependant, si je peux vous être bon à quelque chose, j'en serai ravi; d'autant plus que je vais à Bade, et que, suivant l'opinion de.... Lassagne ou de Grassot, les belles actions portent bonheur. Mais on sonne, il faut rentrer chez nous. Passez devant, je vous prie. »

Meo ne se fit pas prier. Il s'avança en demandant pardon à tout le monde, et prit place avec des précautions infinies auprès de son beau-père futur. M. Bitterlin le regarda, passa la main sur son paletot et grommela entre ses dents : « Ces chemins de fer sont insupportables! Il faut changer de voisin dix fois par jour.

— Monsieur, lui dit Meo de sa voix la plus insinuante, excusez la liberté que j'ai prise. D'après ce que vous avez dit, je pensais que le change vous serait agréable.

— Et pourquoi donc, monsieur, s'il vous plaît ? L'autre avait un paletot gênant et ridicule, mais j'y étais habitué. »

Le pauvre garçon resta coi et se fit aussi mince qu'il put. La première escarmouche n'avait pas été brillante. Au bout d'un quart d'heure, M. Bitterlin, qui ne se rendormait pas, aspira l'air avec mille grimaces, comme un cheval qui flaire les loups.

« C'est singulier, dit-il tout haut. Emma, tu n'as pas d'odeur sur toi ?

— Non, papa.

— Ni vous non plus, monsieur ? dit-il à l'Américain. »

Le grand homme roux ne prit pas la peine de répondre.

« Mais je ne me trompe pas, monsieur ! poursuivit le capitaine en prenant le bras de Meo. C'est vous ! Vous sentez la pharmacie ! ou la violette ! C'est bien ça ; la violette !

— En effet, monsieur, balbutia Meo. Quelquefois, sans mauvaise intention, croyez-le bien, je jette une goutte de violette de Parme sur mon mouchoir.

— Je ne vous en fais pas mon compliment, monsieur.

— Monsieur, si j'avais su....

— Après tout, vous avez peut-être vos raisons! Chacun pour soi, en ce bas monde.

— Monsieur, si cette odeur vous est désagréable, je peux retourner à mon ancienne place.

— Pour qui donc me prenez vous, monsieur? Croyez-vous que je sois assez femme pour en mourir? J'ai senti pis que cela, sur les champs de bataille. Permettez-moi seulement d'établir un courant d'air. »

M. Bitterlin ne dormit plus de la nuit, Emma fut condamnée au silence, et Meo prit un rhume de cerveau. C'est tout ce qu'il gagna entre Paris et Bâle.

VII

VOYAGE EN SUISSE.

Ce qui le consolait un peu, c'est qu'il avait une quinzaine de jours pour prendre sa revanche. Emma lui avait fait part de l'itinéraire de M. Bitterlin. Il savait à quels hôtels on devait descendre; quel jour on coucherait au sommet du Righi; à quelle heure on irait déjeuner devant la chute du Rhin.

Le cœur plein d'une douce sécurité, il laissa le capitaine et sa fille monter dans l'omnibus de l'hôtel des Trois-Rois, et il prit une voiture en compagnie de son nouvel ami.

« N'est-ce pas, lui disait-il à chaque instant, qu'elle est la plus jolie personne du monde?

— Sans aucun doute, répondit le confident. Elle ressemble même à la petite Rosalie du corps de ballet. Mais en mieux!

— Vous avez promis de m'aider; votre présence doublera mon courage. Au nom de celle que vous aimez, ne me quittez pas !

— Hé ! mon cher monsieur, vous n'avez pas besoin d'invoquer tant de monde. Je vais dans un pays où l'on arrive toujours assez tôt; ainsi, plus longtemps nous resterons en route, mieux cela vaudra pour moi. »

Ils traversèrent ensemble la ville d'Érasme et d'Holbein sans regarder si elle était bien ou mal bâtie. L'un ne pensait qu'à sa maîtresse, et l'autre ne pensait à rien.

L'hôtel des Trois-Rois est le plus grand caravansérail de la Suisse. Les voyageurs défilent par centaines dans son énorme salle à manger suspendue sur le Rhin. Meo et son compagnon y trouvèrent non-seulement ceux qu'ils cherchaient, mais toutes leurs connaissances du wagon. C'est un grand charme du voyage en Suisse, et quelquefois un grand ennui : on rencontre les mêmes personnes tout le long du chemin. Vous diriez que les touristes de tout pays sont emportés dans le même sens par une sorte de courant.

L'Anglais et l'Américain mangeaient chacun de leur côté, en se tournant le dos. Le jeune couple allemand venait de descendre de sa chambre, les yeux sur les yeux, la main dans la main. Ils s'assirent côte à côte, et la jeune femme blonde et mignonne posa délicatement son pied un peu gros sur la botte de son mari. Ils déjeunèrent en se tenant par la taille, mais il fallut dénouer les bras lorsqu'on servit les truites, parce que ce n'est pas trop de quatre mains pour ôter les arêtes.

M. Bitterlin n'était pas encore servi. Il allait de la salle à la terrasse, sans pouvoir ni choisir une table, ni commander son déjeuner. Le sommelier, l'intendant et le maître de l'hôtel s'empressaient autour de lui sans pouvoir le satisfaire. « Entendons-nous bien, leur disait-il. Je veux déjeuner, non pas comme un goinfre qui fait un dieu de son ventre, ou comme ce monsieur là-bas qui a l'air d'un bœuf à la mangeoire. Cependant, il faut que je me soutienne, puisque j'ai passé la nuit en voiture et que j'ai encore à voyager aujourd'hui. La dépense ne me fait pas peur; je ne cours pas les chemins pour liarder; lorsqu'on a envie de mettre sou sur sou, le mieux est de rester chez soi. Je rougirais de déjeuner comme ce grand nigaud d'étudiant qui trempe une tartine de beurre dans du café au lait.

— Monsieur, disait le maître de l'hôtel, nous avons du saumon, de la truite, des écrevisses, du....

— Est-il frais, au moins, votre poisson? C'est que vous avez l'habitude de fourrer aux voyageurs toutes les carpes de l'arche de Noé! D'ailleurs, c'est la sauce qui fait le poisson, et vous n'avez jamais su tourner une sauce, vous autres! C'est un art français; les patauds de votre espèce n'y comprennent rien, et décidément vous pouvez garder votre poisson pour vous! »

L'intendant reprenait : « Nous avons en gibier du chevreuil, du chamois, du lièvre, des perdreaux; la chasse est ouverte de ce matin.

— Alors, merci de votre gibier. Tué de ce matin! C'est du propre! Pourquoi ne m'offrez-vous pas tout de suite des semelles de bottes?

— En viande de boucherie, poursuivait l'intendant, gigot braisé, gigot rôti, filet de bœuf, rognons de veau, côtelettes au naturel, côtelettes jardinières, épaule de mouton....

— Oui, et je parie que vous fourrez des ognons partout; c'est votre manie, à vous autres! Vous êtes tous les mêmes! Pas de cuisine sans ognons! »

Il s'approcha d'un voyageur inoffensif, qui dégustait de bon appétit un canard aux ognons.

« Monsieur, lui dit-il, vous allez vous nourrir de cette denrée-là?

— Mais, monsieur....

— Et peut-être me direz-vous que c'est un ragoût divin?

— Monsieur!...

— Je ne vous défends pas de le dire : les opinions sont libres; d'autant plus que les animaux de ces cantons se sont donné le luxe d'une république! Mais vous me permettrez de proclamer, à mon tour, qu'il faut avoir le goût bien faux, bien perverti, bien trivial (passez-moi le mot) pour manger une pareille ratatouille et trouver que c'est bon ! » Il se retourna vers l'intendant qui le regardait avec des yeux énormes, et lui dit : « Toutes réflexions faites, servez-nous ce que vous voudrez, où vous voudrez ! A la guerre comme à la guerre ! »

On l'installa devant une table. Sa fille, un peu confuse de cet esclandre, s'assit devant lui en jetant un regard mélancolique dans la direction de Meo. Le sommelier s'approcha d'eux et leur demanda quel vin ils désiraient? Il répondit : « Pouvez-vous me donner celui que je bois chez moi, rue des Vosges? non. Eh bien, je n'aime que celui-là. Nous boirons de l'eau. »

Les bonnes gens de l'hôtel lui servirent un repas abondant, plantureux et de haute graisse, comme on n'en trouve que dans ces pays de Cocagne. Il se plaignit que le beurre n'était pas frais. En Suisse! Une assiette lui parut douteuse, il la jeta à la figure du garçon, et il ajouta en forme de commentaire : « Je ne suis pas difficile : j'ai bu du bouillon de cheval dans un casque de cuirassier. Mais ici je représente la grande armée de la France; et qui me manque, l'outrage. Tu vois le fleuve qui coule sous ta baraque, il a été à moi; je l'ai conquis avec mes camarades. C'est pourquoi tu me feras le plaisir de charrier droit, clampin! »

Meo guettait l'occasion de prendre parti pour son beau-père, mais en bonne foi il jugea que le moment n'était pas favorable. Tout ce qu'il put faire décemment, ce fut d'apporter un mot de consolation au capitaine lorsqu'il le vit au dessert. Il passa comme par hasard auprès de lui, le salua de son plus doux sourire, et lui dit : « J'ai bien peur, monsieur, que vous ayez mal déjeuné dans cette gargote. »

M. Bitterlin releva la tête et répondit d'un air rogue : « Gargote, monsieur! gargote vous-même! Si c'était une gargote, je n'y aurais pas mangé.

— En effet, répliqua Meo, j'ai été surpris moi-même. Je n'aurais jamais cru trouver une cuisine aussi supportable chez les patauds de ce pays.

— Monsieur, reprit le capitaine en se levant, tous les patauds ne sont pas des Suisses. J'ai l'honneur de vous souhaiter un bon voyage. » Meo se confondit en remercîments sur l'intérêt qu'on lui témoignait. Le capitaine lui tourna le dos.

Une heure après, toute la caravane du wagon se retrouva au musée de Bâle sans s'y être donné rendez-vous. Chacun se promena de son côté en affectant de ne pas reconnaître les autres : c'est l'usage des voyageurs bien élevés. Le couple allemand parvint à s'embrasser à la dérobée sous un paysage de M. Calame. Le gros Anglais distingua une jolie statuette du moyen âge et lui cassa un doigt pour mieux s'en souvenir. L'Américain vint ensuite, en emporta la main mutilée avec un morceau de l'avant-bras. Le Parisien s'arrêta devant les chefs-d'œuvre d'Holbein. Il fut d'avis que ce divin maître avait quelque chose de M. Courbet, mais en mieux. Meo ne remarqua qu'une tête de jeune fille encadrée dans le chapeau de paille d'Emma. Quant à M. Bitterlin, il se fit un plaisir de prouver à sa jolie compagne que les galeries manquaient d'ordre et les catalogues de clarté. Et tout le monde fut content.

Lorsque le gardien du musée ouvrit la porte de sortie, Meo crut faire sa cour en payant pour tout le monde ; mais le capitaine, qui commençait à se sentir les nerfs agacés, lui demanda sèchement si son intention était d'humilier quelqu'un.

Il n'y avait pas vingt-quatre heures que ce cher capitaine connaissait la figure de Meo, et son antipathie pour lui était déjà grande fille. En revanche, il se sentait porté vers le Parisien, qui le traitait cavalièrement. Les caractères mal faits sont sujets à ces bizarreries.

La Suisse est un pays très-avancé ; les montagnes qui la hérissent ne sont pas des barrières contre le progrès. On voit flotter le panache des bateaux à vapeur sur les lacs de Guillaume Tell. On rencontre le fil du télégraphe dans les gorges les plus sauvages ; il y a des paratonnerres sur les chalets, et déjà le sifflet des locomotives se marie presque partout aux grandes voix de la nature. Meo se servait du télégraphe pour retenir sa chambre et celles de la famille Bitterlin. Il lui en coûtait vingt-cinq mots et vingt sous. A ce prix, il était sûr de dîner et de dormir auprès d'Emma. Le capitaine se voyait servi par enchantement et il pestait contre la Providence invisible qui lui enviait le plaisir de commander. L'éternel voisinage de l'Italien lui devenait de jour en jour plus désagréable. Il le retrouvait dans tous les wagons, comme dans toutes les auberges, quelques efforts qu'il fît pour l'éviter. Souvent il le laissait monter en voiture et il courait se placer avec sa fille à l'autre extrémité du train. Prudence inutile ! Dix minutes plus tard, Meo venait s'asseoir à son côté et lui faire admirer le pays. La construction des wagons suisses favorise cette manœuvre. Ils sont réunis entre eux par une sorte de couloir où les voyageurs circulent sans danger de l'un à l'autre bout.

Le samedi soir, tout notre monde dormit à Olten, au centre des chemins de fer de la Suisse. Quand l'aubergiste apporta son livre aux voyageurs, les huit personnes que vous connaissez s'écrivirent en ces termes : « Bitterlin, capitaine de 1ʳᵉ classe, chevalier de la Légion d'honneur, etc., etc.; Paris. Avec sa demoiselle.

« Bartolomeo Narni, exilé ; Paris. Heureux de voyager en bonne compagnie.

« Arthur Le Roy, propriétaire ; Paris. Amour, tu perdis Troie !

« Frédéric Mœring, particulier, Berlin : voyageant avec son bien le plus cher :

> O montagnes, lacs bleus, marguerites des prés,
> Le rossignol qui chante, et ma Christine auprès !

« Thomas Plum, London.

« Georges Wreck, Esq., New-York. »

Chacun de ceux qui avaient écrit leurs noms revint ensuite à la dérobée se renseigner sur le nom et l'état de ses divers compagnons. Quand le gros M. Plum vit que l'Américain s'était donné le titre d'*Esquire*, il manifesta une gaieté impertinente et s'éclata de rire avec un tel transport, qu'il perdit le deuxième bouton de son gilet.

On se coucha sans regarder les environs. Le ciel était lugubre. Il pleuvait dans la vallée ; il neigeait au sommet des montagnes. M. Bitterlin avait bourré du coton dans ses oreilles ; cependant il entendit, avant de s'endormir, une belle voix de baryton qui chantait avec un accent très-prononcé :

> Vous aurez beau faire,
> Et bon gré, mal gré,
> Moi, je veux vous plaire,
> Et je vous plairai.

Le lendemain, on déjeuna au Schweitzerhof de

Lucerne, sur le bord du lac des Quatre-Cantons. Le temps s'était remis ; la ville dessinait sur un ciel pur sa silhouette du moyen âge ; les bateaux à vapeur fuyaient sur le lac bleu. Les troupeaux de vaches opulentes tondaient le regain humide sur les rives ; les montagnes coiffées de neige se dressaient à l'horizon. Les honnêtes Suisses aux longs pieds se carraient devant l'hôtel dans leurs habits des dimanches, et quelques jolies Anglaises remontaient chez elles en laissant voir leurs jupons de laine rouge. M. Arthur Le Roy trouva que le pays ressemblait au bois de Boulogne, mais en mieux. Le capitaine maugréa contre les truites, qui semblaient le poursuivre à tous ses repas ; Emma et Meo se mangèrent des yeux et ne se plaignirent point du déjeuner. M. Mœrling et sa femme, égayés par une bouteille de vin du Rhin, se poursuivirent dans les escaliers avec cette gaieté bruyante dont l'Allemagne a gardé le secret. La porte de leur chambre était fermée depuis longtemps qu'on les entendait encore. M. Plum entra dans le magasin de curiosités nationales, qui s'ouvre au rez-de-chaussée de l'hôtel. Il acheta un long bâton ferré, surmonté d'une corne de chamois, et il y fit graver le nom de toutes les montagnes de la Suisse. M. Wreck s'empressa de suivre cet exemple ; il ajouta même sur son bâton les noms du Vésuve, de l'Himalaya et du Cotopaxi. Ces monuments de bois, menteurs comme des obélisques, étaient destinés à la modeste ascension du Righi.

On se mit en bateau vers deux heures, et l'on descendit à Weggis, au pied de la montagne. Grâce au beau temps, la petite troupe s'était recrutée d'une vingtaine de voyageurs, et ce fut une belle cohue dans le port de Weggis. Les guides qui composent la population du village étaient accourus avec toutes les litières et tous les chevaux disponibles, mais on devinait au premier coup d'œil qu'il n'y en aurait jamais assez. On se querella dans toutes les langues de l'Europe, quelques cannes s'abattirent violemment sur quelques chapeaux, et Meo espéra un instant qu'il aurait l'occasion de défendre M. Bitterlin. Mais le capitaine était de ceux qui donnent les coups ; aussi fut-il servi avant tout le monde. Il se hissa sur un cheval et parcourut le champ de bataille en brandissant son parapluie comme l'épée de Charlemagne. Il essaya même une ou deux fois de faire cabrer la pauvre bête, en mémoire d'un célèbre tableau de Gérard. Sa fille fut installée dans une litière par les soins de Meo et de M. Le Roy. Ces deux chevaliers rentrèrent alors dans la mêlée, et bientôt on les vit trôner en selle anglaise au-dessus de la foule des combattants. M. Mœring et sa chère Christine s'étaient retirés à l'écart, et, assis côte à côte sur le banc d'une auberge, ils se donnaient le spectacle de l'agitation des hommes : les colombes ne se mêlent point à la guerre des vautours. Malheureusement les ailes leur manquaient pour gravir la montagne ; il fallut aller à pied. L'Anglais et l'Américain paraissaient condamnés au même sort, et M. Plum en suait déjà. Il mesurait d'un regard mélancolique les longues jambes de son rival, et pensait que la vieille Angleterre allait être distancée par les sauvages du nouveau monde. Mais quatre étudiants de Leipsick, qui avaient des raisons pour voyager à pied, avisèrent un de leurs camarades sur le plus beau cheval de Weggis ; cet objet leur déplut. Ils se pendirent aux jambes de l'aristocrate et le tirèrent si vaillamment qu'il fut bientôt désarçonné. M. Plum observait ce mouvement populaire ; il bondit comme une balle élastique et prit la place du jeune étranger. C'est ainsi que les Anglais ont toujours exploité à leur profit les révolutions du continent. L'Américain haussa les épaules et partit de son pied léger : il n'avait pas besoin de chevaux pour arriver au sommet de la montagne avant un gros Anglais.

Les cavaliers, les piétons et les litières se mirent en marche dans un désordre pittoresque, sur un chemin facile et sûr. Le Righi est connu de tous les Français qui savent lire : M. Alexandre Dumas y a placé une des plus jolies scènes de son chef-d'œuvre. Mais le charmant auteur des *Impressions de voyage* a peut-être exagéré les dangers de l'ascension et la majesté du lieu. A parler proprement, ce n'est qu'une colline de deux mille mètres, plantée au milieu d'un amphithéâtre de montagnes : une première loge pour voir le lever du soleil, mais on y monte par un bon escalier.

M. Bitterlin chevauchait en tête de la compagnie : c'est le devoir des bons capitaines. Meo le suivait pas à pas et assistait à ses exercices de haute école. Il comptait que l'admiration, cette entremetteuse des belles âmes, lui ouvrirait enfin l'amitié de l'intraitable vieillard. Il ne désespérait pas non plus de le repêcher au bord de quelque précipice. Mais le danger se faisait bien attendre, et M. Bitterlin n'était pas d'humeur admirative. Toutes les fois que le guide arrêtait la caravane à quelque point de vue célèbre, le capitaine grommelait entre ses dents : « Drôle de pays! mais j'en ai vu bien d'autres! » Meo s'extasiait sincèrement. La grandeur du spectacle trouvait en lui une âme bien préparée, car les amoureux sont les plus indulgents des critiques, et ils veulent du bien à toute la nature. Mais chaque fois qu'il essayait d'exprimer ses sentiments, le capitaine sifflait, ricanait, et donnait des deux talons dans le ventre de son cheval. Emma fermait la marche avec cinq ou six autres femmes. La pauvre enfant ne vit dans tout le paysage que le dos de son père, opposé à la figure de son amant.

Après quatre heures de marche, on aperçut le Righi-Kulm, c'est-à-dire le point culminant du Righi. Deux casernes occupent ce sommet ; l'une est celle où M. Alexandre Dumas a mal dîné, en compagnie de l'illustre Alcide Jollivet ; l'autre est un bâtiment supplémentaire, deux fois plus grand que le premier. Trois cents voyageurs y trouvent au besoin le vivre et le couvert, et l'on n'y est plus réduit à tuer un pair d'Angleterre pour manger de la mauviette : tant le siècle a fait de progrès !

Le seul fléau qui règne encore sur ces hauteurs escarpées, c'est le froid. Le grand nez de M. Bitterlin se colorait aux approches de l'auberge. Son cheval glissait de temps en temps dans un sol trempé de neige. Plus d'une fois aussi un nuage opaque et glacé l'enveloppa des pieds à la tête ; il éternuait alors comme toutes les trompettes du jugement dernier. Meo jugea dans sa sagesse que l'instant serait bien choisi pour amollir ce rocher vivant. « Respectable vieillard, lui dit-il, je me sens tout aise de voyager avec vous sur ces hauteurs sublimes. Heureux celui qui pourrait vivre ici, loin du monde, entre un père courbé sous l'expérience et une épouse adorée ! Mon ambition n'a jamais demandé rien de plus ; l'or et les honneurs sont mes moindres soucis, et une telle félicité me suffirait pour toute la vie ; j'en atteste vos cheveux blancs !

— Sacrebleu ! monsieur, répondit vivement le

capitaine, je ne suis pas encore une momie, et vous feriez mieux de garder vos compliments pour vous. Vous avez le galimatias désagréable, mon jeune ami !

— Mais, cher monsieur....

— Ah çà, une fois pour toutes, faites-moi le plaisir de m'expliquer vos façons ! Cher monsieur ! cher monsieur ! c'est bientôt dit ! Est-ce que je vous ai prié d'avoir de l'amitié pour moi ? Est-ce que nous avons fait la guerre ensemble ? Est-ce que vous avez servi dans la 4ᵉ du 2ᵉ du 104ᵉ ? Je ne vous connais pas : c'est la première fois que je vous rencontre, nous ne sommes pas seulement du même pays ! Alors...?

— Monsieur, bégaya Meo, les affections ne se commandent pas. Le sentiment, l'amitié, l'amour.... je veux dire la reconnaissance....

— Reconnaissance de quoi ? Je comprendrais encore vos façons si vous aviez des idées sur.... Je m'entends. Au fait, c'est possible, quoique vous ne fassiez la cour qu'à moi. Vous seriez-vous mis dans la tête...? Si c'était ça, il faudrait le dire tout de suite.

— Monsieur....

— Oui, il faudrait le dire, parce que je vous flanquerais dans le ravin que voilà, sans faire ni une ni deux ! »

Meo protesta qu'il n'entendait rien à ce langage,

et il reprit de sa voix la plus sympathique : « Monsieur, je comprends votre chagrin, et je compatis à tout ce que vous avez souffert. Sans doute le malheur vous a aigri. La première fois que j'ai eu l'honneur de vous rencontrer, j'ai deviné en vous une de ces natures ravagées où la douleur a laissé son empreinte en sillons ineffaçables. Votre mérite aura été méconnu, vos services oubliés, votre confiance trahie ! »

A ce mot, le capitaine se dressa sur ses étriers en regardant Meo jusqu'au fond des yeux. « Jeune homme, cria-t-il, je vous somme de vous expliquer ! Que savez-vous ? qu'avez-vous entendu ? qui est-ce qui cherche à me couvrir de ridicule ? Si je croyais ! Mais non, il est tout hébété ; il ne sait pas lui-même ce qu'il a dit. Cependant !... Monsieur, êtes-vous jamais allé à Briançon ?

— Non, monsieur.

— A Strasbourg ?

— Non, monsieur, jamais.

— Combien y a-t-il de temps que vous habitez Paris ?

— Monsieur, j'y suis arrivé en 1850.

— Avez-vous connu feu Mme Bitterlin ?

— Je vous jure que non.

— Pourquoi jurez-vous ? Il y avait donc du mal à la connaître ?

— Monsieur, je ne sais pas, je....

— Comment! vous ne savez pas! vous doutez aussi! J'ai donc l'air d'un mari bien grotesque? »

Le pauvre garçon se confondit en protestations de respect, ôta son chapeau, se prit les cheveux à poignées, pleura même : mais il arriva à l'auberge sans avoir fait un pas dans l'amitié de M. Bitterlin.

Deux cents personnes étaient rassemblées au sommet du Righi pour adorer le soleil. Le dieu à l'arc d'argent, le dieu de Zoroastre et de Chrysès n'a pas dans toute l'Europe un temple plus fréquenté. Les voyageurs y viennent des quatre coins de l'univers, et l'aubergiste recueille pieusement leurs offrandes. Telle est la ferveur des fidèles qu'on en a vu plus d'un patauger huit jours dans la neige et la pluie, en attendant un regard du dieu. Notre caravane n'attendit pas si longtemps. Le soleil, qui ne s'était pas montré depuis quatre jours, daigna se coucher devant elle. M. Bitterlin fut médiocrement ému de ce spectacle, un des plus imposants que la nature offre à la description des poëtes. Il pensait à sa défunte et broyait du noir dans son cerveau. Emma et Meo regardaient courir les nuages sur le front olympien du capitaine. M. Wreck se promenait à grandes enjambées pour prouver à M. Plum qu'il n'était pas encore las, et M. Plum souriait d'un air qui voulait dire : « C'est égal, j'ai mis l'Amérique à pied! » M. Arthur Le Roy contemplait, tout pensif, la cheminée des cuisines, et, dans le silence de la montagne, son oreille se tendait vers la cloche du dîner. Le jeune Allemand et sa femme, enveloppés dans le même plaid, discutaient métaphysiquement sur l'esthétique du globe.

« Ami, disait la jeune mariée, d'où vient que cet infini m'écrase ? Quand nous avons vu la mer à Ostende, je l'ai trouvée petite. Et pourtant elle est infinie aussi.

— Qui sait ? répondait M. Mœring. Peut-être parce que l'infini en hauteur nous rapproche du grand Tout ; tandis que l'horizontal, si loin qu'il s'étende, ne saurait s'écarter de la surface de la terre. La terre se retrouve aux limites de l'Océan ; au-dessus des montagnes, c'est le ciel.

— Ne serait-ce pas plutôt parce que la mer a subi le joug de l'homme, et que les navires que l'on aperçoit au loin sont comme la marque d'un maître ?

— Peut-être, cher amour. Peut-être aussi l'infini est-il purement subjectif, ce qui expliquerait tout.

— Y songes-tu, cher? S'il était subjectif, il serait circonscrit dans les limites du moi ; donc il ne serait plus infini. »

Les autres voyageurs se promenaient activement dans la neige fondue et poussaient des cris d'admiration pour se réchauffer les pieds.

La cloche sonna le dîner, et deux cents convives coururent au réfectoire. Le seul incident de cette soirée fut une querelle de M. Bitterlin avec un des garçons de l'hôtel. « Est-ce que vous vous moquez de moi ? criait le capitaine. Vous m'avez servi des truites hier matin à l'hôtel de Bâle, j'en ai mangé. Hier soir, à Olten, encore des truites, je n'ai rien dit. Ce matin, à Lucerne, troisième plat de truites : j'en fais la remarque ; et voilà que vous y revenez encore ce soir ! Vous avez donc juré de me faire tourner en truite ? C'est le cas que vous faites de mes observations ? »

Le pauvre domestique tenait le plat d'un air hébété, et versait la sauce goutte à goutte sur le collet d'un général suédois : il n'entendait pas un mot de français. Meo, qui comprenait, ne jugea pas le moment favorable pour prendre le parti de M. Bitterlin.

M. Mœring et sa femme vidaient ensemble une bouteille de *liebfraumilch*. C'est un vin du Rhin très-estimé ; cependant M. Arthur Le Roy ne le prenait pas au sérieux. Il disait à l'oreille de Meo : « Faut-il être Allemand pour baptiser le vin d'un nom si saugrenu ! Ça veut dire en français : lait de la femme aimée. Il me semble que l'Allemagne se peint au naturel dans ce mélange de vin, d'amour et de lait. *Liebfraumilch* ! J'ai quelquefois aimé, comme dit La Fontaine ; mais du diable si jamais j'aurais eu envie de goûter le *liebfraumilch* à sa source naturelle ! »

M. Wreck dînait en face de M. Plum. L'Anglais se

fit servir une bouteille de vin de Bordeaux ; l'Américain demanda du même. M. Plum crut de son honneur d'appeler aussitôt une bouteille de chambertin. M. Wreck ne se le fit pas dire deux fois ; il but du chambertin. M. Plum riposta par un flacon de Mme veuve Cliquot ; M. Wreck lui tint tête sans sourciller. Lorsqu'on se leva de table, chacun des deux rivaux achevait de vider une bouteille de tokai. Sur le livre de police, M. Plum s'était intitulé « sir Thomas Plum. » M. Wreck signa « count George Wreck. »

On se mit au lit de bonne heure. M. Plum dormait sous la table. M. Wreck, par amour-propre national, s'était couché dessus.

Les deux cents hôtes du Righi commençaient à ronfler à l'unisson dans leurs cellules, quand une voix retentissante ébranla toute la maison. M. Bitterlin, coiffé d'un foulard tricolore, disait à une femme de chambre allemande : « C'est bien, vous n'entendez pas un mot de français. Allez donc dire au domestique qui comprend notre langue, de venir à l'instant refaire mon lit ! »

VIII

BADE.

Le voyage dura quinze jours, à travers lacs et montagnes, sous la conduite de M. Bitterlin. La petite caravane, grossie de quelques intrus sans conséquence, admira successivement les belles prairies et les vieilles forêts, les levers du soleil et les déluges de pluie, les cascades et les glaciers. Il se cueillit quelques bouquets de rhododendrons; Meo s'enhardit même jusqu'à en offrir un au capitaine, qui le mit dans sa poche avec un merci tout sec. On ne rencontra point de chamois, on ne mangea pas un seul beefsteak d'ours; on ne fit pas l'ascension du mont Blanc pour le plaisir de contempler l'envers des nuages, qui ressemble singulièrement à l'endroit. On s'arrêta deux fois par jour dans des auberges charmantes de propreté; on fit de bons repas sur du linge blanc, et qui sentait bon ; on dormit dans des lits incomparables. Le voyageur qui voyage pour voyager, c'est-à-dire pour bien vivre, se mouvoir commodément et se reposer le soir sans s'être fatigué le matin, doit donner la préférence à la Suisse. Le capitaine en convenait lui-même, lorsque par hasard il n'était pas en colère. Toutes les villes qu'on traversa se ressemblaient peu ou prou. Il y en a de grandes et de petites ; les unes sont penchées sur le Rhin, les autres assises au bord d'un lac bleu. On y voit beaucoup de maisons neuves et quelques vieilles églises, des bâtiments coquets et d'un goût équivoque, des horizons variés, des eaux rapides et des pipes de porcelaine. Chaque fois qu'on passait devant un joli pavillon entouré de jardins, Meo retournait la tête et rencontrait le regard d'Emma. Mme Mœring faisait mieux ; elle forçait son mari à allonger la tête par la portière, et elle l'embrassait hors de la voiture. Pauvre Meo ! Il n'avait pas même la consolation de se frotter aux moustaches de M. Bitterlin.

Un jour pourtant, il toucha de bien près au bonheur qu'il avait rêvé. C'était à Schaffhouse devant la chute du Rhin. Le capitaine, qui méprisait les chemins battus, s'aventura trop près du bord et perdit pied. « Enfin ! » pensa Meo. Et de courir au secours de son beau-père. Mais le zèle l'emporta trop loin, un peu plus loin que la branche où

M. Bitterlin s'était retenu. Le sauveur eut la mortification d'être sauvé par celui qu'il était venu secourir ; et lorsqu'il essaya de témoigner sa reconnaissance, on lui répondit qu'il aurait bien mérité de rouler jusqu'en bas.

Comme il s'époussetait mélancoliquement dans un coin, M. Arthur Le Roy, son fidèle auxiliaire, vint le rejoindre et lui dit : « Mon pauvre bon, vous êtes plus maladroit que nature. Deux occasions ! Et vous les manquez !

— Deux ?

— Oui, deux ; une bonne et une médiocre. *Primo*, empoigner le monsieur par le bras et le rendre à ses concitoyens. Celle-là, je la trouve médiocre, attendu que le père Bitterlin ne sera jamais qu'un beau-père impossible. *Secundo*, le saisir par les cheveux ; voilà la bonne. La perruque vous restait dans les mains, le capitaine allait pêcher des truites la tête la première, et vous épousiez sa fille, qui vous devait bien ça. »

Meo répondit avec un gros soupir :

« Vous ne prenez rien au sérieux.

— Moi ! Je traite la situation avec toute la gravité qu'elle comporte. Et tenez ! pour vous prouver que je vous veux du bien, je vous entraîne aujourd'hui même avec moi.

— Vous partez donc !

— Mon Dieu, oui ; je lâche la grande armée. Il

paraît que la banque est en déveine là-bas; on parle d'un Autrichien qui l'a fait sauter deux fois en un jour.

— Eh bien ?

— Eh bien, je vais donner un coup de pied jusque dans les salons de la belle et lui dire : « Saute pour Le Roy ! » C'est un mot.

— Et moi, que vais-je devenir sans vous ?

— Mais, puisque je vous emmène ! Écoutez, je ne suis plus un collégien, je connais la vie et je n'ai pas besoin de lunettes pour voir ce qu'un homme a dans son sac. Votre Bitterlin est un bourru de la méchante espèce, de ceux qu'on n'apprivoise pas. Il y a quinze jours que vous lui passez la main sur le dos en disant : « Petit, petit! » Qu'avez-vous gagné ? Quel chemin avez-vous fait ?

— Mais il est familier avec moi; il plaisante, il me dit de gros mots : c'est déjà quelque chose.

— *Allais, marchais !* comme dit Hyacinthe. Du train dont vous courez, vous prendrez la corde en 1958.

— N'importe, je ne peux pas m'éloigner d'elle; je la suivrai jusqu'au bout. Et puis, qui sait? M. Bitterlin sera peut-être touché de ma persévérance. Si tout cela était pour m'éprouver ?

— C'est comme si vous disiez que les boulets de canon se promènent dans les rangs pour éprouver les soldats. Cet homme est une brute ; si le mot vous choque, nous dirons seulement que c'est un abruti. Il ne vous aime pas, il n'aime pas sa fille, il n'aime rien au monde, pas même les truites; et si jamais vous en obtenez quelque chose, ça ne sera pas en le prenant par les sentiments. J'ai dit.

— Mais, au nom du ciel, comment feriez-vous pour le prendre ?

— Que diable voulez-vous que je vous dise ? Je ne suis pas exercé au maniement des hérissons. Oh ! notre éducation était bien négligée à la pension Labadens ! »

Telles furent les dernières consolations que Meo reçut de son ami. Vers la fin du déjeuner, M. Le Roy annonça son départ pour Bade. Le capitaine répondit gracieusement : « Bon voyage, messieurs.

— Mais, balbutia Meo, nous ne partons.... Excusez-moi.... monsieur s'en va tout seul.... si toutefois on veut bien le permettre....

— Qu'est-ce que ça nous fait? répondit le capitaine. Chacun pour soi, en voyage. Monsieur a des affaires, il va à ses affaires. D'autres ne font rien du tout; eh bien, qu'ils se promènent!

— Oh ! moi, dit le Parisien, mes affaires ne sont pas compliquées. Je vais verser dix mille francs entre les mains d'un brave homme qui ne me donnera pas de reçu. C'est la mode à Paris. Depuis qu'on a découvert la Californie, l'Australie et toutes sortes de pays en *ie*, l'or nous arrive en si grande abon-

danse qu'on ne sait plus où le fourrer. Il nous
gêne, il nous fatigue, il nous tire les poches, il nous
donne des démangeaisons aux mains ; c'est à n'y
pas tenir, ma parole d'honneur ! Que fait-on ? On
va prendre les eaux à Bade, et l'on revient guéri. »

M. Bitterlin se rembrunit visiblement. « Vous
êtes joueur ? dit-il. J'aurais cru cela de bien des
gens, de monsieur, par exemple, mais pas de vous.
Quant à moi, toutes les fois qu'on m'a invité à jouer,
j'ai toujours répondu : « Je ne suis ni assez pauvre
pour avoir besoin de votre argent, ni assez riche
pour vous faire présent du mien. »

— Moi, monsieur, j'ai eu assez d'oncles pour
qu'il me soit permis de gagner sans plaisir et de
perdre sans regret. J'ai commencé par jouer à Paris, dans la bohème des jeunes gens riches. Il est
convenu que, lorsqu'on a dîné entre amis, il faut
remuer des cartons peints pour se dégriser. Cette
ammoniaque m'a coûté plus cher que chez le pharmacien. J'ai tantôt perdu, tantôt gagné ; mais,
comme les dames étaient toujours de la partie, je
rentrais généralement sans un sou, fatigué d'une
nuit stupide, les ongles sales, la tête lourde et la figure jaune. Je dormais jusqu'à cinq heures du soir
et je voyais flotter sur mon traversin la grande
ombre de Galuchet. Après deux ou trois ans de cet
exercice, qui m'avait fait un renom détestable, j'ai
pris un parti héroïque. J'ai canalisé mon vice. Le

jeu me coûtait, en moyenne, cinq cents louis par an, sans compter la santé, la réputation, la bonne humeur et tous les amis qui ne reviennent plus, parce qu'on leur a prêté de l'argent. J'aime mieux perdre dix mille francs à Bade : c'est moins compromettant, moins fatigant, plus sain et plus tôt fini. Je suis sûr que la banque n'aura pas des refaits tout préparés dans sa manche. Je sais qu'elle ne m'empruntera pas vingt-cinq louis pour payer sa voiture à six heures du matin. Si je gagne, par impossible, je ferai Charlemagne sans pudeur, et je ne me reprocherai point d'emporter dans ma poche le pain d'une famille. La banque est un être impersonnel ; on peut lui rafler cinquante mille francs au trente et quarante sans craindre qu'elle se fasse sauter la cervelle. Si c'est elle, au contraire, qui cueille mon argent, elle n'ira pas s'en vanter aux quatre coins de Paris et ruiner mon crédit en disant que je m'enfonce. Voilà mes raisons.

— Quoi ! monsieur, reprit le capitaine, vous êtes jeune, intelligent, bien élevé, beaucoup mieux élevé que monsieur, par exemple, et vous n'avez pas trouvé un meilleur emploi de votre temps et de votre fortune? On embrasse une carrière, que diable ! Oui, on embrasse une carrière !

— Hélas ! monsieur, je n'ai pas étudié pour être mécanicien, ni bonnetier, ni professeur en Sorbonne. J'aurais pu demander une place, comme tant d'autres qui font le pied de grue à la porte des administrations. C'est un jeu plus incertain que la roulette elle-même : merci! J'aurais pu aller à la Bourse; j'y ai même songé. Mais, bah! la règle du jeu est trop difficile. D'ailleurs, on peut y perdre plus qu'on ne possède, et je ne serais pas flatté de laisser mon honneur sur le tapis. Enfin j'avais la ressource de me marier. Fi ! la vilaine loterie, où l'on ne gagne presque jamais le lot qu'on désire, et où l'on gagne souvent des lots qu'on ne veut pas ! C'est pourquoi, capitaine, je vous invite à boire un verre de chartreuse à la bonne ville de Bade, et à M. Bénazet son prophète.

— Vous m'excuserez, dit M. Bitterlin. Mes convictions sont inébranlables, et je m'associe carrément à la noble idée du législateur qui a voté la suppression des jeux à Paris.

— Eh ! sans doute! Il a bien fait! Qui vous dit le contraire ? Paris est semé de petits jeunes gens qui portent des sacs d'écus pour le patron de leur étude ou de leur magasin. Si nous possédions un 113 ou un Frascati, ces malheureux rentreraient au logis les mains vides, et la France n'aurait jamais assez de galères pour les établir confortablement. Mais Bade est à cent cinquante lieues de Paris; il en coûte pour y venir, il en coûte pour y loger, il en coûte pour y faire deux repas par jour; et lorsque un homme a le moyen de payer tant de dépenses, le tapis vert ne fait tort à personne en lui prenant son argent. »

Le capitaine se moucha avec une certaine solennité et répondit :

« Vous vous exprimez facilement, monsieur. Vous et votre ami, vous êtes les organes d'une société qui périra un jour ou l'autre par le paradoxe. Mais un officier n'arrive pas à mon âge pour renier les principes de sa vie. Le jeu est immoral, comme tous les autres moyens d'acquérir la richesse sans travail. Je l'ai interdit à mes sous-officiers et soldats, je me le suis interdit à moi-même, et je veux perdre mon nom de Bitterlin si jamais je m'écarte de la ligne que l'honneur m'a tracée. Ganache tant qu'on voudra! C'est avec des ganaches de mon espèce que le Spartiate Lycurgue a fait la conquête du monde.

— A-t-il fait la conquête du monde?

— Oui, monsieur. Je n'aurai pas l'avantage de vous retrouver à Bade. Cette localité était comprise dans mon itinéraire, mais maintenant que vous m'avez appris la vie qu'on y mène, Bade prendra ses mesures pour se passer de moi! »

La petite Mme Mœring, qui ne parlait pas souvent à d'autres qu'à son mari, se récria contre cette résolution.

« Dieu ! que vous avez tort, dit-elle. J'ai demeuré toute une saison à Bade, avant d'épouser mon cher

Fritz, et je n'ai pas seulement entendu dire qu'on y jouait. C'est un pays délicieux, ombragé, verdoyant, poétique comme une idylle de notre Gessner. On y trouve la meilleure compagnie de l'Allemagne, des conseillers auliques, des chanoinesses nobles, des chevaliers de l'Aigle-Rouge autour du cou, et même des Altesses régnantes. La moitié de la vie s'y passe en promenades dans la forêt Noire, en déjeuners au vieux château, à l'Ours ou à la Cor-de-Chasse ; le reste est pris par les concerts, les courses de chevaux, les bals et les spectacles. Nous avions des artistes français, des pièces écrites exprès pour nous par les premiers auteurs de Paris. J'y suis restée trois mois, et je n'ai pas vu jouer, si ce n'est l'opéra ou la comédie. »

Elle termina son discours en rougissant, et baisa la main de son mari pour se donner une contenance.

« Madame dit la vérité, répliqua M. Le Roy. Les neuf dixièmes des voyageurs qui perdent leur argent à Bade y sont attirés par ces amorces. Les paysages de la forêt Noire, amorces ! Les Altesses de l'Allemagne, amorces ! Les courses, les chasses, les spectacles, les concerts, amorces, amorces, amorces ! J'ai remarqué que toutes les pelouses du parc descendaient en pente douce vers le tapis vert de la *Conversation*. J'ai suivi des Altesses à la promenade, et elles m'ont conduit sans y songer à la roulette !

J'ai couru un *steeple-chase* en jaquette puce, et j'ai même gagné un prix de deux mille francs, mais je me suis dépêché de perdre le triple au trente et quarante; le temps de changer d'habit, et le tour était fait! Nos artistes vont là pour allécher le public, mais on les prie de chanter faux pour le renvoyer au jeu. Nos auteurs célèbres écrivent des comédies pour Bade, mais il leur est ordonné de les faire ennuyeuses, afin que le public, attiré par le nom, soit chassé par la pièce. De temps à autre, on court un cerf dans la forêt Noire, mais la curée se fait toujours au profit de l'administration. La bête n'est pas plutôt à bas, que les veneurs sont à sec. Je ne m'en plains pas, quant à moi, car je sais ce que je vais faire à Bade. Ce qui m'attire de ce côté, ce n'est pas l'amorce, c'est l'hameçon.

— Oui, ajouta M. Mœring, avec un sourire fin et tranquille. Grande est la différence entre le pays où nous sommes et le pays où nous allons. Vous me pardonnerez, si je m'explique mal, étant étranger dans votre langue. Il me semble que la maman Suisse est une bonne grosse, qui donne à boire et à manger dans une auberge superbe, avec des montagnes et des chalets sur le papier des chambres. Elle est veuve, dit-elle, d'un célèbre homme que personne n'a vu et dont l'existence est contestée; cependant elle met son portrait sur toutes les cheminées de la maison, la pomme dans une main et l'arbalète dans l'autre. On n'est pas forcé de croire ce qu'elle raconte du défunt, mais comme elle est bonne femme et qu'elle vous a bien traité, vous l'embrassez, en partant, sur les deux joues, et vous vous promettez de revenir. Quant à Mlle Bade, c'est une jeune personne très-brillante et bien habillée; elle monte à cheval, elle chasse, elle danse, elle chante, elle joue la comédie dans la perfection de la mode, mais il faut qu'elle prenne la bourse de ses amis et qu'elle les renvoie les mains vides. Elle n'en est pas moins jolie pour cela. »

La conversation devint générale, comme il arrive à table d'hôte, lorsqu'un des convives s'est mis à parler haut. Sur vingt-deux personnes qui déjeunaient ensemble à la chute du Rhin, il y en avait quatorze qui connaissaient Bade pour y avoir laissé leurs écus. L'avis unanime des juges compétents fut qu'il était très-facile de ne point aller à Bade, mais qu'une fois entré dans la ville, le sage lui-même devait vider ses poches inévitablement.

« Oui, monsieur, dit M. Mœring au capitaine, vous avez raison de changer votre itinéraire. Si grande que soit votre fermeté, elle plierait comme une barre de fer au feu de la forge. Je ne vous citerai point mon expérience personnelle, car toutes les fois que j'ai dû traverser Bade, j'ai fait d'avance la part de la roulette. Mais voici un trait qui vous donnera peut-être à réfléchir. Un pasteur de mon pays, le vénérable M. Leuckel, est allé à Bade en 1854, pour recueillir les matériaux d'un grand sermon contre le jeu. Il était parti avec sa femme et ses deux filles. Je les ai vus tous les quatre, le surlendemain de leur arrivée, un carton dans une main, une épingle dans l'autre, autour d'une table de trente et quarante. La petite famille était déjà en perte de quinze cents florins !

— Et le sermon ? demanda M. Le Roy.

— Je l'ai entendu l'hiver suivant. Magnifique ! monsieur ; il fit pleurer tout l'auditoire, mais surtout Mme Leuckel.

— Qu'est-ce que ça prouve ? reprit brusquement le capitaine ; que votre pasteur n'était pas un homme de principes. » Il ajouta, en abaissant modestement la voix : « Je suis un *homme de principes*....

— Le juste s'oublie sept fois par jour.

— Jamais au régiment, monsieur. Quelle autorité aurais-je exercée sur mes hommes, si je n'avais pas prêché d'exemple ? Il n'y a pas de meilleur prédicateur qu'un officier sans défaut, comme je me pique de l'avoir été. Je connais tous les jeux, et même j'y raffine. Au piquet, au bezigue, aux dominos, au billard, je suis homme à donner une leçon aux plus malins ; mais personne ne peut se vanter de m'avoir vu gagner ou perdre quelque chose, ne fût-ce qu'une absinthe ou un gloria !

— C'est égal, dit M. Le Roy, vous faites bien de

brûler Bade. Le meilleur moyen d'éviter le péché, c'est de fuir la tentation.

— Quelle tentation ! Je ne serais pas même tenté !... »

On se récria de toutes parts.

« Non, reprit-il, je ne serais pas même tenté, et en voici la preuve. Je vais continuer mon chemin comme si de rien n'était : j'irai à Bade, je passerai une journée autour du jeu, avec de l'argent dans mes poches, et vous verrez si je risque une pièce de dix sous !

— Voulez-vous parier quelque chose ?

— Non, monsieur. D'abord, parce que je vous volerais votre argent ; ensuite, parce que je suis un homme de principes, et que parier c'est jouer. »

Le capitaine pérora si haut et si ferme, qu'il se fit un revirement dans l'opinion. Il est certain que M. Le Roy prêtait un peu trop généreusement son défaut aux autres. Soutenir à un homme qu'il va se mettre à jouer, lorsqu'il s'est abstenu du jeu pendant soixante ans, cela frise l'impertinence. M. Plum paria vingt livres sterling que le capitaine ne jouerait pas. M. Le Roy tint le pari et prit congé de la compagnie.

Ce départ, en privant Meo de son allié, le livra sans défense à M. Bitterlin. Le maussade vieillard lui parlait volontiers et familièrement ; mais ce n'était pas qu'il se fût apprivoisé pour lui. Si, dans l'état normal, à Paris, au repos, le capitaine pouvait être considéré comme un animal nuisible, le voyage l'avait rendu pire. Le mouvement, l'air vif, la nourriture et tout le régime du voyage produisent dans l'homme une surabondance de vie qui n'est pas faite pour changer les loups en brebis. C'est une pléthore, une tension, une colère des sens, un déchaînement des forces. La malveillance du capitaine n'avait jamais brillé d'un éclat plus aigre; jamais les vieilles cordes de sa sensibilité n'avaient grincé plus désagréablement au moindre choc. Avec sa fille il se modérait, parce qu'elle lui avait tenu tête, parce qu'il espérait la ramener, parce qu'il y avait des témoins : les tyrans domestiques s'observent toujours dans le monde. Mais un malheureux inconnu qui le recherchait, qui se livrait à lui, qui acceptait les horions avec reconnaissance, devait supporter tout le poids de sa mauvaise humeur. Aussi Meo devint-il en quelques jours son plastron, son souffre-douleur et sa victime privilégiée. Il abusa lâchement de la mansuétude de l'Italien. Il le traita d'autant plus mal que Meo était beau et qu'il était laid, que Meo était grand et qu'il était petit : les petits hommes sont implacables lorsqu'on les laisse faire. La résignation de l'étranger, qui aurait désarmé les lions et les tigres, l'excitait; il s'en donnait à cœur-joie sur cette chair docile et saignante.

Meo ne songea pas une fois à étrangler cette méchante bête, ce qui aurait été un jeu pour ses deux bras. Il marchait dans un chemin semé de ronces avec la résignation des martyrs. Non-seulement il se laissait faire dans le tête-à-tête, mais il avalait des plats de couleuvres en public, devant une douzaine de témoins. Plus d'une fois il surprit dans les yeux de ses compagnons des regards de pitié qui lui faisaient monter le sang au cerveau; mais la constitution de son amour était si robuste, qu'un signe d'Emma le consolait de tout. Les Français ne sont pas de cette force, parce que la vanité entre pour plus de moitié dans leurs passions

IX

AURELIA.

Le départ de M. Le Roy fut le signal d'une déroute. La petite caravane se dispersa en quatre ou cinq jours. L'un prit à droite, l'autre à gauche, et tous se donnèrent rendez-vous à Bade ; car les voyages en Suisse finissent presque toujours par là. Meo lui-même fut obligé de faire bande à part, lorsqu'il se vit seul avec le capitaine et sa fille : une fidélité plus obstinée l'aurait compromis à la fin.

Il partit donc, la mort dans le cœur, et la poche à peu près vide. C'est dans le meilleur hôtel de Fribourg en Brisgau qu'il prit congé de l'intraitable beau-père. Le matin même, en wagon, il avait pu faire ses adieux à l'oreille d'Emma. Le capitaine, qui le trouvait ridicule et nullement dangereux, s'était endormi à sa barbe. Il eut le loisir de peindre sa douleur et son désespoir, de récapituler tout ce qu'il avait fait et souffert, de mettre au jour la vanité de ses efforts et le néant de ses ressources. Il prouva à la jeune fille que son père ne se laisserait jamais séduire; ce qui d'ailleurs n'avait plus besoin de démonstration. Il peignit la lassitude de son âme, brisée par une lutte inutile, et incapable de donner un nouvel assaut. Sa patience même était usée, et il ne se sentait pas de force à attendre l'époque où Emma pourrait légalement se donner à lui. Ce terme de deux ans lui semblait plus éloigné que la fin du monde; il était sûr de mourir auparavant. A supposer que d'ici là il ne fût pas consumé par le chagrin, la misère le mettrait à bas sans faute. L'exposé de son lamentable budget vint ajouter une dernière ombre au tableau. Il raconta l'épuisement de ses modestes finances, l'abandon du métier qui le faisait vivre, l'incapacité de travail où la passion l'avait jeté. Cet aveu naïf, qui aurait refroidi une fille moins éprise, redoubla l'intérêt et la tendresse d'Emma. Six mois plus tôt, elle aurait peut-être repoussé dédaigneusement un homme sans état et sans fortune; mais l'amour d'une femme, lorsqu'il est arrivé à un certain degré, s'enflamme et s'irrite de tout ce qui devrait l'éteindre. C'est comme un incendie dans sa force, à qui l'eau même devient un aliment. L'excellente petite fille promit tout ce qui était en elle : de mourir avec Meo si elle ne pouvait vivre pour lui. De tous les serments que la passion dicte aux jeunes gens, c'est le plus facile à tenir : aussi les annales de l'amour sont pleines de doubles suicides. Meo adopta sans hésiter ce remède héroïque, qui n'a jamais remédié à rien. Il trouvait tout naturel qu'Emma voulût mourir avec lui, et il ne songea pas même à refuser un tel sacrifice.

Ce qui prouve bien l'innocence de ces deux grands enfants, c'est qu'ils allaient tout droit à cette extrémité sans s'arrêter, même en esprit, à certaines stations intermédiaires où ils auraient pu trouver quelque contentement. Ils n'examinèrent point s'il y avait au problème de leur destinée une solution moins légitime que le mariage et moins désagréable que la mort. Lorsqu'il leur parut bien démontré que le sort ne leur permettrait jamais d'être époux, ils ne pensèrent plus qu'à choisir entre les divers chemins qui conduisent hors de la vie. Heureusement M. Bitterlin s'éveilla avant qu'ils eussent fait un choix, et la délibération fut ajournée à leur prochaine entrevue.

Lorsque Meo fut embarqué et que le capitaine resta seul avec sa fille, le premier quart d'heure de tête-à-tête ne fut pas exempt d'embarras. Ce n'était pas Emma qui se sentait troublée. Son parti était si bien pris, sa résolution si ferme et si inébranlable, qu'elle ne se considérait déjà plus comme une habitante de la terre. Elle regardait l'autre monde par le trou de la serrure, en attendant que son amant vînt lui ouvrir la porte. Mais le capitaine, qui n'en était pas là, éprouvait une sorte de malaise et de désœuvrement pénible. Depuis la guerre que sa fille avait osé soutenir contre lui et la trêve qui s'était conclue au moment du départ, il n'avait pas eu avec la belle insurgée dix minutes d'entretien suivi. Si quelquefois il s'était trouvé seul avec elle, c'était le soir, à l'heure où les voyageurs ne songent plus qu'à dormir. Dans ces occasions, un petit baiser bien sec tenait lieu de tous les discours : chacun rentrait dans sa chambre, et l'on poussait la porte de communication sans la fermer. Mais le jour où les deux adversaires, après déjeuner, se virent pour la première fois face à face, sans témoins, dans une grande salle tapissée des aventures de Psyché, Emma s'enferma dans un silence nonchalant et joua un air sur son assiette avec la pointe de son couteau, tandis que le capitaine cherchait laborieusement une entrée en matière. Il ne trouva rien de mieux que de passer en revue les défauts et les ridicules du compagnon qui venait de leur dire adieu. Cela fut un effet de son tact ordinaire. Il habilla Meo de la bonne façon; il s'acharna sur lui et le mit en petits morceaux avec une satisfaction cruelle. Le bonhomme avait la dent dure, comme ces chiens mal dressés qui ne sauraient rapporter un perdreau sans le mettre en hachis. Emma le laissait dire, sans même hausser les épaules; mais ses yeux exprimaient le dédain profond et implacable d'une dévote qui entend blasphémer son Dieu.

L'orateur ne tarda guère à sauter du particulier au général; il étendit à tous les jeunes gens de notre époque le jugement qu'il avait porté sur Néo, et prouva qu'une femme ne pouvait décemment s'amouracher de ces sapajous-là. Emma ne soutint pas le contraire. Encouragé par ce silence approbateur, il en vint à gourmander doucement sa fille sur ce qu'il appelait ses fredaines. Il lui reprocha d'avoir manqué de confiance en lui; il se félicita des bons effets du voyage, et se réjouit de voir la famille reconstituée. Il alla plus loin, car il n'était pas la délicatesse en personne. Il osa dire à cette enfant que sa défunte mère, Mme Bitterlin, avait été sinon coupable, au moins légère; qu'elle l'avait rendu malheureux; qu'il avait droit à des compensations, et qu'il espérait les trouver dans la bonne conduite et la fidélité de sa fille. « Qu'est-ce que je demande? lui dit-il. Que tu m'aides à mourir en paix, sans rien changer à mes habitudes. J'ai du pain pour mes vieux jours, ma santé n'est pas mauvaise, cette tête est une des plus solides que la nature ait confectionnées depuis Napoléon; il ne me faut que de la tranquillité. Si tu t'étais obstinée dans ta sottise, tu aurais commis un parricide, ni plus ni moins. Tu dérangeais mes affaires et tu me mettais sur la paille pour commencer. Et puis quoi? m'aurais-tu laissé tout seul, comme un vieux paria, pour aller courir le guilledou avec ton mari? Ou m'aurais-tu amené dans la maison un monsieur que je ne connais pas, qui n'est pas dans mes idées, qui voudra faire le maître et avoir raison contre moi? Tu as trop bon cœur. Si tu étais capable d'une infamie pareille, c'est que tu ne serais pas de mon sang, et que ta mère aurait menti sur son lit de mort lorsqu'elle me l'a juré ! »

Emma ne répondit rien, ne pleura pas, ne témoigna ni chagrin ni colère. Elle se retranchait dans l'égoïsme de son amour contre l'égoïsme de M. Bitterlin.

Cependant Meo arrivait à Bade et se faisait conduire à l'hôtel Victoria où M. Le Roy lui avait donné rendez-vous. Il le trouva en robe de chambre, à cinq heures du soir, au milieu du plus étrange mobilier. La commode, le guéridon, la toilette et même le parquet étaient cachés sous une multitude de cristaux bleus, verts ou rouges ; une quantité de menus ouvrages en bois blanc, chalets, cassettes, couteaux à papier, horloges de la Forêt-Noire, complétaient ce curieux assortiment. Le possesseur de tant de merveilles se promenait plus mélancoliquement au travers de son bien que Marius sur les ruines de Carthage. Lorsqu'il vit paraître son ancien compagnon, il faillit lui sauter au cou.

« Parbleu, lui dit-il, vous arrivez comme une providence! Vous avez de l'argent?

— Onze louis, à votre service.

— Crésus, va!

— Vous trouvez? C'est toute ma fortune présente et à venir.

— Il a onze louis, à Bade, et il se plaint! Mon cher, vous allez d'abord m'inviter à dîner.

— De tout mon cœur.

— Attendez donc! Je vous amènerai le duc de S... et le prince D..., deux amis à moi, qui n'ont pas déjeuné non plus. Soyez gentil avec eux; c'est deux millionnaires. »

Meo ouvrait de grands yeux.

« Vous ne comprenez pas? reprit le Parisien. Je suis décavé, mon bon, et ces messieurs aussi, et bien d'autres que je ne vous présenterai pas, de peur d'abuser. La banque est féroce, depuis deux jours. Et dire que si j'avais filé avant-hier soir, j'emportais soixante mille francs de gain tout net! J'ai commencé par gagner tout ce que j'ai voulu : une série de rouges, puis une série de noires. Je me tenais solidement à la noire, quand tout à coup, d'inspiration, je flaire la déveine; je fais moitié à la masse, puis décidément je retire tout. Crac! la banque amène un refait et rafle les enjeux. Avais-je eu bon nez? Je repasse à la rouge, et la veine me suit. Dix rouges à la file! Comme j'allais de l'avant, j'ai fait mes affaires, et même celles des autres. Tout le monde pontait avec moi; il n'y avait pas deux louis sur la noire. Malheureusement, minuit a sonné. Il ne nous fallait plus qu'une demi-heure pour faire sauter la banque !

— Je dois vous prévenir, interrompit Meo, que je ne connais pas le jeu dont vous parlez.

— Vous ne le connaîtrez que trop tôt, mon pauvre ami : c'est horriblement simple. Je suis donc rentré dans cette chambre, dans la maudite chambre que voici, avec soixante-dix mille francs en billets, en napoléons, en frédérics; il y avait même un florin ! Le lendemain, en ouvrant les yeux, j'ai fait vœu de ne plus jouer de l'année. J'ai couru les boutiques pour m'amuser innocemment à des emplettes sans conséquence. J'ai donné des pièces de cent sous aux mendiants; j'ai prêté des poignées d'or aux petites dames qui n'en avaient plus; un placement pour cet hiver ! J'ai fait une promenade en voiture, et la campagne m'a paru suave; il me semblait que toutes les feuilles des arbres étaient signées par le gouverneur de la banque de France ! Pourquoi n'y suis-je pas retourné, en France? Ah! oui, pourquoi? Tenez, c'est votre faute ! Je vous avais donné rendez-vous ! C'est vous qui m'avez ruiné. Cet homme me coûte soixante-dix mille francs! Il y en a dix mille que je ne regrette pas : je les avais apportés pour les perdre. Mais les soixante mille autres n'étaient pas nés pour être perdus, et la preuve, c'est que je les avais d'abord gagnés! Enfin, si vous me nourrissez, vous me fermez la bouche. J'attends de l'argent; nous sommes beaucoup ici qui surveillons l'arrivée du courrier. Mais la poste n'est pas à la hauteur: c'est la poste aux escargots. J'ai songé un instant à battre monnaie avec les faibles marchandises que vous voyez; mais ceux qui les ont vendues ne veulent les reprendre qu'à quatre-vingt-cinq pour cent de perte! Ils m'ont prouvé que tout cela était laid et de mauvais goût, et je commence à être de leur avis. Voulez-vous un chalet, mon pauvre Narni? Voulez-vous un coucou? Voulez-vous un cornet de cristal bleu? Tiens! il est cassé. Pacotille! on touche ça du bout du pied, et cela tombe en morceaux! Prenez garde de marcher dans le verre, mon bon! Promenez-vous plutôt dans les chalets, c'est plus champêtre. A propos! Et vos amours? la jolie blonde va bien? Avez-vous apprivoisé le vieux Mohican? Je parie que non. Sont-ils arrivés ici? J'ai placé vingt-cinq louis sur la tête du tigre; il serait bien aimable de me les faire gagner tout de suite. Ah! j'oubliais. Nous avons une dame de votre pays à l'hôtel Royal. Elle vous connaît; je crois même qu'elle vous a beaucoup connu: du reste, elle ne dit que du bien de vous. Superbe femme! Junon en personne! On l'appelle sur le turf la forte Aurelia.

Elle a gagné un millier d'écus sur ma veine, et elle a eu le bon esprit de s'y tenir. Je lui ai promis votre visite. Allez-y, mon cher; ça console toujours un peu. Les chasseurs ont un mot pour cette idée-là: faute de grives, on prend des éléphants. Dieu! qu'il m'amuse avec sa figure de l'autre monde! Seriez-vous, par hasard, dans l'intention de vous faire sauter?

— Oui, répondit Meo. Je n'attends que l'arrivée de Mlle Bitterlin, qui m'a offert de mourir avec moi.

— Il est fou, ma parole d'honneur! Mais que feriez-vous donc, malheureux, si vous aviez perdu soixante-dix mille francs?

— J'en ai perdu dix fois davantage, et cela ne m'a pas même attristé. Aujourd'hui, c'est autre chose. Ma vie est manquée; je n'ai plus de bonheur à espérer sur la terre, et je m'en vais.

— Pas avant de nous avoir offert à dîner! Laissez-moi passer une jaquette; nous prendrons ces messieurs en route, et nous irons chercher des idées à la Restauration. »

Une heure après, Meo avait fait toutes ses confidences aux amis de M. Le Roy. Le jeune duc et le petit prince le consolèrent de leur mieux, tout en dévorant les mets les plus solides qu'ils avaient pu trouver sur la carte. Ces victimes du jeu s'amusaient cordialement de leur indigence : rien n'est plaisant pour un jeune homme riche comme de se voir un jour ou deux à la mendicité. Ils s'étouffaient de rire et de manger des haricots. Le chagrin de Meo leur semblait un peu plus sérieux que leur misère, mais pas beaucoup. Ils connaissaient plus de cent remèdes, tous infaillibles, contre la désespérance d'amour. Chacun prôna le traitement qu'il croyait le plus sûr et dont il s'était le mieux trouvé ; mais les trois convives déclarèrent unanimement que les eaux de Bade étaient les meilleures du monde pour guérir les affections du cœur. Meo les laissa dire, et se grisa même un peu en buvant avec eux à sa propre santé ; mais il aurait pris du poison au sortir de table, si Mlle Bitterlin eût été là pour le partager avec lui. On le promena dans les salons de la Conversation, c'est-à-dire dans les salons où l'on joue. Il y vit force jolies personnes de tous les mondes ; mais la vie avec une autre femme lui paraissait moins désirable que la mort avec Emma. M. Le Roy lui montra le trente et quarante de loin et la roulette de près.

« Voici, lui dit-il, un jeu sans conséquence, et fait pour les enfants qui ont besoin de distraction. On peut risquer ici la mise la plus modeste, quelque chose comme quarante sous. C'est ce qui s'appelle floriner, dans la langue badoise.

« Les hommes ne vont qu'au trente et quarante, parce que la banque s'y réserve moins de chances, et surtout parce que le talent du joueur y trouve son emploi. Cependant, si vous voulez tâter de ceci, mettez un louis sur les six derniers numéros, là, tenez, à cheval sur les deux lignes. Bon! c'est le 33 qui sort. Vous gagnez six fois votre mise : je vous avais bien dit. Prenez! prenez! les six louis sont à vous. Que vous semble de la roulette? Ne trouvez-vous pas que c'est une admirable institution, celle qui, moyennant quelques sous, vous procure pendant une ou deux minutes l'oubli de tous les chagrins? Depuis le moment où vous avez mis votre argent sur la table, jusqu'à l'instant où ce monsieur a dit : *trente-trois, rouge, passe, impair*, vous n'avez songé ni à Mlle Bitterlin, ni au plaisir ineffable de mourir auprès d'elle dans les coliques. Et cette distraction, la plus puissante qui soit au monde, ne vous a rien coûté; elle vous a même rapporté cent vingt francs! C'est admirable, n'est-ce pas? Que direz-vous donc, quand vous aurez goûté du trente et quarante? »

Meo fit connaissance avec le trente et quarante, sous les yeux de ses mentors. Ce jeu de cartes, le plus facile de tous, ne l'étonna que par sa simplicité. Il s'émerveillait qu'on pût perdre ou gagner soixante-dix mille francs en quelques coups, parce que le banquier avait amené trente-sept points pour la rouge et trente-huit pour la noire. Il joua comme on le poussait, gagna, perdit, regagna, et demeura aussi indifférent au gain et à la perte que s'il y avait eu de simples cailloux sur le tapis. Minuit sonné, il revint tristement à l'hôtel, quoiqu'il eût quelques centaines de francs dans sa poche et dans celles de ses nouveaux amis. En quoi l'argent pouvait-il lui être agréable? N'était-il pas sûr d'en avoir assez pour le peu qui lui restait à vivre?

Il avait oublié Mlle Aurélia, mais il la rencontra le lendemain matin sous les beaux arbres de la Lichtental. La pauvre fille poussa un cri aigu, un vrai cri de théâtre. Elle courut à lui et l'embrassa sur les deux joues, sans égards pour une famille anglaise qui passait.

« Cher grand enfant! lui dit-elle, d'où venez-vous? où allez-vous? Êtes-vous heureux? »

Il répondit avec un embarras visible qu'il était arrivé de la veille au soir, qu'il avait su sa présence à Bade, et qu'il se promettait de lui faire une visite.

« Une visite! répliqua-t-elle. Vous voulez venir me voir en visite, vous qui avez été tout pour moi! Vous êtes devenu bien méchant ou bien malheureux! Êtes-vous toujours logé à la même enseigne? Me parlerez-vous de la fille aux yeux bleus? Il paraît que vous avez été solidement empoigné, mon pauvre grand?

— Oui, dit-il. Pourquoi me demander ce que je vous ai appris il y a longtemps? J'aime pour la première fois de ma vie.

— Merci pour moi. *Elle* est donc bien mieux que nous, décidément ?

— Je ne la compare à personne. Elle est plus que jolie, plus que belle, plus que charmante. Elle est la grâce et la beauté mêmes, la douce lumière de ma vie, la....

— Oh! je vous dispense du reste. Je croyais que vous auriez le bon goût de faire son éloge à d'autres qu'à moi. Allons! soyez heureux! Je vous parle sans colère. Il m'est impossible de ne pas vous pardonner le mal que vous me faites. J'ai trop de faiblesse pour votre méchant être. Soyez heureux!

— Je ne suis pas heureux, Aurélia; je ne le serai jamais. Il est impossible que j'arrive à mon but. J'ai rencontré des obstacles insurmontables.

— Serait-il vrai? Une autre prendrait la peine de me venger? Vous souffririez à votre tour? Je ne m'en réjouis pas, Meo, mais j'admire malgré moi la justice céleste. »

Il répondit avec une simplicité enfantine :

« Oh! je ne souffrirai pas longtemps. Je dois me tuer dans trois ou quatre jours. Ainsi.... »

Elle se récria violemment, et laissa voir une émotion qui n'était pas feinte. Par un mouvement plus rapide que la pensée, elle entraîna Meo à cent pas de la promenade, le fit asseoir au pied d'un arbre et lui dit:

« Je veux tout savoir. Parle-moi comme à ta sœur ou à ta mère. Ne crains pas de me froisser, j'ai le cœur dur. Pauvre enfant! Quelle femme a pu être assez ingrate pour te jeter dans un tel désespoir? Je suis prête à tout, moi que tu n'aimes pas. Veux-tu que j'aille la trouver? que je lui parle pour toi? Ah! je lui dirais combien elle est folle de refuser le bonheur le plus divin qu'une créature de notre sexe ait jamais goûté en ce monde! »

Meo fut touché de cet héroïsme féminin, dont une Italienne était seule capable. Son cœur, qui d'abord s'était mis sur la défensive, s'abandonna et s'attendrit. Deux grosses larmes montèrent à ses yeux; il raconta en sanglotant l'histoire de son amour et les raisons qu'il avait de désespérer. Son ancienne amie l'écoutait et l'interrogeait avec une attention passionnée. Quelquefois un sentiment égoïste la faisait applaudir aux rigueurs de M. Bitterlin; mais aussitôt, par un brusque retour, elle s'apitoyait sur la douleur de Meo. Quelquefois elle lui prenait la tête dans ses deux mains pour boire les larmes au bord de ses yeux et savourer l'amertume de son cœur. « Tu n'as jamais pleuré pour moi! » lui disait-elle. Mais elle ne tardait pas à pleurer avec lui.

Lorsqu'elle eut écouté toute l'histoire et étudié, à travers les incidents du récit, le caractère du capitaine, elle réfléchit quelque temps et dit à Meo :

« Mon ami, je ne suis qu'une femme, et même une femme bien ordinaire, puisque je n'ai pas su vous faire partager l'affection que j'ai pour vous. Cependant, nous avons sur le cœur humain des lumières qui vous manquent, à vous autres hommes. Je crois deviner que votre capitaine est comme un vieux Florentin qui demeurait dans notre maison, quand j'étais petite fille. Il s'étudiait à ne rien faire qui pût être agréable à ses voisins, parents ou amis. Plus on s'ingéniait à lui complaire, plus il se gendarmait contre les gens, et la seule façon d'en tirer quelque chose était de le traiter en ennemi. Il avait trois neveux qui l'amadouaient depuis dix ans pour hériter de son bien; il fit son testament en faveur d'un juge qui l'avait condamné dans tous ses procès. Sa nièce aimait un jeune homme de la ville; il la maria malgré elle à un veuf qu'elle ne pouvait souffrir. Votre capitaine est de la même composition, si je ne me trompe : peut-être vous donnerait-il sa fille, s'il était sûr de faire votre malheur à tous les deux. Quoi qu'il en soit, vous avez eu tort de le courtiser pendant ce voyage : il ne fallait rien de plus pour le mettre contre vous. Maintenant, si vous obtenez son consentement, c'est que vous aurez su le lui arracher. Abordez-le de front, et tâchez de vous montrer plus roide et plus méchant que lui. Peut-être se laisserait-il ébranler par la force. Montrez-vous dans tout votre courage et dans toute votre énergie; il aura peur. Dieu! que j'aurais eu peur de vous, si j'avais été homme! »

Meo la reconduisit à l'hôtel où elle demeurait. Sans bien savoir pourquoi, il se sentait un peu ragaillardi. L'avenir lui paraissait moins sombre et le capitaine moins effrayant. Il se promettait de lutter contre la destinée, et de ne pas s'avouer vaincu sans combat. Il remercia chaudement celle qui lui avait montré tant de dévouement et rendu tant de courage.

« C'est le ciel qui vous a amenée à Bade, » lui dit-il en la quittant.

Elle répondit avec sa candeur italienne:

« Non, c'est un vieil imprimeur qui me protége beaucoup, M. Silivergo. »

X

LE JEU

C'était le mardi 14 septembre que Meo avait retrouvé Mlle Aurelia. Ce jour-là, le lendemain et le jeudi suivant, les deux amis se virent un peu partout, excepté chez eux. M. Silivergo, qui surveillait sa protégée à distance respectueuse, s'inquiéta de toutes ces rencontres, mais il ne lui plut pas de reconnaître son ancien correcteur. Meo, de son côté, ne jugea point à propos de tomber dans les bras de ce patron maussade. Il fut l'inséparable de M. Le Roy et de la bande joyeuse des décavés. Ces messieurs reçurent de l'argent, le perdirent, relevèrent leurs finances par quelques coups heureux, et tinrent la fortune en échec pendant trois jours. Meo se balançait avec ses compagnons sur cette escarpolette; perdant, gagnant, et riant de tout. On le trouvait changé à son avantage, et l'on faisait honneur de la métamorphose à Mlle Aurelia. Il s'en défendait comme un beau diable, protestait de sa fidélité, et jurait que M. Bitterlin aurait affaire à lui. L'histoire de sa grande passion devenait populaire, tant il la racontait volontiers. Tous les jeunes gens de Paris savaient que M. Bitterlin était en route, et la légende le dépeignait déjà comme un animal fabuleux. On ne soupait pas à la Restauration sans boire au trépas du farouche Bitterlin. Emma passait pour une héroïne du moyen âge, et Meo devenait célèbre sous le pseudonyme d'Eginhard. Les femmes s'intéressaient à son bonheur; plus d'une crinoline tournait sans malveillance autour de lui. L'honnête garçon n'y voyait que du feu; il soupirait publiquement pour sa belle, montrait le poing au spectre du beau-père, et jouait au trente et quarante en attendant l'ennemi. Il en était venu à regarder les louis d'or comme des jetons très-commodes dans les transactions du jeu; il ne leur attribuait pas un autre emploi ni une autre importance. La Fortune, qui ne méprise pas les étourdis, le traitait bien.

Mais le vendredi s'annonça comme un jour néfaste. Dès le matin, le trente et quarante se mit en mesure de dépouiller son public. Un hasard endiablé déconcertait les plans les plus logiques et les marches les plus infaillibles. La rouge et la noire perdaient tour à tour, sans ordre et sans frein.

Nulle série dans les cartes, aucune suite possible dans les idées des joueurs. Tout alla si bien ou si mal que la banque, qui était partie de cinquante mille francs, avait soixante mille écus devant elle à sept heures du soir. M. Plum et M. Wreck, arrivés le matin même, s'obstinaient l'un à la rouge, l'autre à la noire, et perdaient dix mille francs chacun. Les nouveaux amis de Meo expiaient chèrement leurs succès de la veille; lui-même restituait avec usure ce qu'il avait gagné en trois jours. Telle était l'ingratitude agaçante du jeu, que cet amoureux, ce philosophe, cet indifférent, s'était laissé envahir comme tous les autres par une sorte de mauvaise humeur. Debout à la droite du banquier, il jetait à tout coup un louis sur la rouge ou la noire, et il haussait les épaules en voyant le râteau passer sur son argent.

On venait de mêler des cartes neuves; il avait coupé de sa propre main, et il laissait tomber son dernier enjeu sur la noire, lorsqu'une toux bien connue lui fit retourner la tête, et il se heurta contre le nez de M. Bitterlin.

Certes il avait eu le temps de prévoir cette entrevue et de préparer ses armes. Une heure auparavant, il avait encore dit à M. Le Roy : « Je dompterai le capitaine ! » Il s'était bien promis d'affronter son beau-père, en quelque lieu qu'il le rencontrât. L'occasion était même excellente et la bravade toute trouvée, puisque M. Bitterlin s'était toujours prononcé contre les cartes. Mais ce grand nez introduit subitement au milieu de ses plaisirs le déconcerta tout à fait. On n'oublie pas en un instant quinze jours de terreur respectueuse et d'obéissance filiale. Les tirades du capitaine sur l'immoralité du jeu lui revinrent en mémoire. L'habitude de céder, plus forte que ses résolutions de la veille, ébranla tout son courage, et il se déroba furtivement comme un écolier surpris par le maître.

M. Bitterlin était arrivé par le train de six heures, tout roide et tout empesé de morale. Depuis la profession de foi qu'il avait faite à Schaffhouse, il n'était pas loin de se considérer comme un réformateur, chargé d'une mission gratuite. Il construisait un petit château en Espagne, sur les fondements de sa vertu. Comme Hercule dompteur des monstres, il allait terrasser l'hydre du jeu, au grand applaudissement des familles. Sa parole et son exemple convertiraient les pontes par centaines, et les fermiers eux-mêmes viendraient abjurer entre ses mains le culte du million. A peine s'il prit le temps de changer d'habit et d'enfermer sa fille à l'hôtel. Il se fit indiquer le chemin de la Conversation, et y entra d'un pas aussi résolu que Polyeucte et Néarque dans le temple de Jupiter. Le premier païen qu'il rencontra sur son passage fut

M. Le Roy, entouré d'un cercle d'amis. Le jeune homme l'aperçut, l'appela par son nom et lui dit : « Hâtez-vous d'entrer au jeu, pour que je gagne vingt-cinq louis ! Vous tombez ici comme Mlle Mars en Carême. » Il répondit en se rengorgeant dans son col noir : « Je vous ferai gagner plus de cinq cents francs, si je vous apprends à dompter votre passion et à renoncer aux cartes. » Il poursuivit son chemin et s'arrêta pour hausser les épaules devant M. et Mme Mœring qui jouaient à la roulette. La nouvelle de son arrivée s'était répandue dans les salons avec les amis de M. Le Roy. Tous les yeux se tournèrent vers lui ; il fut montré au doigt, suivi, examiné par deux cents personnes ; on accourut sur son passage pour le considérer de plus près. Il marchait d'un pas de procession, tournant la tête à droite et à gauche, et murmurant dans sa moustache : « Il paraît qu'ils n'ont pas l'habitude de voir des hommes de principes ! » Il reconnut Meo et se posta derrière lui pour lui lâcher un mauvais compliment dès qu'il se retournerait. La fuite honteuse du pauvre garçon le fit pouffer. « Poire molle ! dit-il ; ça n'a pas même le courage de son vice ! Tiens ! il a oublié ses vingt francs, vingt francs sur un seul coup ! Deux cents livres de pain de munition ! » Il fut tenté de ramasser le louis pour le rendre à Meo, mais un scrupule le retint. Il avait cette délicatesse brutale qui pousse jusqu'à l'absurde le respect du bien d'autrui. D'ailleurs il se promettait de rire lorsque le râteau viendrait prendre l'argent et donner une leçon au joueur. Il n'eut pas cette joie au premier coup : la noire gagna, et le louis de Meo trouva un compagnon de son espèce.

« Hé bien ? après ? pensa le capitaine. Mon grand nigaud va perdre au second coup ! » Dans cette espérance, il s'accouda sur le tapis. Mais le second coup, ainsi que le premier, donna raison à la noire. Le capitaine vit quatre-vingts francs devant lui.

Il regardait avec mépris cet or flétri par le jeu. C'était de l'or tout neuf; la lumière des lampes se reflétait dans le plat des pièces. En les voyant briller, le capitaine se reporta involontairement aux quatre premiers louis qu'il avait eus en sa possession. C'était des pièces de vingt-quatre livres, en or jaune, bien vieilles, bien usées, et même un peu rognées sur la tranche. Sa mère les avait tirées du fond d'un bas pour les lui glisser dans la main le jour où il partit à la guerre. « Quelle différence, pensait-il, entre les jetons d'immoralité que voici, et ces respectables médailles que ma mère avait sanctifiées par le travail et l'épargne ! » Cette réflexion fut interrompue par le passage du râteau qui apportait quatre nouveaux louis. La noire avait gagné pour la troisième fois.

« Parbleu ! fit-il en lui-même, voilà bien la justice du sort ! Quand j'étais capitaine en second, je m'escrimais tout un mois pour gagner la somme que ce maladroit vient d'accrocher en trois coups de cartes. Ah ! le monde est une jolie boutique ! Heureusement, la noire amène 39. Oui ! mais voici 40 à la rouge ! Ça fait deux mois de ma solde dans la poche de M. Narni ! »

Il cloua ses deux bras sur la table, bien décidé à rester là jusqu'à ce que la noire eût perdu. Mais le cinquième coup et le sixième vinrent doubler et redoubler la fortune de Meo. Le tas d'or qui reluisait devant le capitaine s'élevait à des proportions majestueuses : il y avait douze cent quatre-vingts francs bien comptés. En présence d'une somme de cette importance, M. Bitterlin se prit à regretter que Meo ne fût pas là pour prendre une décision. Il ne savait pas jusqu'à quel point la délicatesse l'autorisait à laisser retomber douze cent quatre-vingts francs dans le gouffre de la banque. Ce n'était pas qu'il portât aucun intérêt au jeune étranger, mais il plaignait l'argent. « Cela ne peut pas toujours durer, disait-il en lui-même. Le banquier ne passera pas sa soirée à doubler le tas que nous avons devant moi ; il ne ferait point ses frais. » Dans cette pensée, il cherchait des yeux la figure de Meo, sans toutefois perdre de vue les cartes, qui commençaient à l'intéresser vaguement.

La noire passa pour la septième fois, et un billet de banque, escorté de quatorze louis, vint s'ajouter aux richesses de l'Italien.

La partie devenait curieuse. C'était la première série qui se fût rencontrée depuis le matin. Le succès inespéré de la noire retentissait dans tous les salons, et l'on accourait d'assez loin pour voir jusqu'où la veine pourrait aller. La réputation de M. Bitterlin, sa grimace, et surtout l'enjeu respectable qu'il avait sur le tapis, attiraient les regards de son côté. Déjà trois ou quatre jolies personnes étaient venues lui emprunter cinq louis, et il les avait reçues comme un sanglier reçoit les chiens.

La noire passa pour la huitième fois, et laissa devant lui un total de cinq mille cent vingt francs.

Jamais, depuis sa première enfance, il n'avait assisté à un tel miracle. Cette multiplication de l'or le scandalisait assurément, mais l'émerveillait encore davantage. Cinq mille francs! Une année de son revenu, gagnée en quelques minutes par le seul caprice du hasard! Il éprouva une certaine satisfaction à ramener quelques louis qui s'égaraient à droite et à gauche. Certes il était fier de rester le spectateur désintéressé de cette bagarre: il plaignait au fond du cœur les malheureux qui haletaient autour de lui en attendant l'arrêt du sort. Mais, à tout prendre, il n'était pas fâché d'avoir vu les choses de près et ressenti le contre-coup d'émotions si violentes. Il pensa même un instant que, si le délire du jeu est parfois digne d'excuse, c'est dans ces gros coups qui apportent ou emportent une fortune entière. Déjà il entrevoyait dans le lointain une morale riche, bien différente de la morale pauvre qu'il avait pratiquée pendant soixante ans. Le capital étalé sous ses yeux envoyait à son cerveau des émanations inconnues, et ses idées prenaient comme une couleur nouvelle. Un des valets de l'établissement vint lui apporter une chaise. Il la refusa en disant qu'il ne jouait pas. Cependant, comme la chaise lui chatouillait imperceptiblement les jarrets et que l'émotion du spectacle faisait ployer ses jambes, il s'assit. Le banquier recommençait à jeter les cartes sur la table, et donnait à la noire 31 points, sans plus. M. Bitterlin remarqua la figure maussade de cet employé, qui avait sans doute un intérêt dans les profits de la banque. Il s'avisa qu'il y avait peut-être un plaisir noble et chevaleresque à dévaliser ces entreprises immorales et à les punir par où elles péchaient tous les jours. Et quand il eut dix mille deux cent quarante francs sous la main, il se considéra comme un champion de la vertu, qui avait remporté une victoire sur le démon du jeu.

Ces événements, si nouveaux dans la vie du capitaine, s'étaient accomplis en moins d'un quart d'heure ; il ne faut pas plus de temps à une banque bien taillée pour ruiner un homme ou l'enrichir Meo, chassé par la peur, ne s'était pas enfui à cent lieues. Le souvenir d'Emma, les grandes résolutions qu'il avait prises, et la nécessité de vaincre ou de mourir le ramenèrent bientôt sur le terrain. Il était dans le salon de la roulette, et il s'y battait les flancs pour se donner du courage, lorsqu'un joueur de sa connaissance lui dit en passant : « Hé bien ! voilà comme vous profitez de vos veines ? La main que vous avez coupée a déjà passé neuf fois ! » Il se souvint alors des vingt francs qu'il avait laissés sur la table. Quoiqu'il fût loin de soupçonner la fortune qu'il avait faite, il se glissa furtivement dans la foule qui entourait le trente et quarante, et il chercha des yeux son beau-père et son argent. Il les vit, l'un couvant l'autre, et il arriva juste à point pour entendre le banquier qui disait au capitaine : « Combien à la masse, monsieur, s'il vous plaît ?

— Je.... ne sais pas, répondit le capitaine, plus rouge qu'un cent d'écrevisses. Je.... ne joue pas. Mes.... principes....

— Vous savez, monsieur, dit un croupier voisin, que le maximum est de six mille francs. »

Tous les regards s'abattirent à la fois sur ce ponte audacieux qui jouait plus que le maximum, et M. Bitterlin se sentit ployer sous le poids de la curiosité publique. Il jeta un coup d'œil effaré autour de la salle dans l'espoir de rencontrer la figure de Meo, mais ne l'ayant pas trouvé, et voyant qu'on attendait sa décision pour tirer les cartes, il répondit d'une voix étranglée : « Six mille francs, monsieur. Je.... le crois du moins. Ce n'est pas moi.... »

Sa main tremblait. Il compta six billets de banque, les laissa sur la noire, et attira le reste à lui. Le contact de ce trésor lui donna une sorte de vertige. Un essaim de papillons dorés se mit à tourbillonner dans sa tête ; il se cramponna des deux mains à la table et ferma les yeux. Un bourdonnement de la foule le força bientôt de les rouvrir : la noire avait passé pour la dixième fois !

« Après tout, pensait le capitaine, je ne déroge point à mes principes, puisque je ne joue pas pour moi. Je ne joue pas même pour ce jeune homme, car je n'ai fait aucune combinaison. Je laisse son argent où il l'a mis, en retirant ce qui dépasse le chiffre réglementaire. Les croupiers se chargeraient de cette besogne, si je ne la faisais pas. » En attendant, le jeu marchait, sans même lui laisser le loisir de capituler avec sa conscience. La noire passa quatorze fois de suite, et il n'eut que le temps de ramasser six mille francs à chaque coup.

Meo, caché derrière M. Wreck, sentait des palpitations violentes. Éperdu de surprise et de contentement, il regardait croître sa fortune entre les mains du capitaine ; mais, dans son trouble, il ne savait plus s'il souhaitait de perdre ou de gagner. La somme pouvait devenir assez forte pour relever la maison de Miranda : restait à savoir si M. Bitterlin donnerait sa fille à un comte. Ne valait-il pas mieux qu'il perdît tout le gain de la soirée et laissât retomber l'heureux Meo sur la paille ? il n'aurait plus le droit de le chasser de sa famille, lorsqu'il l'aurait ruiné publiquement ! Quoi qu'il arrivât, M. Bitterlin aurait été l'associé de Meo, son homme de paille, son gérant, son compère, et, suivant certaines théories, son complice : quelle joie ! Les liens de cette force ne se rompent jamais ; on ne se refuse rien entre complices.

Au quinzième coup, ce fut la rouge qui gagna.

« Bon ! pensa Meo voici la débâcle qui commence. O bien-aimé capitaine, achève de me ruiner, et fais en sorte qu'il ne me reste pas un sou ! » Mais le capitaine était loin de raisonner ainsi. Sa première impression avait été de surprise et d'abattement. Le départ de cet argent, qui n'était pas à lui et qu'il n'avait pas le droit de perdre, le pétrifia. Une montagne de scrupules s'éleva en un instant dans sa conscience. Il se demanda s'il n'était pas civilement responsable du malheur qui venait d'arriver, et si l'étranger ne serait pas fondé à lui réclamer six mille francs. Il eut la bouche ouverte pour prier le banquier de remettre l'argent en place, alléguant l'absence du possesseur légitime. Notez de plus qu'un grand tumulte avait accueilli le triomphe de la rouge : le bruit de cent personnes parlant toutes à la fois n'était pas fait pour éclaircir ses idées. Il entendait dire autour de lui que c'était une fausse déveine, une ruse de la fortune pour déconcerter les joueurs ; que la noire était encore bonne pour dix coups ; qu'il y aurait folie à la déserter pour si peu. L'idée de regagner pour M. Narni la somme qu'il lui avait fait perdre, s'insinuait dans les replis de son cerveau. Il chiffonnait machinalement les billets de banque qui restaient entre ses mains, comme un général compte ses troupes fraîches au milieu d'une bataille. « Quoi ! disait-il en lui-même, j'ai gagné plus de trente mille francs avec un louis, et je n'essayerais pas d'en gagner six mille avec tout ce qui me reste ! Six mille francs ! une misère ! La noire est encore bonne ; tout le monde le dit. Qu'est-ce que M. Narni ferait à ma place ? Il jouerait. Il voudrait regagner ce que nous venons de perdre, et, après avoir regagné, il irait toujours en avant ! Moi qui suis sage, je ne risquerai qu'un seul coup pour récupérer les six mille francs qui nous manquent, et alors, bonsoir la compagnie ! »

Peut-être aurait-il suivi cette sage résolution s'il avait rejoint ses six mille francs dès le premier coup. Mais le banquier amena un refait, et prit la moitié des enjeux. M. Bitterlin lança des troupes fraîches sur le terrain, et le premier engagement lui fut favorable. Il revint à la charge, perdit, regagna, oublia ses idées de prudence et se jeta comme un aveugle au plus fort de la mêlée. Depuis longtemps il ne tenait plus en place, et sa chaise, repoussée par un mouvement énergique, s'en était allée bien loin derrière lui. Debout, les mains pleines d'or et de billets, il pontait à la rouge, à la noire, à la couleur, suivant son inspiration du moment. Sa figure avait pâli ; la sueur, en petites perles pointues, hérissait son front. A mesure que le banquier étalait les cartes, il comptait les points à demi-voix, sans souci du spectacle qu'il donnait à la galerie. Il pensait tout haut, et jurait quelquefois entre ses dents. Je vous réponds qu'il ne songeait plus guère à l'Italien et qu'il avait cessé de le chercher des yeux. Si Meo avait eu l'indiscrétion de lui apporter ses conseils, il l'aurait reçu à la pointe des baïonnettes. Son attitude, sa voix, son geste, tout en lui respirait la passion d'un énergumène ; vous auriez dit un amant désespéré qui fait violence à la fortune.

Il gagna souvent, il gagna beaucoup ; les billets de mille francs lui arrivaient par poignées. Il les froissait dans ses mains, il les fourrait dans ses poches, il les remettait en tas sur le tapis, tout par saccade et sans raisonner ses mouvements. On vit l'instant où la banque épuisait ses dernières ressources ; deux ou trois fois en une demi-heure, le public put croire qu'elle allait sauter.

Ami lecteur, avez-vous jamais chassé la gazelle ? C'est le plus doux, le plus inoffensif et le plus aimable des animaux. Son pelage appelle les caresses, et lorsqu'on voit sa jolie tête pensive et ses beaux yeux, il semble impossible de ne pas la baiser. Il n'y a pas, dans tout le genre humain, un être assez dénaturé pour vouloir du mal à si charmante créature.

Mais quand les chiens ont lancé la gazelle, quand les chevaux galopent sur sa trace à travers le sable brûlant du désert, le chasseur haletant éperonne sa monture, fait siffler sa cravache et demande à tous les vents de lui prêter leurs ailes. Rien ne l'arrête, ni les buissons, ni les rochers, ni les torrents, ni les ravins, ni la mort béante dans les fondrières. Il court à l'ennemi, il le fatigue, il le gagne, il l'approche, il le joint en criant de joie et de victoire ; il le saisit dans ses bras, il lui enfonce un couteau dans la gorge, et il assassine, avec un plaisir infini, un innocent animal qu'il caresserait dans un salon ou dans un jardin.

C'est ainsi que M. Bitterlin fit sauter la banque, malgré toutes les raisons qu'il avait de désapprouver le jeu.

XI

M. SILIVERGO.

Un immense applaudissement salua la défaite de la banque et le triomphe du capitaine. De tous les salons la foule accourut en tumulte autour de lui. Lui-même s'éclaira un instant de cette auréole radieuse qui couronne le front des vainqueurs, mais ce ne fut qu'une lueur passagère qui s'éteignit aussitôt. La fièvre, qui l'avait soutenu jusqu'à la fin de la partie, tomba tout à plat. La joie d'avoir gagné s'évanouit comme un songe, et les idées noires entrèrent dans son cerveau comme un cortége funèbre. Il se souvint qu'il avait manqué à ses principes, sous les yeux de mille témoins choisis dans l'Europe entière : qu'il avait démenti, quatre heures durant, les discours et les actions de sa vie ; et que s'il était encore Bitterlin sans peur, il n'était plus Bitterlin sans reproche. Sa conscience lui dit sèchement que tout l'argent qu'il avait gagné ne valait pas, à beaucoup près, l'honneur qu'il avait perdu. Il éprouva même une violente tentation de lacérer les billets de banque et de semer l'or à tous les vents pour donner à son escapade la couleur d'un exemple moral. Mais les droits de M. Narni, qu'il avait oubliés assez longtemps, lui revinrent en mémoire, et il se souvint avec un redoublement de mélancolie, qu'il avait fait de sa belle réputation une litière pour autrui. C'est pourquoi il prit une chaise et se rassit, plus sombre qu'un feu d'artifice éteint. Il vida ses poches sur la table et compta scrupuleusement la somme qu'il avait gagnée pour en rendre compte à Meo. L'addition faite, il tira un portefeuille de cuir un peu gras, et, sur la même page où il avait écrit un mois auparavant *voyage de plaisir, Suisse et Bade, premières, cent quarante et un francs cinquante,* il crayonna le chiffre imposant de cent vingt et un mille deux cent quarante francs ! Un vieux chroniqueur, arrivé de Paris le soir même, lut ce total par-dessus son épaule et se hâta d'en prendre note. Au même instant, M. Le Roy vint saluer le triomphateur lugubre et lui dit : « Les brebis sont-elles comptées ? » Il répondit en rougissant : « Oui, cent vingt et un mille, et quelque chose avec.

— A propos, cher monsieur Bitterlin, comment

vous appellerez-vous désormais? Vous savez que vous avez perdu votre nom ! »

Le chroniqueur écrivit à la hâte : *Bitterlin.*

« Je ne vous le reproche pas, poursuivit M. Le Roy. Vous êtes cause que j'ai gagné mon pari. L'Angleterre s'est exécutée noblement. Mais quel homme vous faites! quel aplomb! quelle tête! Je vous ai vu ponter comme Mithridate, roi de Pont. »

Le capitaine soupira profondément. « Je vous jure, dit-il, que je viens de jouer pour la première fois de ma vie : pour la dernière aussi. Ces cent vingt mille francs ont été gagnés avec un seul louis qui n'était pas à moi. Il y a de la fatalité dans cette affaire. Toute la somme appartient à M. Narni ; je la lui porterai dès ce soir, militairement. »

Pendant que M. Le Roy et la galerie poussaient des *Oh!* et des *Ah!* le chroniqueur persévérant mit sur ses tablettes : *Un louis; jamais joué; Narni.* Et au-dessous : *Mithridate, roi de Pont. Ponter.*

M. Bitterlin avait arraché péniblement du fond de son gosier l'explication confuse que vous venez d'entendre. Il était mal à l'aise : il déplaçait sa perruque à force de se gratter la tête, et chaque fois qu'il s'essuyait de son mouchoir, ses moustaches trempées de sueur y laissaient une tache bleuâtre. Tandis qu'on le regardait comme une bête curieuse, ses yeux faisaient incessamment le tour du salon comme pour y chercher quelqu'un. Il mâchait entre ses dents un petit choix de grossièretés à l'adresse d'une personne absente. Ses plus proches voisins, et même les plus éloignés, entendaient de temps en temps les mots de : « Gredin ! animal ! grand poltron ! nigaud ! Je te payerai, mais tu me le payeras ! »

Il leva la séance, mais un obstacle imprévu le retint à sa place un peu plus longtemps qu'il ne désirait. L'explosion de la banque avait retenti jusque dans le petit cercle aristocratique qui est, pour ainsi dire, le faubourg Saint-Germain de Bade. Au fond d'un salon écarté, par delà les salles de la Restauration, sept ou huit douairières de grand nom et de grande vertu s'adonnaient au plaisir d'écorcher le genre humain, lorsqu'un attaché d'ambassade leur apporta la nouvelle. Le démon de la charité s'empara subitement de ces dames. Elles éprouvèrent toutes à la fois certaine démangeaison de rançonner le gagnant au profit des hospices de la ville. Dans cette bonne pensée, elles se levèrent en masse, et leur troupe vénérable se transporta processionnellement jusqu'à M. Bitterlin. Le capitaine arrondit ses yeux en clou de coffre lorsqu'il s'entendit haranguer par ces demi-siècles. On lui tourna un petit compliment dédaigneux sur le bonheur qu'il avait eu ; on lui dit que si la religion tolérait le jeu, c'était à condition que le joueur partagerait son gain avec les pauvres ; on lui tendit enfin un sac à ouvrage en l'invitant à y laisser tomber les miettes de son opulence.

Il faillit étouffer, ce pauvre capitaine. « Mesdames, répondit-il.... mesdames.... je n'ai pas l'habitude des discours en public.... ni du jeu, croyez-le bien. Je suis un loyal militaire et un.... père de famille sans aucun vice. Des principes.... j'en ai autant que qui que ce soit, de.... quelque sexe et de quelque religion qu'il puisse être. Quant à l'argent, il n'est pas à moi ; je le jure sur cette étoile de l'honneur qui.... n'importe. Voilà cent sous de ma poche. C'est moi qui les donne, pour ne pas rester en affront. M. Narni fera, du reste, ce qu'il voudra.... si toutefois il lui convient de faire quelque chose. J'ai bien sincèrement l'honneur de vous saluer ! »

Il donna cinq francs à la quêteuse, se jeta tête baissée dans la foule, traversa le salon en ramant des deux coudes, et partit comme un furieux à la recherche de Meo. Le même public qui l'avait applaudi quelques minutes plus tôt le poursuivit d'un murmure assez impertinent, mais il n'y prit pas garde. Il tourna le dos au palais du jeu en jurant qu'on ne l'y reprendrait plus, traversa tout d'une haleine l'avenue de boutiques qui fait face à la Restauration, passa la rivière, et s'engagea dans les rues de la ville, sans savoir positivement où il allait. Après un quart d'heure de course effrénée, il s'aperçut qu'il était suivi. Un bruit régulier, qui semblait être l'écho de ses pas, l'accompagnait par derrière. Quelquefois même, après avoir dépassé un réverbère, il voyait une ombre interminable se profiler auprès de lui sur le pavé. L'ennemi devait être taillé pour la course, car il gagnait du terrain à chaque enjambée. M. Bitterlin le sentit enfin sur ses talons, et, comme un animal forcé par la meute, il fit tête. Il reconnut alors un de ses compagnons de voyage, M. Wreck.

Le citoyen de New-York lui tendit la main en ouvrant une grande bouche souriante.

« Bonsoir ! lui dit-il, cher monsieur Bitterlin. Vous courez comme Toby Flag, de Baltimore, qui m'a fait gagner deux mille dollars à Cincinnati. Mais où allez-vous ? Tous les hôtels de la ville sont de l'autre côté ; tous les hôtels.

— Ah ! répondit le capitaine abasourdi, c'est pour me dire ça que vous m'avez donné la chasse ? Merci tout de même.

— Oh ! je voulais aussi vous faire mon petit compliment. Vous jouez très-bien ; oui, artistement bien. Je joue aussi, beaucoup, très-fort.

— Je ne vous en fais pas mon compliment, monsieur.

— Vous avez raison, j'ai perdu aujourd'hui : mais la grosse bête d'Anglais a perdu encore plus que moi. Monsieur Bitterlin ?

— Monsieur ?

— J'admire beaucoup votre manière de jouer.

— Je ne joue jamais, monsieur !... ou du moins....

— Oui, j'ai entendu. Votre discours a été très-comique, en vérité. Voulez-vous venir à Hombourg avec moi ?

— Pour quoi faire, monsieur ?

— Pour jouer. Je mets cent mille francs et vous cent mille francs ; nous ferons sauter la banque. Hip !

— Hip ! vous-même. Monsieur, je vous répète que vous vous trompez sur mon compte. Vous ne me connaissez pas.

— Je connais que vous jouez très-bien. Gagnez-vous beaucoup dans un an ?

— Sacrebleu ! monsieur, je ne gagne jamais parce que je ne joue jamais, et je ne joue jamais parce que je suis un homme de principes, en d'autres termes, un honnête homme.

— Oh ! dans mon pays, monsieur Bitterlin, le plus honnête homme est celui qui gagne le plus d'argent.

— Alors, je vous conseille de vous vanter de votre pays ! Bonsoir, monsieur Wreck. A propos, savez-vous où loge M. Narni, le grand flandrin qui a fait route avec nous ?

— Le jeune homme ? Oh ! oui. Il ne joue pas si bien que vous, monsieur Bitterlin. Il a perdu toute la journée.

— C'est ça, plaignez-le ! Vous ne savez pas où il est descendu ?

— Oh! si. Il est à Victoria, comme moi.

— Vous auriez pu me le dire plus tôt. Il y a une heure que je vous le demande.

— Moi, je vous ai demandé si vous vouliez faire sauter la banque de Hombourg. Je voudrais beaucoup faire sauter.

— Eh quoi! monsieur, n'avez-vous pas un meilleur emploi de votre temps et de votre fortune? Le jeu, fléau des régiments, désespoir des familles....

— Oh! je sais. Vous l'avez déjà dit à Schaffhouse. Très-comique! oh! très-comique! La grosse bête d'Anglais vous a cru, et il a parié vingt livres. C'est bien fait : hip! Ceci est l'hôtel Victoria.

— Bien obligé. Bonne nuit je vous souhaite.

— Oh! je ne désirais pas dormir. Voulez-vous faire une partie dans ma chambre avec moi?

— Que le diable t'emporte! » murmura le capitaine en lui tournant le dos. Il revint l'instant d'après, et s'assura que Meo n'était pas rentré : sa clef était encore chez le concierge de l'hôtel. Il alluma donc un cigare et se promena dans la rue en attendant son créancier. Une petite pluie fine et pénétrante arriva fort à point pour assaisonner la promenade. De temps à autre il soufflait dans ses doigts mouillés. Il n'oublia pas non plus de regarder sa montre à cadran d'or, une fois environ toutes les dix minutes. On pouvait supposer que Meo soupait tranquillement à la Restauration ; mais le capitaine aima mieux l'attendre à sa porte que d'aller le chercher si loin. Il craignait de se perdre en route, et surtout de rencontrer des douairières.

Tandis qu'il faisait le pied de grue en épuisant tous les jurons de son répertoire, son futur gendre soulevait une émeute dans l'hôtel de Mlle Aurélia.

Meo n'avait pas perdu un détail de la célèbre partie. Caché derrière les épaules de M. Wreck, il vit monter le niveau de sa fortune jusqu'à l'heure où la rivière déborda. Il a confessé depuis, avec sa sincérité ordinaire, que le souvenir d'Emma lui avait été moins présent durant les sept ou huit derniers coups. Les jeunes filles de quinze ans ne lui pardonneront peut-être pas ce quart d'heure de distraction ; mais je vous jure, mesdemoiselles, qu'il ne songeait pas plus à ses finances qu'à sa maîtresse. Quoiqu'il vît une somme assez ronde entre les mains de son gérant, il ne s'occupait pas de racheter son nom, ses terres et ses tableaux : l'unique désir, le vœu le plus ardent de son cœur, était de voir sauter le dernier écu de la banque. Il était chasseur en ceci. Il y a des moments où l'on crèverait son meilleur cheval et soi-même pour arriver à la mort du renard ; ce n'est pas qu'on espère en manger.

Lorsque la bête fut par terre, il se donna le spectacle de la curée : toutefois il ne se montra point.

Il était trop délicat pour aller taper sur l'épaule du capitaine et lui dire : « Comptons ! » A quoi bon courir après une fortune qui ne manquerait pas de courir après lui ? Il tenait M. Bitterlin pour un homme aussi loyal que difficile à vivre, et il le croyait incapable d'une action malhonnête comme d'un procédé gracieux. Mais, s'il était sûr de son argent, il recommençait à douter de son bonheur. Les petites exclamations qui s'échappaient de la bouche du capitaine comme des oiseaux de mauvais augure le rassuraient médiocrement. Il les prenait pour lui, de confiance, sans même demander si elles étaient à son adresse. Il n'osait plus supposer que le père d'Emma, en apportant le gain de la journée, lui ferait don de sa fille par-dessus le marché. M. Bitterlin était plutôt d'humeur à dire, en lui jetant cent vingt mille francs au visage : « Cette fortune est à vous ; elle vous coûte un louis ; elle me coûte l'honneur. Et maintenant, bonsoir ! » Un tel règlement de comptes n'eût pas arrangé les affaires de Meo. Que faire en pareil cas ? Que répondre ? Quelle récompense offrir ? Quelle transaction ? Quel partage ? Le pauvre garçon se voyait déjà aux prises avec son féroce bienfaiteur.

Il tremblait de faire une maladresse ; il songeait qu'au premier mot impropre, M. Bitterlin le ferait sauter comme la banque. Ses résolutions énergiques étaient déjà bien loin. Il aurait fallu un regard d'Emma pour lui redonner du cœur. Mais il ne savait pas même où elle était descendue. Il savait seulement qu'il aurait maille à partir avec le capitaine avant la fin de la nuit.

Dans cette perplexité, il se souvint de la bonne grosse fée qui avait une fois déjà relevé son courage. Il se demanda même comment il n'avait pas songé plus tôt à consulter Aurelia. Les vieilles dames arrivaient justement à la rencontre de M. Bitterlin. Meo compta sur cette diversion pour masquer sa retraite, et il sortit.

Toutes les réflexions qui lui vinrent en chemin affermirent sa confiance dans les avis qu'il allait chercher. « Oui, disait-il en se frottant les mains et en doublant le pas, oui, cette aventure, cet argent doit tourner à notre profit et assurer notre mariage. Il y a quelque chose à faire. Quoi ? Je n'en sais rien. Emma non plus. Nous sommes trop amoureux ; quand on aime, on n'a plus d'idées. Aurelia seule est capable de nous tirer de là. Elle a de l'esprit; elle veut notre bonheur, chère Aurelia ! excellente Aurelia ! Aurelia, merci ! Vive la bonne Aurelia ! »

Chaque pas, chaque mot l'animait davantage, si bien qu'il arriva courant et criant à la porte de l'hôtel.

« Mademoiselle Aurelia ? dit-il au portier.

— Ils y sont.

— Le numéro, vite !

— Oui, monsieur, répondit l'Allemand, numéro 8, premier étage. »

Déjà Meo battait le tambour à coups de poings sur la porte du n° 8.

Pas de réponse. Il redoubla. Un bruit de meubles déplacés se fit entendre dans l'appartement. Meo frappa des pieds et des mains en criant comme un sourd : « Ouvrez, c'est moi ! »

Une basse taille un peu cassée répondit en italien « *Chi è?* »

— Ah ! » fit Meo rappelé tout à coup au sentiment de la réalité. Il reprit d'un ton plus mesuré, dans sa langue maternelle :

« Cher monsieur Silivergo, je suis bien aise de vous rencontrer. Ouvrez ! c'est moi, Bartolomeo Narni. Vous me connaissez bien.

— Je ne vous connais plus, répliqua la grosse voix.

— Ouvrez quand même, il le faut !

— Que voulez-vous ?

— Voir la signora Aurelia.

— Ce n'est pas l'heure des visites.

— Quelle heure est-il donc ?

— Minuit.

— Ouvrez toujours. Il faut que je parle à Mlle Aurelia.

— Elle est couchée.

— Ça m'est égal

— Mais, monsieur!...

— Ayez pitié d'un pauvre amoureux!

— Monsieur!...

— Bitterlin est arrivé; nous avons fait sauter la banque; il est furieux contre moi; je ne sais plus que faire, et si vous n'ouvrez pas, j'enfoncerai la porte. »

Il criait de si bon cœur que toute la maison s'était éveillée au bruit de sa voix. Huit ou dix voyageurs se tenaient sur le seuil de leurs portes, en demi-toilette et le bougeoir à la main. Les domestiques de l'hôtel arrivèrent à leur tour. L'un d'eux lui fit observer en allemand que l'heure était indue et les honnêtes gens couchés. Il méprisa cette remontrance, d'autant plus qu'il n'en comprenait pas un mot. L'Allemand essaya de s'expliquer par gestes. Meo bondit comme un tigre et lui dit : « Ah! pataud! tu lèves la main sur un Miranda! Je t'apprendrai ce qu'il en coûte! » Et, joignant l'action à la parole, il envoya le pauvre diable à quinze pas plus loin sur le tapis. La porte d'Aurelia s'ouvrit au même instant; ce n'était pourtant pas à la porte qu'il avait frappé.

« Monsieur, lui dit M. Silivergo, je vous reçois ici pour arrêter vos scandales, et parce que mademoiselle m'en a prié. »

Meo ne put se défendre d'un mouvement d'admiration pour l'imprimeur en costume de nuit.

M. Silivergo, court, voûté, pansu, habillé de blanc, ressemblait avec sa grosse voix à une trompe de chasse en argent massif. « Entrez, monsieur, dit le vieillard à son ancien correcteur, je vois que je ne me suis pas trompé en vous prédisant que vous finiriez mal.

— Entrez donc, pauvre enfant ! ajouta Mlle Aurelia, cachée tant bien que mal dans une robe de chambre. Vous avez bien fait de m'éveiller, si je puis vous être bonne à quelque chose.... M. Silivergo n'a pas le sens commun ; ne tenez aucun compte de ce qu'il vous dit. Parlez-nous de vos amours ! On est arrivé ? quoi de nouveau ? J'écoute. Vous, seigneur Géronimo, allumez toutes les bougies du salon ; nous n'aurons pas trop de lumières.

— Mais ma chère !... objecta le vieillard.

— Il n'y a pas de mais ! reprit-elle.

— Non ! pas de mais ! ajouta Meo. » Il raconta vivement à son ancienne amie les grandes nouvelles de la soirée. Lorsqu'elle sut que la banque avait sauté à son profit, elle fut prise d'un tel élan de joie qu'elle l'embrassa sur les deux joues. Le vieil imprimeur risqua une observation. « Taisez-vous ! lui dit-elle ; vous n'êtes qu'un égoïste !

— Certainement, dit Meo, un égoïste ! Vieillard, tu n'as jamais aimé ! » Ceci posé, il résuma la situation et attendit les conseils d'Aurelia.

Elle réfléchit quelque temps, et cacha sa tête dans ses mains comme pour mieux s'enfermer en elle-même. Lorsqu'elle découvrit ses yeux, ils étaient baignés de larmes. « Oui, mon enfant, dit-elle, ton bonheur est assuré. Il faut que le ciel te veuille du bien, puisqu'il fait de tels miracles en ta faveur. Mais qui est-ce qui ne t'aimerait pas ?

— Comment ? dit M. Silivergo.

— Taisez-vous ! » répondit-elle.

Meo se contenta de lever les épaules. Elle lui traça en quelques mots un plan de conduite qu'il adopta avec enthousiasme. « Plus de faiblesse, lui dit-elle en manière de conclusion. Ton avenir est dans tes mains ; c'est à toi seul qu'il appartient de le défendre. Sois inflexible comme une barre de fer.

— Contre qui? demanda M. Silivergo.

— Cela ne vous regarde pas, répondit-elle. Maintenant, cher Meo, tu n'as pas de temps à perdre. Il faut partir au plus tôt. Y a-t-il un train cette nuit?

— M. Silivergo va nous le dire, répondit Meo. Cher ami, prenez l'itinéraire des chemins de fer. »

Le vieillard obéit. Le premier train partait à une heure et demie du matin. « Vite ! dit-elle, tu n'as que le temps de courir à la gare. Demain, tu seras à Paris. Fais des barricades dans ta chambre, et attends de pied ferme.

— J'ai mes bagages à l'hôtel, dit Meo.

— Laisse-les; M. Silivergo te les enverra demain.

— Et ma note qui n'est pas payée !

— M. Silivergo la payera.

— Moi ? dit l'imprimeur.

— Sans doute ! A propos ! a-t-il de l'argent ?

— Non, mais ma place est réglée jusqu'à Paris

— N'importe ; tu ne peux pas t'en aller sans un sou. Monsieur Silivergo, prêtez-lui cinq cents francs.

— Que je lui prête !

— Dieu ! s'écria Meo, que vous avez la tête dure ! Craignez-vous qu'on vous fasse banqueroute ? J'ai gagné plus de cent vingt mille francs aujourd'hui même au trente et quarante !

— Alors comment avez-vous besoin de cinq cents francs ?

— Vous n'avez donc pas entendu ?

— Si !

— Alors vous n'avez pas compris ?

— Non !

— Eh bien, elle vous expliquera tout quand je serai parti. Mais donnez-moi d'abord cinq cents francs, car nous n'avons point de temps à perdre, et le train ne m'attendra pas ! »

Meo prit l'argent, embrassa Mlle Aurelia, embrassa M. Silivergo, embrassa le garçon qu'il avait assommé dans le corridor, et courut tout d'une haleine jusqu'à la gare du chemin de fer.

XII

LE CAFÉ DU PAS-DE-LA-MULE.

A deux heures du matin, la petite pluie, qui était devenue grande, fouettait toujours la figure du capitaine. Son dernier cigare venait de s'éteindre ; son répertoire de jurons, un des plus complets que le monde ait connus, tirait à sa fin. Mais il était bien décidé à rester en faction tant que l'Italien ne viendrait pas le relever. Enfin il aperçut au bout de la rue une forme humaine précédée d'un point lumineux. Il ne douta point que ce passant attardé ne fût l'homme qu'il espérait : quel autre était assez fou pour courir les rues d'un pareil temps et à pareille heure? Aussi marcha-t-il résolûment à lui pour le saisir au collet.

Le fantôme partit d'un grand éclat de rire et

s'écria en grasseyant beaucoup : « C'est vous, capitaine du trente et quarante léger ? A qui diable en avez-vous, mon brave homme ? Est-ce que vous dévalisez les simples particuliers sur la voie publique ? Je croyais que vous ne travailliez qu'en grand. Laissez cette modeste industrie aux pauvres décavés comme moi. C'est égal, je pourrai dire que j'ai été arrêté après souper par un homme qui venait de gagner cent vingt mille francs.

— Cher monsieur Le Roy, répondit le capitaine un peu confus, vous n'avez pas rencontré M. Narni ? Est-ce qu'il n'a pas soupé avec vous ?

— Non, seigneur ; il n'y avait que le prince, le duc, et deux satanés perdreaux, d'un dur ! On les a découpés avec un tire-bouchon. Narni doit être à l'hôtel. C'est étrange, ça dort !

— Il n'est pas rentré ; sa clef est encore là.

— Ah ! il n'est pas rentré ! C'est qu'il sera demeuré en chemin. Voyez-vous, capitaine de mon âme, quand un garçon comme nous oublie par hasard de rentrer chez lui, ses parents ne vont pas voir à la Morgue s'il est noyé.

— C'est que je ne voudrais pas me mettre au lit sans lui avoir rendu son argent.

— Quel argent ? Il y a donc du vrai dans cette invraisemblance ?

— Je ne mens jamais, monsieur ! La somme entière appartient à M. Narni.

— Quelle injustice ! Pourquoi pas à moi ? Il n'a pas joué, ni moi non plus. Une autre fois, capitaine, je veux que vous gagniez pour moi. Je vous fournirai les outils. Est-ce qu'il ne pleut pas un peu ? Montez chez moi, vous y serez mieux pour attendre.

— Merci ! j'aime mieux repasser demain.

— Bonsoir, alors. A propos ! monsieur Bitterlin, vous n'aurez pas besoin de doter votre fille.

— Q'entendez-vous par là, s'il vous plaît ?

— Dame ! c'est la banque qui paye ! J'en suis bien aise pour ce brave Narni.

— Je ne vous comprends pas.

— C'est la pluie qui vous crève les yeux. Vous n'ignorez point que le jeune homme est amoureux fou.

— Et de qui ?

— Pas de vous, bien sûr. Cherchez à côté, mon brave. M'est avis qu'il serrait de près la divine Emma.

— Monsieur !

— Oh ! je ne dis pas qu'il l'ait positivement compromise, mais enfin !

— Allez vous mettre au lit, monsieur Le Roy. J'espère que vous dormirez bien ; vous rêvez déjà.

— Pensez à ce que je vous ai dit !

— Pensez d'abord à ce que vous dites ! »

Il s'en alla tout songeur et tout mouillé. En traversant les couloirs de son hôtel, il entendit certain fracas dans une chambre. Un couple de décavés se querellait à huis clos, et les soufflets tombaient comme la grêle. Le plus surprenant de l'aventure, c'est que les combattants avaient la voix de M. et Mme Mœring. « Bon ! dit le capitaine ; quand il n'y a pas de grain au colombier, les pigeons se battent. Voilà les profits du métier de joueur ! Ces deux imbéciles ont perdu, et ils s'arrachent les yeux. Moi, j'ai gagné, et je voudrais me rosser moi-même ! »

Sa fille l'attendait dans une inquiétude mortelle. Je veux dire qu'elle attendait impatiemment des nouvelles de Meo. Il la gronda de n'être pas couchée, et lui intima l'ordre de se mettre au lit sans délai. La pauvre petite essaya de le désarmer à force de gentillesse. Elle lui tendit sa robe de chambre et ses pantoufles, et lui arracha la redingote qui s'était collée à son dos. Quand il fut tout habillé de sec, elle revint s'accroupir à ses pieds et faire ronron, comme une chatte, en lui baisant les mains malgré lui. Comme elle savait dans quelles intentions il était sorti après dîner, elle crut bon de flatter sa manie pour le faire causer un peu.

« Cher petit père, lui dit-elle, parle-moi donc de ce que tu as vu ! Est-ce beau, la Conversation ? Les salons sont-ils aussi dorés qu'on le dit? Y avait-il des toilettes? et ces affreux joueurs, quelles grimaces font-ils, lorsqu'on leur ôte leur argent? Tu as bien dû rire !

— Oui, oui, disait le capitaine en se rongeant les ongles, j'ai ri.... considérablement.

— A-t-on fait attention à toi? T'a-t-on remarqué? Leur as-tu bien fait voir la figure d'un homme sans défaut?

— Heu ! comme ça !

— Nos compagnons de voyage y étaient-ils? Sont-ils arrivés? M. Le Roy devait jouer gros jeu ? A-t-il fait sauter la banque ?

— Non..., pas précisément.... Je n'ai pas remarqué.

— Il y était pourtant ?

— Oui, oui.

— Il y était et il ne jouait pas ! C'est que tu l'as converti.

— Allons, va te coucher, ma fille ; il est deux heures et demie.

— Causons encore ! Je n'ai plus sommeil. As-tu vu le petit ménage allemand? Ceux-là n'ont pas joué, j'en suis sûr.

— Non, » répondit M. Bitterlin.

De quel droit les aurait-il dénoncés, quand il ne s'accusait pas lui-même?

« Mais alors personne ne jouait donc? J'espère

bien que M. Narni...? Celui-là est de ton école, c'est toi qui l'as formé.

— Un bel oiseau que j'aurais couvé là !

— Est-ce qu'il a joué?

— Je ne dis pas ça.

— Que je suis sotte ! Il n'est peut-être plus à Bade ?

— Si.

— Tu l'as vu ?

— Oui.

— Tu lui as parlé ?

— Non.

— Il ne t'a donc pas reconnu ?

— Va te coucher ! nous causerons demain tant que tu voudras.

— Demain, c'est aujourd'hui. Nous dormirons, si tu veux, jusqu'à huit heures. Alors, tu me donneras ton bras et nous ferons un grand tour dans la ville et les environs.

— Il pleut à verse.

— Heureusement, il ne pleut pas à la Conversation. Nous y passerons la journée. Quel bonheur ! Avoue que ce voyage m'a fait du bien ! Je suis cent fois plus gaie qu'auparavant ! Agathe ne me reconnaîtrait pas.

— Je vous ai défendu de me parler de cette créature. Allez dormir, à la fin : je le veux ! »

Il poussa l'enfant dans la chambre voisine, la

baisa sur le front et ferma la porte à double tour. Jamais semblable chose n'était arrivée depuis le commencement du voyage. Le capitaine avait l'habitude de pousser la porte tout contre, pour qu'Emma dormît sous la protection paternelle.

Ce renversement des usages ne passa point inaperçu. La jeune fille était trop éveillée par l'amour et le souci pour laisser échapper quelque chose. Elle se mit au lit en repassant dans sa mémoire tous les monosyllabes qu'elle avait arrachés à son père, et elle les commenta plus laborieusement qu'un oracle venu de Delphes. Sa bougie était soufflée depuis une heure, et son esprit travaillait encore. Elle comprit que M. Bitterlin ne reposait pas mieux qu'elle. La cloison des chambres était mince, et l'on entendait le capitaine s'agiter sur son lit comme un souffleur échoué à la marée basse. Une allumette grinça contre le mur, et un filet de lumière s'introduisit à travers la porte jusque dans la chambre d'Emma. L'instant d'après, son oreille tendue aux moindres bruits fut frappée d'un son métallique. Elle écouta à poings fermés; le bruit cessait, reprenait et s'arrêtait encore ; puis ce fut comme un froissement de papier, puis le tintement du métal recommença de plus belle. Emma n'était pas plus curieuse que toutes les personnes de son sexe. Elle se leva donc et marcha jusqu'à la porte sur la pointe de ses pieds nus. La clef était tournée de façon à boucher le trou de la serrure, mais la fente qui laissait entrer la lumière était assez large pour qu'un regard pût y passer Emma vit son père en tête-à-tête avec une somme énorme. Cette quantité d'or et de billets la fit frémir instinctivement. Elle n'avait aucune idée d'une telle richesse ; elle ne comprenait ni comment son père en était possesseur, ni par quels motifs il la portait en voyage avec lui, ni pourquoi il ne lui en avait jamais parlé, ni par quel hasard elle était restée si longtemps sans la découvrir. Au même instant, elle se rappela le dénûment du pauvre Meo. Cette montagne d'or lui parut un nouvel obstacle élevé entre elle et lui.

Un mouvement du capitaine la mit en fuite, et elle se jeta plus morte que vive entre les draps de son lit. La lumière s'éteignit dans l'autre chambre ; le capitaine ronfla ; les pendules sonnèrent quatre heures ; une lueur vague blanchit les rideaux : Emma ne dormait pas encore. Tous les coqs de la ville avaient chanté lorsqu'elle tomba dans un sommeil laborieux et plein d'angoisses.

Elle fut réveillée par une sérénade qui faisait trembler les vitres de l'hôtel. Au premier moment, son esprit alangui par la fatigue, demeura suspendu entre le rêve et la réalité. Il arrive souvent que le dormeur, au lieu d'ouvrir franchement les yeux, s'arrête et se retient sur la limite du pays des songes.

encadrant dans une fable improvisée l'événement qui est venu troubler son repos. Emma se figura qu'elle était à Saint-Denis, dans une classe surveillée par son père. Chaque élève avait devant elle des billets de banque reliés en volume ; la pluie fouettait les carreaux et ruisselait le long du verre en larges pièces d'or. Un bruit d'instruments se fit entendre, et toute la classe courut aux fenêtres. Emma vit passer un régiment, musique en tête. Le colonel se tourna pour lui envoyer un baiser, et elle reconnut la figure de Meo. Alors elle s'éveilla tout de bon, et elle entendit bien que l'orchestre était dans la cour de l'hôtel. Elle sauta hors de son lit pour voir passer Meo à la tête du régiment, mais elle n'aperçut qu'une vingtaine de musiciens en déroute, et son père qui les chassait en leur donnant de l'argent.

C'est pour le coup qu'elle crut rêver et qu'elle se pinça pour savoir si elle ne dormait plus. Jamais, depuis son enfance, elle n'avait vu M. Bitterlin si contraire à la musique ; jamais surtout elle ne l'avait connu si généreux. Elle se promit de lui demander le mot de cette énigme aussitôt qu'il remonterait. Mais il sortit à la suite des musiciens et ne reparut point avant midi. Les deux portes d'Emma étaient toujours fermées.

Le capitaine rentra par sa chambre. Il semblait si farouche que sa fille n'osa plus lui parler de rien.

Un garçon de l'hôtel le suivit de près, avec un déjeuner tout servi. La veille encore, on avait dîné à table d'hôte. Emma fit observer au dessert que le temps revenait au beau et qu'on pourrait courir la ville. M. Bitterlin répondit sèchement que c'était impossible. « Nous allons faire nos paquets, dit-il, et retourner à Paris »

A ce jugement sans appel, l'enfant ne put répondre. Elle ne doutait pas que son secret ne fût trahi. La seule chose qui l'étonnât un peu, c'était de n'être point battue. Elle ferma ses cartons et descendit avec son père, à la grâce de Dieu. Au bas de l'escalier, elle remarqua que les gens de l'hôtel s'étaient rangés en ligne pour la voir passer. Dans l'omnibus du chemin de fer, les voyageurs attachèrent leurs yeux sur elle avec une fixité gênante. A la gare, l'employé des passe-ports fit une exclamation en lisant le nom de Bitterlin.

Les wagons allemands les transportèrent, cahin-caha, jusqu'au pont de Kehl. Le capitaine ne s'était pas déridé en chemin. Emma lui rappela timidement qu'il avait promis de lui montrer la cathédrale de Strasbourg. Il répondit d'un ton qui n'admettait pas la réplique : « Elle est en réparation ! »

« Allons, pensa la pauvre fille, il m'emmène chez nous pour me tuer, c'est sûr. » Elle essaya de gagner du temps à Lunéville : le capitaine avait annoncé qu'il y ferait quelque séjour. Mais il déclara que le pays était malsain, dévasté par la rougeole, et que pour rien au monde il ne s'arrêterait là. A l'embranchement de Châlons, il dit que le camp n'offrait plus rien de curieux, et que les grandes manœuvres étaient terminées. Emma se résignait comme Iphigénie, et faisait ses adieux à la douce lumière du soleil. Elle entra dans la maison de la rue des Vosges comme dans un tombeau prêt à la dévorer.

Quelle ne fut pas sa surprise lorsqu'elle vit l'appartement de son père encombré de fleurs nouvelles ! Les cheminées, les tables, les lits étaient chargés de gros bouquets. Ce luxe aimable de l'été changea subitement le cours de ses pensées. Elle se moqua de la peur qu'elle avait eue ; elle en rougit même, et elle sauta au cou du capitaine pour le remercier et lui demander pardon. Mais Agamemnon détourna tristement la tête, et la victime comprit que l'autel était paré pour un sacrifice.

Cependant huit jours s'écoulèrent sans qu'elle vît la pointe du couteau. Son père la traitait bien, s'il ne lui souriait guère. Il déjeunait à la maison avec elle, et la menait dîner au restaurant. Peut-être ne voulait-il pas égorger une victime maigre. Il l'enfermait toute seule une bonne partie de la journée, tandis qu'il allait à ses affaires ; et, depuis son retour, il était l'homme le plus affairé de tout Paris.

Pauvre capitaine! Il expiait chèrement le plaisir d'avoir fait sauter la banque. La sérénade des musiciens badois et les bouquets des dames de la Halle étaient les moindres de ses ennuis. L'argent de Meo lui pesait horriblement; il lui tardait de le rendre au propriétaire, mais le propriétaire ne se retrouvait pas. Les gens de l'hôtel Victoria lui avaient dit d'abord que Meo n'était pas rentré, puis qu'il était parti sans laisser son adresse. M. Le Roy ne connaissait point le domicile de son nouvel ami. Toutes les démarches de M. Bitterlin dans Bade n'avaient servi qu'à le faire montrer au doigt; aussi s'était-il gardé de promener Emma dans une localité si ridicule.

Depuis son retour, il avait usé le pavé de Paris sans trouver l'adresse qu'il cherchait. Que ne la demandait-il à sa fille? Mais on ne s'avise pas de tout. Il avait couru les promenades, les théâtres et tous les lieux publics, dans l'espoir d'y rencontrer son homme. Il avait même découvert le bois de Boulogne, comme Christophe Colomb découvrit l'Amérique en cherchant la route des Indes. Il avait dépensé plus d'activité à la poursuite de cet amoureux qu'aucun amoureux n'en déploya jamais sur la trace de sa maîtresse. L'Almanach du commerce lui fit faire la connaissance de trois Narni, tous fumistes : aucun des trois n'était le Narni qu'il lui fallait.

Tandis qu'il s'épuisait en démarches inutiles, sa porte était assiégée par ces solliciteurs faméliques qui courent à l'argent comme les frelons au miel. Lettres et visites affluaient chez lui tous les matins : quelles lettres, bons dieux ! et quelles visites ! Un fondateur de compagnie anonyme lui offrait une place de deux cent mille francs, moyennant un cautionnement de soixante mille. Un commandeur d'ordres inconnus lui proposait un grand cordon presque semblable à celui de la Légion d'honneur. Dix inventeurs sans souliers se faisaient forts de tripler son capital en quinze jours. Il n'a tenu qu'à lui de fonder le café de potiron et le sucre de haricots rouges ; l'ombrelle-pipe, le piano-toilette et le schako-marmite, ustensile précieux dans la paix, arme incomparable dans les batailles. Il se demandait par quel miracle ou par quelle trahison tout Paris avait appris en même temps sa nouvelle fortune ; il ne tarda guère à le savoir.

Huit jours après son arrivée, il entra par hasard dans ce café du *Pas-de-la-Mule* où il s'était amusé quelquefois à prendre Sébastopol. C'était le soir, vers dix heures, au moment où tous les piliers d'estaminet sont à leur poste. Les billards étaient occupés et les tables garnies ; la bière moussait dans les chopes, et la fumée des pipes montait au plafond. Quand la silhouette du capitaine se dessina dans le brouillard fétide, son nom sortit de vingt bouches à la fois. Les cuillers, les couteaux, les pipes, frappèrent en cadence sur la porcelaine des tasses et le verre des bouteilles ; un hymne grotesque s'éleva dans l'air. L'élite des habitués se leva de table et lui apporta ses compliments avec une certaine solennité. Le maître de l'établissement, une bouteille dans la main gauche et un petit verre dans la droite, sollicita l'honneur de lui offrir quelque chose. La demoiselle du comptoir le regarda favorablement.

« Morbleu ! s'écria-t-il en faisant trois pas en arrière, me direz-vous enfin ce que tout cela signifie ? »

Tout le monde répondit à la fois que la modestie lui allait bien, mais que sa belle conduite, son désintéressement, sa magnanimité feraient le tour du monde malgré lui, sur l'aile noire et blanche des journaux. Et le patron du café s'en alla prendre dans son tiroir une grande feuille déchirée en plusieurs endroits et couverte de mille souillures : « Lisez lui dit-il. J'ai conservé le numéro dans mes archives. Ces messieurs parlaient de jouer une poule pour le faire encadrer ; car c'est la gloire d'un café d'avoir un consommateur comme vous.

— Vive M. Bitterlin ! crièrent trois gamins qui jouaient au billard. »

Le capitaine se jeta sur une chaise et lut en haussant les épaules un long article intitulé *Chronique de Bade*.

L'auteur commençait par un long développement, en style de chronique, sur les étés de Paris. Il racontait que tous les Parisiens étaient à la campagne pour cueillir des roses trémières, des chrysanthèmes et des lilas ; qu'il avait parcouru les boulevards depuis la Madeleine jusqu'à la Bastille sans rencontrer autre chose que des princes russes et des marchands de coco. « C'est pourquoi, disait-il, je suis venu à Bade écrire mon courrier de Paris, tandis qu'un rédacteur de *l'Abeille du Nord* arrivait à Paris pour faire son courrier de Pétersbourg. »

M. Bitterlin parcourut rapidement une tirade assez nouvelle sur les chemins de fer qui ont remplacé les coucous, et que les coucous remplaceront un jour, en vertu de la rotation universelle. Il sauta cinquante lignes de menue philosophie pour arriver plus vite à ce qui le concernait :

« Bade est une ville de carton, que M. Bénazet a commandée, il y a quelques années, aux décorateurs de l'Opéra. Il la fait repeindre tous les printemps pour que l'illusion se soutienne. Le côté *cour* est à la fois grandiose et patriarcal ; le côté *jardin* ne manque pas de fraîcheur. On aperçoit autour de la Conversation des praticables de verdure, où je m'attends toujours à voir paraître M. Petitpa portant Mme Ferraris sur le bout du doigt. Le ciel laissait à désirer le jour de mon arrivée. En débarquant, j'ai cru y voir une tache d'huile occasionnée par la chute d'un quinquet : mais le soir, en rentrant chez moi, j'ai vu que je m'étais trompé : ce n'était que de l'eau.

« Les salons sont très-animés. L'élite de la société européenne s'y est donné rendez-vous pour toute la saison, et elle s'est tenu parole. Sous ces lambris dorés (vieux style) j'ai eu le plaisir de serrer la main au duc de*, au prince de**, au célèbre baron***, et de baiser les doigts finement gantés de la divine marquise****.

« Vous seriez bien attrapée, ma jolie lectrice, si je ne disais rien des tables de jeu. Rassurez-vous. Je suis arrivé juste à temps pour assister au plus curieux phénomène que l'histoire météorologique de Bade ait enregistré depuis vingt ans. La banque a sauté sous mes yeux. Ne vous effrayez pas du mot. Depuis cet événement tout le monde se porte bien, même la banque.

« Mais ce miracle s'est produit dans des conditions si exceptionnelles, et, j'ose le dire— si morales !!!— qu'il est de mon devoir de le rapporter ici. Prêtez-moi votre petite oreille rose ; vous verrez que le jeu, dont on médit tant, a quelquefois sa haute moralité.

« La maison N...i, une des plus honorables de Paris, était sur le point de suspendre ses payements, faute d'une somme de cent mille francs qu'elle avait à verser le 1er septembre.

« Le comptable de MM. Na..i, ancien officier d'infanterie, vint trouver ses patrons et leur dit :

« Il y a peut-être un moyen de vous sauver.

« — Est-il possible ?

« — Je le crois.

« — Dites !

« — Voici : Payez-moi mon voyage jusqu'à Bade.

« — A Bade !

« — Précisément. De plus, donnez-moi un louis, que vous aurez pris dans la caisse.

« — Pour...?

« — Pour que je le joue au trente et quarante.

« — Un louis !

« — Pas davantage. Quelque chose me dit que je gagnerai cent mille francs. »

« On crut qu'il était devenu fou.

« Son attachement à ses patrons justifiait cette hypothèse.

« Mais il ajouta d'un ton convaincu :

« Je n'ai jamais joué ; je dois avoir la main heureuse. De plus, le ciel ne peut pas permettre que la maison N..ni périsse faute de cent mille francs. »

« Sa confiance ébranla l'esprit de MM. N.r.i.

« On lui donna de quoi payer son voyage.

« On ajouta un louis, pris dans la caisse.

« Il partit.

« Le vendredi 17, il arrivait à Bade, et, sans même descendre à l'hôtel, il courait à la Conversation.

« Une heure après, la banque avait sauté, à la suite d'une série de noires.

« Une heure plus tard, l'heureux et fidèle comptable reprenait le chemin de fer de Paris sans avoir ni bu ni mangé, mais porteur de cent vingt-un mille deux cent quarante francs.

« On assure que MM. Na..i avaient fait dans l'intervalle des rentrées importantes, et qu'ils ont forcé Bitterlin à garder la somme pour s'acheter des gants.

« Ce grand homme inconnu s'appelle Bitterlin.

« Je l'ai vu à la table de trente et quarante. Il pontait royalement, comme Mithridate, roi du Pont.

« C'est un vieillard de soixante-cinq à soixante-dix ans, petit, laid et commun.

« Mais l'étoile de l'honneur brille sur sa poitrine.

« Il en est digne. »

XIII

OÙ MEO REFUSE LA MAIN D'EMMA

A dater de cette soirée, M. Bitterlin ne dormit plus. Son nom pur et sans tache, ce nom qui aurait pu être celui d'un maréchal de France, et qui avait été, faute de mieux, le nom d'un homme de principes, il le voyait livré par les journaux à la curiosité publique. Il pensait avec épouvante que l'univers entier allait parler de lui comme d'un manieur de cartes. Les détails ridicules où l'on avait encadré son aventure le feraient placer un jour ou l'autre dans quelque galerie de joueurs célèbres. A peine s'il osait regarder la devanture des marchands d'images, tant il avait peur d'y trouver son portrait. Et sa fille, que dirait-elle lorsqu'elle saurait la conduite qu'il avait tenue? Quel respect conserverait-elle pour son autorité?

Pour comble de disgrâce, M. Narni ne se retrouvait pas, et les écus de la banque attendaient toujours leur maître. Le capitaine sentait que sa conscience pèserait cent livres de moins le jour où ses mains seraient lavées de tout cet argent.

Dans sa douleur, il s'avisa d'implorer l'assistance de la police. Il avait connu des temps où les agents de la sûreté publique intervenaient volontiers dans les affaires particulières, et il ne supposait pas que rien fût changé dans le monde depuis le ministère de Fouché. Il s'engagea donc un beau matin dans les labyrinthes de la Préfecture, et, vers la fin du jour, après une odyssée mémorable, il vint échouer comme une épave au bureau des objets perdus. L'employé qui le reçut ne put s'empêcher de sourire en entendant sa requête. « Monsieur, lui répondit-il, le service que vous réclamez n'est pas de notre compétence ; personne ici ne vous le rendra, quel que soit le prix dont il vous plaise de le payer. Où en serions-nous, grands dieux ! s'il nous fallait entreprendre un métier semblable ? Vous n'ignorez pas qu'une moitié de Paris passe sa vie à chercher l'autre. La ville est pleine de créanciers qui cherchent leurs débiteurs, d'amants qui cherchent leurs maîtresses, de jaloux qui cherchent leurs femmes, d'industriels qui cherchent des bailleurs de fonds, de filous qui cherchent des dupes, d'offensés qui cherchent leurs offenseurs pour les régaler d'un coup de pied par derrière. Sans doute il nous serait fort agréable d'obliger les honnêtes gens qui se cherchent, en leur fournissant l'occasion de se rencontrer ; mais nous ne savons pas lire dans les cœurs, et avec la meilleure volonté du monde nous amènerions quelquefois d'assez méchants résultats. Vous me demandez l'adresse d'un M. Narni ; je veux croire que ce n'est pas pour lui faire du tort. Mais si un autre Narni venait demain s'informer de votre domicile pour écrire des billets doux à madame votre femme ?

— Heureusement, monsieur, ma femme est morte, et d'ailleurs....

— Excusez-moi, je parlais en général. Disons, si vous voulez, qu'un Narni quelconque a l'intention de s'introduire chez vous pour vous débarrasser de votre argent.

— Plût au ciel ! Écoutez-moi, monsieur, et jugez si mes vues sont honorables. Je cherche M. Narni pour lui remettre une somme de cent vingt mille francs.

— Alors vous n'avez pas besoin de nous. Publiez un avis dans les journaux, et M. Narni, si je ne me trompe, ne se fera guère attendre. Il en viendra plutôt deux qu'un, et je vous estime fort heureux si vous n'en voyez pas arriver quelques douzaines.

— Eh ! l'affaire n'est que trop publique, et ces

coquins de journaux en ont déjà parlé plus qu'il ne fallait ! Adieu, monsieur, je m'aperçois que j'ai trotté pour le roi de Prusse. Mais je ne suis pas fâché d'avoir vu que, dans votre préfecture comme partout ailleurs, il y a bien des choses à critiquer. »

En rentrant à la maison, il trouva un billet anonyme ainsi conçu :

« L'homme que vous cherchez demeure à votre porte. Allez demain matin rue Culture-Sainte-Catherine, n° 4, et vous le surprendrez au lit. »

C'était Meo qui se dénonçait lui-même pour hâter la marche des événements.

Le lendemain à neuf heures, le capitaine bourra cent vingt-un mille francs dans ses poches et se promena tout guilleret autour de l'appartement. Il y avait des années que sa fille ne l'avait vu de si belle humeur. Il se frottait les mains et s'arrêtait de temps à autre pour faire craquer les articulations noueuses de chaque doigt. Je crois même, Dieu me pardonne ! qu'il fredonnait quelque chose entre ses dents. Emma ne comprenait rien à cette expansion de gaieté ; elle fut encore bien plus étonnée lorsqu'il lui dit en l'attirant par le menton : « As-tu des commissions pour M. Narni ? Je le verrai ce matin. » Ce qu'elle répondit, elle ne l'a jamais su elle-même : elle avait un nuage devant les yeux et une ruche dans chaque oreille. Mais le capitaine ne prit point garde à cet embarras. Il mit son chapeau de travers, ferma les portes avec un joyeux bruit, et descendit l'escalier jusqu'au bas en faisant sonner sa clef contre la rampe.

Cinq minutes après, il entra sans frapper dans la chambre de Meo. L'Italien l'attendait de pied ferme, quoique étendu de tout son long entre les draps d'un mauvais lit. Depuis quinze jours qu'il était revenu de Bade, il avait pu compléter le plan de campagne esquissé par Aurelia. Il s'était armé de toutes pièces pour une affaire décisive ; ses arsenaux de ruse et de courage étaient au grand complet.

« Parbleu ! cria le capitaine en sautant à cheval sur une chaise, vous pouvez vous vanter de m'avoir fait courir !

— Hein ? qu'est-ce ? qui va là ? » répondit-il en étirant ses bras et en se frottant les yeux. Il se leva sur son séant et dit, avec une joie qui paraissait naïve : « C'est vous, monsieur Bitterlin ! Quelle aimable surprise ! Je suis vraiment touché que vous vous souveniez de moi !

— Mon jeune ami, commença le capitaine...

— Merci de cette bonne parole ! interrompit l'Italien. Ah ! c'est que vous ne m'aviez pas accordé votre amitié du premier coup ! Permettez-moi de vous serrer la main.

— C'est bon, c'est bon !

— Vous vous êtes toujours bien porté depuis notre dernier adieu ? Mlle Bitterlin est en bonne santé ?

— Oui. Je suis venu pour vous parler d'affaires.

— D'affaires, à moi ? Vous me prenez pour un autre assurément.

— Ta, ta, ta ! moulin à paroles ! Causons peu, mais causons bien.

— Mon respectable ami, je suis tout oreilles.

— Vous souvenez-vous de m'avoir rencontré à Bade, autour du tapis vert ? »

Meo se cacha la tête sous sa couverture comme un enfant pris en faute. « Écoutez-moi, dit-il, mon cher capitaine. Je ne suis pas joueur, et, si je l'avais été, vos belles paroles, qui sont toujours présentes à ma mémoire, m'auraient guéri de ce défaut. Mais je suis faible et facile à entraîner. On fait de moi tout ce qu'on veut, vous le savez bien. Si j'avais servi sous les ordres de l'empereur ou sous les vôtres, je serais peut-être devenu un héros ; si j'étais tombé sous la direction de Cartouche ou du Passatore, j'aurais mal fini, selon toute apparence. J'ai fréquenté à Bade une compagnie de joueurs. Mes amis étaient au jeu depuis le matin jusqu'au soir. Que voulez-vous ? je me suis laissé entraîner par l'exemple. Mais au moins vous me rendrez cette justice qu'en vous voyant entrer dans le salon, j'ai rougi de ma conduite. Je me suis rappelé notre conversation de Schaffhouse ; j'ai craint une de ces remontrances paternelles que votre amitié naissante ne me ménageait pas. Que vous dirai-je encore ? Je me suis sauvé devant vous, comme la faiblesse devant la force, la folie devant la raison, le vice devant la vertu !

— Hum ! » fit le capitaine en se grattant la nuque. Il reprit timidement : « Vous avez oublié vingt francs sur le tapis.

— Vingt francs ? Ma foi, c'est bien possible. J'étais assez troublé :

— Je vous les rapporte, vos vingt francs.

— Vous, capitaine ! C'est trop de bonté, sur ma parole ! Mais la leçon est excellente, et je vous remercie de tout mon cœur.

— Je vous les rapporte avec l'argent qu'ils ont gagné.

— Quelle plaisanterie ! mes vingt francs ont gagné quelque chose !

— Ils ont gagné cent vingt-un mille deux cent quarante francs que voici. » Il se mit en devoir de vider ses poches sur la petite table de bois blanc. Meo le regardait faire avec une stupéfaction bien jouée. « Maintenant, mon jeune ami, poursuivit le capitaine, je vous souhaite le bonsoir. »

Meo le saisit par le pan de sa redingote : « Un instant ! lui dit-il. Faites-moi la grâce de vous expliquer ! Vous tombez ici pendant mon som-

moi!! Cet argent...! Racontez-moi comment la chose s'est passée et prouvez-moi que je ne rêve pas!

— C'est bien simple pourtant. Vos vingt francs étaient là pour gagner, n'est-il pas vrai? Ils ont rencontré la veine, et ils ont gagné. J'ai bien l'honneur....

— Comme ça? tout tranquillement? sans changer de place? mon pauvre louis a gagné une somme...! Capitaine, vous vous moquez de moi.

— Vous voyez bien que non.

— Je ne vois rien du tout. Était-il à la rouge ou à la noire?

— A.... la noire, si je ne me trompe.

— Mon Dieu! capitaine, pardonnez-moi d'arrêter si longtemps votre esprit sur des choses qui vous répugnent; mais combien de fois la noire a-t-elle donc passé?

— Ah! vous en demandez trop. Je ne sais plus, moi.

— Au fait, le calcul est facile. Voulez-vous me donner un crayon et une feuille de papier? vous avez tout cela sur ma table. Là, vous y êtes. Merci bien.

— Attendez! je crois me souvenir que la noire a passé quatorze fois.

— Bravo! mais si elle a passé quatorze fois, je ne trouve plus mon compte. Un louis, doublé quatorze fois par lui-même, fait trois cent vingt-sept mille six cent quatre-vingt francs.

— Est-ce que vous me prenez pour un voleur ?

— Oh ! capitaine ! Mais j'y songe ! il y a un maximum que les joueurs ne peuvent jamais dépasser. Voilà qui arrange tout. De combien est-il, ce maximum ? six mille francs, je crois ?

— Peut-être bien, répondit le capitaine en s'essuyant le front.

— Là, j'ai terminé mes chiffres. Au neuvième coup, ce louis avait gagné à lui tout seul dix mille deux cent quarante francs et dépassé le maximum. Il a fallu l'aider à gagner le reste : on l'a débarrassé de quatre mille deux cent quarante francs. Quel est l'honnête homme qui a fait cela ?

— C'est moi. J'étais là, et....

— Vous lui avez donné un joli coup de main. Pour lors donc, vous avez continué dans le même ordre, en retirant six mille francs à chaque coup ?

— J'étais là, et j'ai cru bien faire....

— Vous êtes le meilleur des hommes. Mais savez-vous qu'à six mille francs le coup, il faut gagner dix-huit fois et un tiers pour arriver à cent dix mille francs ? Dix huit et neuf font vingt-sept ; la noire a donc passé vingt-sept fois et un tiers sans aucune interruption ?

— Je ne dis pas....

— Ah ! La rouge a fini par gagner ?

— Dame, oui.

— Et alors, j'ai perdu ?

— Sans doute.

— J'aime à croire que quelqu'un a pris la peine de payer pour moi ?

— Je me trouvais là, et....

— Merci. Mais il est impossible que je me sois tenu obstinément à la noire. Est-ce que je n'ai jamais mis à la rouge ?

— Peut-être bien.

— Mon argent n'y est pas allé tout seul ; on l'a aidé. Qui ?

— Je me trouvais là....

— Mais si vous étiez là, capitaine, si vous avez placé, déplacé, retiré, payé, touché l'argent, c'est vous qui avez joué, c'est vous qui avez gagné, donc la somme est à vous ; donc rendez-moi mes vingt francs et remportez le reste.

— Monsieur, vous connaissez mes principes. Je méprise le jeu, donc je ne joue pas, donc je ne gagne pas, donc je n'accepte pas un gain qui me ferait honte. J'ai pu, dans un moment d'oubli, m'intéresser au spectacle d'une partie et même, si vous le voulez absolument, aider le hasard qui vous enrichissait. Mais une étourderie innocente parce qu'elle est désintéressée deviendrait une faute honteuse si j'en tirais aucun profit.

— Monsieur, je comprends quels sont vos motifs pour rejeter cette somme, mais je trouve au moins surprenant que vous cherchiez à vous en débarrasser sur moi. J'ai oublié vingt francs sur une table de jeu, soit ; mais je ne vous ai pas prié de les jouer à ma place. Je n'étais pas votre associé, je n'avais pas même l'honneur d'être compté au nombre de vos amis : qu'y avait-il de commun entre nous? Si, après avoir apporté quelques billets de mille francs dans vos mains, mon louis vous avait entraîné à perdre vos culottes, auriez-vous bonne grâce à venir me prendre les miennes? »

M. Bitterlin rentra un instant en lui-même. Il ne s'était pas attendu à pareille réception. Dans son empressement de déposer le fardeau qui lui pesait, il n'avait pas prévu qu'un jeune homme pauvre refuserait une fortune toute trouvée; qu'un garçon docile et soumis lui tiendrait tête ; qu'un esprit médiocre raisonnerait plus vivement et plus solidement que lui. Pris au dépourvu par son adversaire, il se jeta dans des arguments tout personnels et d'une faiblesse déplorable. « Mon jeune ami, dit-il, considérez que j'ai le double de votre âge, que toute ma vie j'ai mal parlé du jeu, et que je n'oserais plus me regarder dans ma glace si je devais y voir la figure d'un homme enrichi par les cartes.

— Mon cher monsieur, répondit Meo, si vous pensez que l'argent du jeu soit désagréable à garder, pourquoi voulez-vous me faire un si méchant régal ?

— Parce qu'il est à vous ! Me croirez-vous, si je vous jure qu'en mon âme et conscience c'est pour vous que je jouais ?

— Me démentirez-vous, si je vous rappelle que je ne vous avais pas donné pouvoir pour cela ?

— Je ne me serais pas exposé à gagner si j'avais cru qu'il m'en reviendrait un centime.

— Si, demain ou après, je venais vous dire : J'ai tué un voyageur sur la route de Saint-Denis avec un couteau qui vous appartenait ; je lui ai pris tout ce qu'il avait sur lui. Dans mon âme et conscience, c'est pour vous que je travaillais ; acceptez donc cette montre et cette bourse, elles sont bien à vous. Mes principes désapprouvent l'assassinat, et je n'aurais jamais commis une action si blâmable si j'avais pu supposer qu'elle me rapporterait un liard. Vous me répondriez : Gredin ! va te laver à la rivière, et ne t'essuie pas à mon habit.

— Comparaison n'est pas raison, monsieur Narni ; vos subtilités pourront m'embarrasser, mais jamais me convaincre. Cet argent vous appartient, il est chez vous, faites-en des choux et des raves; quant à moi, j'ai rempli mon devoir. et je vous tire ma révérence. »

Là-dessus, il gagna la porte et s'enfuit comme

un larron. Meo n'était pas assez vêtu pour le poursuivre. En sortant de la maison, le capitaine faillit culbuter son ancienne cuisinière qui venait faire le ménage ; mais il n'eut pas le loisir de la reconnaître. Il s'en retourna chez lui et déjeuna comme quatre, sans toutefois dire à sa fille les raisons qu'il avait d'être soulagé. Toute cette journée fut consacrée au plaisir : il mit Emma dans une voiture et lui montra les embellissements du bois de Vincennes, en lui contant l'histoire du château. On dîna sur le seuil d'un restaurant champêtre, sous des arbres poudreux qui sentaient une forte odeur de lapin. Cette petite débauche se prolongea si avant dans la soirée, que le père et la fille ne rentrèrent pas chez eux avant dix heures.

Emma s'était déjà retirée dans son petit coin, et elle se creusait la cervelle sans rien comprendre aux événements de la journée, lorsqu'un juron formidable ébranla la chambre du capitaine. Elle y courut ; son père lui jeta la porte au visage en criant : « N'entre pas ! » Et le tintement des pièces d'or, et le bruit des billets froissés arriva pour la seconde fois à son oreille. M. Bitterlin avait trouvé cent vingt-un mille deux cent vingt francs sur le pied de son lit.

Il remit le trésor dans ses poches, coucha sa fille, ferma tout à double tour, querella le portier qui n'avait vu monter personne, et se transporta d'un seul bond au domicile de Meo. Cette fois, l'Italien dormait sincèrement ; pour le mettre sur pied, il fallut un quart d'heure de tapage nocturne.

« Il paraît, lui dit le capitaine, que vous ne m'attendiez pas aujourd'hui ?

— Je n'en suis pas moins flatté de votre visite. Vous avez vu que j'avais repris mes vingt francs : les bons comptes font les bons amis..

— Prenez garde, monsieur ! Les choses vont se gâter ! M'expliquerez-vous par quel chemin cet argent est revenu dans mon domicile ?

— Je ne livre pas mes ruses de guerre. Vous étiez sorti de chez moi sans ma permission, je me suis passé de la vôtre pour entrer chez vous !

— Mais, monsieur, c'est le procédé d'un malfaiteur !

— J'oppose la ruse à la violence. Contre un bienfaiteur qui vous met pied sur gorge, on se défend comme on peut.

— Eh bien ! monsieur, je me retrancherai dans les limites de la loi. Les tribunaux vous forceront à garder ce qui vous appartient.

— Les tribunaux n'ont rien à voir dans nos affaires, attendu que la loi ne reconnaît pas les dettes de jeu. Si je vous assignais en restitution de cent vingt mille francs, tous les juges du pays me donneraient tort : comment voulez-vous qu'ils me forcent à les prendre ?

— Diable! mais alors nous n'en finirons jamais, car je ne céderai pas!

— Ni moi non plus, capitaine : je suis de votre école! vous prétendez me faire accepter cet argent, j'ai la prétention que vous le gardiez ; nous ne reculerons ni l'un ni l'autre. Êtes-vous homme à partager le différend par la moitié?

— Non, monsieur!

— Ni moi non plus; cela se rencontre à merveille. Que ferons-nous? De tous les accommodements, il n'y en a plus qu'un possible, et celui-là, je n'en veux point.

— Lequel?

— Peu vous importe, puisque je n'en veux pas.

— Mais encore?

— Il y a bien des gens qui l'accepteraient avec enthousiasme, mais j'ai eu l'honneur de vous informer que je ne voulais pas.

— Vous pouvez toujours me dire de quoi il s'agit.

— Je n'en veux pas! je n'en veux pas! je n'en veux pas! Un mariage entre votre fille et moi terminerait la discussion en laissant la somme indivise. C'est un arrangement facile, honorable et même agréable, mais je n'en veux pas!

— Ventrebleu! monsieur, vous refusez la main de ma fille! mais je ne vous l'ai pas offerte!

— Vous avez bien fait, puisque je la refuse catégoriquement.

— Et pourquoi ça, je vous prie ?

— Je n'ai pas d'explications à vous donner.

— Et moi, je veux qu'on s'explique ! Il me semble que ma fille n'est ni laide ni repoussante, que diable !

— En effet, monsieur, il n'y a rien à dire contre la beauté de Mlle Bitterlin.

— Il y a donc quelque chose à dire sur sa conduite ?

— Rien que je sache, monsieur, et si je refuse la main de mademoiselle votre fille, ce n'est pas que j'aie aucun tort personnel à lui reprocher.

— Qu'entendez-vous par là ?

— Rien.

— Vous avez dit : personnel !

— C'est bien possible.

— Qu'est-ce à dire ? personnel !

— Hé bien ! personnel !

— Personnel ! personnel ! C'est donc la famille, monsieur, qui n'a pas droit à votre estime ? Avez-vous l'intention de dire que le capitaine Bitterlin ne mérite pas d'être votre beau-père ?

— A Dieu ne plaise, capitaine ! je vous tiens pour le plus honnête homme de notre époque.

— Mais alors, monsieur, si la fille et le père sont sans reproche, à qui en avez-vous ? Peut-être à la mère ?

—Je n'ai jamais eu l'honneur de voir Mme Bitterlin

OÙ MEO REFUSE LA MAIN D'EMMA.

— Jurez-moi que vous n'en avez jamais entendu parler.

— Je ne sais pas si le serment est nécessaire. J'ai entendu parler de Mme Ritterlin comme d'une personne très-belle et très-élégante.

— Élégante ! Pourquoi pas à la mode ? Qui vous a dit cela ? qui ?

— Vous, monsieur, si j'ai bonne mémoire.

— Il est écrit là-haut que je ne saurai rien ! Ainsi, monsieur, vous refusez ma fille parce que vous craignez qu'elle ne chasse de race ! C'est bien cela, n'est-il pas vrai ?

— Moi ! monsieur, je vous jure qu'une telle pensée ne m'est jamais entrée dans l'esprit.

— Alors, pourquoi refusez-vous ma fille ?

— Parce que.

— Ce n'est pas une raison ! Êtes-vous marié ?

— Non.

— Avez-vous quelque chose contre le mariage ?

— Rien au monde.

— Alors, monsieur, je trouve impertinent que vous refusiez ma fille !

— Pardon. Si j'étais venu vous demander sa main, me l'auriez-vous accordée ?

— Moi ? Jamais !

— Vous me l'auriez donc refusée ?

— Parbleu !

— Alors de quoi vous plaignez-vous ?

— Je me plains de votre insolence, et j'exige que vous rétractiez ce que vous m'avez dit.

— J'ai dit que j'estimais sincèrement Mlle Emma Bitterlin, son père et sa mère ; que faut-il rétracter ? je suis prêt.

— Et moi, monsieur, je suis prêt à vous donner la correction qui vous est due.

— Touchez là, capitaine ! Je crois que vous avez raison. Un coup d'épée ne prouve jamais rien, mais quelquefois il arrange tout. Si vous me tuez, j'accepte votre argent et votre fille ; les cent vingt mille francs seront pour mes funérailles et j'épouserai Mlle Bitterlin *in extremis !*

— Trêve de plaisanterie, monsieur ! Persistez-vous à refuser la somme qui vous appartient ?

— Obstinément. De plus, j'ai l'honneur de refuser la main de mademoiselle votre fille.

— Eh bien, monsieur, vous aurez de mes nouvelles !

— Je les recevrai, monsieur, avec plaisir. »

XIV

BATAILLE.

Le 104ᵉ de ligne était en garnison à Paris. Le lendemain du jour où M. Bitterlin avait déclaré la guerre à son gendre, il courut de bon matin au café militaire de la rue Saint-Antoine, et demanda l'Annuaire de 1858. De son côté, Meo, après avoir fait sa nuit sur les deux oreilles, entrait dans un cabinet de lecture et cherchait dans l'Annuaire la liste des officiers du 104ᵉ. Les deux ennemis avaient d'excellentes raisons pour choisir leurs témoins dans le régiment. Le capitaine y comptait plusieurs camarades, et Meo plusieurs amis. L'un et l'autre y avaient laissé des souvenirs, une tradition, une légende. La pension des lieutenants était encore égayée de temps à autres par quelques caricatures historiques d'après le capitaine Bitterlin, et tous les officiers du siége de Rome se rappelaient la belle attitude du député Miranda devant le conseil de guerre.

Le père d'Emma jeta son dévolu sur deux officiers de fortune qui avaient été sergents dans sa compagnie, le lieutenant Boucart et le capitaine Roblot : deux braves à trois poils, hardis au feu, ferrés sur la théorie, et qui ne mettaient pas d'eau dans leur absinthe. Il les trouva dans les environs de la caserne de Reuilly, sur le seuil d'un estaminet où ils venaient s'aiguiser les dents avant le déjeuner. Ces messieurs se levèrent à son approche et saluèrent en lui un parfait modèle de toutes les vertus soldatesques. On échangea force poignées de main, et, après s'être fait craquer les doigts, on mangea un morceau. Le café vint ensuite, avec ses assaisonnements obligés, cigares de trois sous et petits verres d'eau-de-vie. Quand les trois Horaces eurent la bouche en feu, ils se rafraîchirent de quelques bouteilles de bière. Mais il fallut bientôt allumer un bol de punch pour tonifier les estomacs que la bière avait refroidis. M. Bitterlin avait payé le déjeuner; ses braves camarades ne voulaient pas être en reste avec lui, et les trois guerriers rivalisèrent de politesse jusqu'à cinq heures du soir. C'est alors seulement que le vieux capitaine exposa l'objet de sa visite. Il posa son cigare sur le bord de la table, prit ses deux amis par la main, les regarda dans le blanc des yeux et leur dit à demi-voix :

« Mes enfants, ce n'est pas tout ça, j'ai un service à vous demander.

— Présent! cria Roblot.

— Captaine, ajouta l'autre, c'est à la vie à la mort!

— Merci. Il retourne de pique.

— Bravo! Ah! il est toujours bon là, le captaine Bitterlin.

— Hé! hé! vous avez laissé de crânes souvenirs au régiment.

— Voici la chose. C'est un blanc-bec qui m'a manqué.

— Et vous ne le manquerez pas! En avant, arrrche!

— Je vais vous dire. »

Au moment de résumer ses griefs contre l'Italien, il fut pris d'un embarras étrange. Ce n'était pas qu'il eût perdu la conscience de son bon droit, mais il ne savait par où commencer. La colère, le punch et le respect humain le travaillaient si violemment qu'il resta bouche béante au début de son récit. Raconter qu'un impertinent refusait la main de sa fille sans qu'elle lui eût été offerte, c'était chose inutile et compromettante. Le régiment avait assez parlé de Mme Bitterlin : à quoi bon livrer aux mauvaises langues la réputation d'Emma? Plein de cette idée, il se rejeta sur les 120 000 francs que Meo s'obstinait à lui laisser pour compte. Cette question de délicatesse justifiait amplement ses idées belliqueuses; il n'en faut pas davantage, au régiment surtout, pour mettre les épées au vent. Mais comme il desserrait les dents pour conter ce qu'il avait fait à Bade, son regard rencontra le n° 104 estampé en relief sur les boutons du lieutenant. Il faut avoir été soldat pour comprendre la muette éloquence d'un chiffre écrit sur le bouton d'une tunique. Pour l'homme qui a servi avec honneur, le numéro du régiment résume l'esprit du corps, la gloire du drapeau, les victoires remportées, les devoirs remplis, les vertus héréditaires que les soldats se transmettent avec leurs uniformes à demi usés. M. Bitterlin se souvint des bonnes leçons et des beaux exemples qu'il avait donnés si longtemps au 104°, et il n'osa pas dire à deux officiers du régiment qu'il avait gagné une fortune au jeu. Il fit la grimace d'un enfant qui avale une bille, et dit :

« Mes amis, vous êtes gens d'honneur; je suis homme d'honneur; mon adversaire aussi est un homme d'honneur, quoiqu'il n'ait pas celui d'être Français, et c'est une affaire qui ne peut pas s'arranger. Y êtes-vous?

— Parfaitement, répondit Boucart.

— Un instant, objecta le capitaine Roblot. Sommes-nous l'offensé?

— Oui.

— Alors nous avons le choix des armes.

— Ça va tout seul. Je prends le sabre d'ordonnance. Cependant si l'on insistait pour l'épée, vous pourriez céder là-dessus.

— C'est dit. Et à quand la danse?

— Le plus tôt sera le mieux.

— En route! A votre santé, capitaine Bitterlin!

— A la vôtre, capitaine Roblot! Lieutenant Boucart, à la vôtre!

— Aux vieux de la vieille!

— Au 104ᵉ!

— Vive l'Empereur! »

On acheva le bol de punch, et les trois héros demeurèrent convaincus que M. Bartolomeo Narni devait recevoir un coup de sabre sur la tête, pour l'honneur du capitaine Bitterlin, du 104ᵉ de ligne et du beau pays de France. Condillac aurait épuisé l'arsenal de sa logique sans leur persuader le contraire.

Cependant Neo ne s'était point croisé les bras. Il avait fait une visite à M. Georges Médine, ancien capitaine rapporteur au conseil de guerre, aujourd'hui lieutenant-colonel du 104ᵉ.

M. Médine est un officier comme on en rencontre heureusement beaucoup dans notre armée : homme de guerre doublé d'un homme du monde, unissant le savoir au savoir-vivre, froid dans les choses du service, charmant dans les relations sociales, nourri des fortes études du soldat, frotté de littérature, poli par la fréquentation des femmes. Il a porté le sac dans sa première jeunesse, comme les Bitterlin, les Roblot et les Boucart; ce qui le distingue de ces messieurs, c'est qu'il a mieux employé ses loisirs.

Il reconnut Meo du premier coup d'œil, car on n'oublie jamais la figure d'un homme dont on a demandé la tête.

« Soyez le bienvenu, dit-il en lui tendant cordialement la main. Vous me rajeunissez de dix ans. Êtes-vous donc habitant de Paris? Quel bon vent vous amène? »

L'accusateur et l'accusé s'entretinrent longuement de Rome et de l'Italie : c'est un thème inépuisable. Cependant Meo n'oublia pas sa grande affaire. Il raconta par le menu ses relations avec M. Bitterlin, son amour, son voyage, ses projets, ses espérances, et la querelle de la veille qui pouvait arranger tout, si l'on savait en tirer parti.

M. Médine l'écouta jusqu'au bout avec une attention souriante :

« Mon cher ennemi, lui dit-il enfin, votre affaire est de celles qui ne peuvent se terminer que sur le terrain du mariage. Je serai votre témoin partout. En avez-vous un autre?

— Non, je n'ai voulu voir personne avant de vous consulter.

— Tant mieux! nous prendrons mon neveu qui sort de Saint-Cyr. Je connais votre Bitterlin, et de longue date. Il a tué un des meilleurs officiers du 104°, pour une niaiserie : il n'y avait pas de quoi fouetter un chat. C'est un grotesque vertueux et malfaisant. Vous avez bien fait de le prendre à rebrousse poil : nous en aurons raison avec un peu de violence ; je vois le joint. Rentrez chez vous, attendez ses témoins de pied ferme, et apportez-moi leur adresse à sept heures du soir : c'est moi qui me charge de tout. »

Meo ne vit ces messieurs qu'à six heures : ils furent parfaitement convenables, à cela près qu'ils élevaient un peu la voix.

« Messieurs, leur répondit-il, vous connaissez l'injure dont vous demandez réparation ?

— Nous savons, répliqua le capitaine Roblot, que l'affaire ne peut pas s'arranger.

— Soyez donc assez bons pour attendre chez l'un de vous la visite de mes amis : ils auront l'honneur de vous voir à huit heures. »

Ce fut le capitaine Roblot qui donna son adresse, car il avait une chambre de cinquante-cinq francs par mois.

Les deux convives de M. Bitterlin ne furent pas médiocrement étonnés lorsqu'ils virent entrer à huit heures précises le lieutenant-colonel Médine, suivi de son neveu.

« Colonel ! murmura Boucart, nous ne savions pas.... nous ne pensions pas.... Certainement que si nous avions su....

— Messieurs, interrompit M. Médine, oublions, s'il vous plaît, nos grades respectifs. »

Il ajouta d'un ton où perçait l'autorité du commandement :

« Il n'y a ici que quatre officiers du 104°, réunis pour vider une affaire d'honneur. Le capitaine Bitterlin, un de nos braves camarades, est offensé par N. Narni, comte de Miranda, mon ami. »

Boucart et Roblot saluèrent machinalement. M. Médine poursuivit :

« Vous avez bien fait de prendre parti pour un ancien officier du régiment. Savez-vous l'origine de la querelle?

— Mon Dieu, non ! répondit M. Roblot.

— Je puis vous mettre au courant en deux paroles. M. de Miranda, après avoir compromis la fille du capitaine Bitterlin, refuse de l'épouser. Le capitaine vous a priés de demander satisfaction ; M. de Miranda nous autorise à accepter votre jour, votre heure et vos armes. Rien de plus simple, comme vous voyez : la rencontre est inévitable.

— A moins pourtant, objecta Boucart, que M. de Miranda ne se décide à épouser Mlle Bitterlin.

— J'avoue que cette combinaison serait la plus satisfaisante ; mais comme je n'ai aucun espoir de la faire accepter à mon ami, nous pouvons passer outre et régler les conditions du combat. »

Rendez-vous fut pris pour le lendemain, à sept heures du matin, à l'entrée du bois de Vincennes. MM. Médine acceptèrent le sabre d'ordonnance; ils savaient bien qu'on ne le tirerait pas du fourreau.

Lorsque M. Bitterlin apprit le résultat de cette première entrevue, sa première impression fut de surprise et de mécontentement. Il voyait sa fille compromise aux yeux du 104e; il entendait les femmes des officiers caqueter au plu dru sur les aventures d'Emma, et il se trouvait ramené, sans savoir comment, aux plus mauvais jours de son mariage. Il eut des éblouissements de colère en retournant à la maison; il lui sembla même une ou deux fois que la terre tournait plus vite que d'habitude. Ce qui consola un peu cette grande âme, c'était l'espoir d'entailler à fond la belle tête de Meo.

« Chien d'étranger! pensait-il en se frottant le cuir des mains, si tu as déshonoré le père et compromis la fille, tu ne porteras pas la chose en paradis! »

Quant à Meo, c'était la joie qui l'étouffait. Il sortit de chez M. Médine dans une ivresse impossible à décrire; cependant, il avait oublié de dîner. Son bonheur lui paraissait assuré; il ne doutait pas que la journée du lendemain ne le mit pour toujours en possession d'Emma. Aussi descendit-il le faubourg Saint-Antoine en faisant mille folies. Lorsqu'il rencontrait un de ces couples crottés qui montent le soir aux bals de la barrière, il s'écriait avec une emphase comique :

« Heureux époux ! courez où l'amour vous appelle ! Je ne suis pas jaloux ; mon tour viendra ! »

Il arrêta une femme qui portait un enfant, enleva le petit à la hauteur de son visage, et demanda quel âge il avait.

« Vingt-deux mois, répondit l'ouvrière passablement ahurie.

— Cher bambin ! s'écria-t-il, embrasse-moi ! J'aurai ton pareil avant deux ans. Que dis-je? ton pareil ! Tu es affreux ! tu es sale ! mon fils sera beau comme un dieu ! »

Un petit chien errant, la queue en trompette, vint se heurter dans ses jambes ; il lui jeta un sou pour acheter du pain. Trois soldats en goguette lui barrèrent le passage ; il les accabla d'amitiés, les invita tous à sa noce, repartit de plus belle, et rencontrant un bourgeois qui regardait la lune, il le roua de coups.

Il passa le reste de la nuit à danser sur tous ses meubles, tandis que M. Bitterlin, enfermé dans son salon, maniait le sabre devant une glace, et faisait des appels du pied à ébranler toute la maison.

Agathe vint à six heures éveiller son jeune maître, qui n'en avait aucun besoin.

« Arrive ici, lui dit-il, excellente fille, ange consolateur, fidèle compagne des mauvais jours que j'ai traversés. Nous voici au terme de nos misères. Tu resteras à notre service; c'est entendu. Je ne te donne pas de gages; tu puiseras dans la bourse d'Emma et dans la mienne !

— Mais, monsieur, s'écria la pauvre fille, il est donc arrivé quelque chose ?

— Tu le demandes, énorme enfant ! Mais j'épouse Emma ! Cours chez elle, voici la clef de son appartement. Annonce-lui la grande nouvelle. Dis-lui que je l'aime, que notre bonheur est assuré, et que je me bat ce matin au sabre avec son père ! »

Là-dessus il s'échappa de la maison comme un fou qu'il était, sauta dans une voiture de place et se fit conduire au bois de Vincennes.

La servante crut pour tout de bon qu'il avait perdu la tête. Elle essaya de galoper après lui, mais il était déjà loin. Comme la nature ne l'avait pas faite pour rattraper les fiacres à la course, elle en prit son parti et s'achemina toute haletante et toute pleurante vers la maison de la rue des Vosges.

Emma, penchée à sa fenêtre, l'aperçut de loin et lui fit signe de monter. Les deux amies s'embrassèrent à tour de bras dans les sanglots et dans les larmes. Durant un bon quart d'heure, elles parlèrent toutes les deux à la fois, questionnant toujours et ne songeant pas à répondre. Emma vivait dans un monde fantastique depuis son retour de Bade. Les bruits les plus étranges interrompaient le repos de ses nuits : hier c'était une cascade d'or ruisselant sur le lit de son père ; aujourd'hui c'était une série de coups sourds, entremêlés par instants d'un cliquetis de ferraille. Ses jours étaient agités par l'humeur inexplicable de M. Bitterlin : tantôt gai, tantôt lugubre, tantôt parlant avec bienveillance du pauvre Narni, tantôt plongé dans un silence de mauvais présage. Et Meo ne donnait plus de ses nouvelles ! Et la malheureuse enfant n'osait pas en demander à son père, tant elle craignait de tout perdre en livrant son secret ! Toutes ces inquiétudes vagues, tous ces soupçons, tous ces doutes s'effacèrent comme la lumière des flambeaux dans un incendie, lorsque la servante prononça le mot de combat. D'un bond Emma courut à la panoplie du capitaine ; d'un regard elle vit qu'un sabre y manquait.

Lorsque Chimène apprend que son père et son amant sont aux mains, elle tourne le dos à l'infante et court séparer les combattants. Emma n'avait point cette ressource. Elle ne savait pas en quel lieu le capitaine et Meo devaient se rencontrer. Tout ce qu'elle comprenait, la pauvre créature, c'est qu'elle était la cause de tous les malheurs qui allaient arriver. Un coup de sabre la rerait veuve ou orpheline, et quel que fût l'événement, tout était fini pour elle. Le meurtrier de Meo ne serait plus son père : le meurtrier de son père ne serait jamais son mari. Elle se débattait en désespérée contre la certitude de son malheur, et ne voyait nul chemin pour y échapper. Agathe essayait de la rassurer, sans pouvoir se rassurer elle-même.

« Ne vous tournez pas les sangs, lui disait-elle : ça ne sera peut-être rien ; il faut espérer que les gendarmes les arrêteront. Un sabre peut casser, votre père est un brise-tout, vous savez bien. Ah! ma pauvre enfant, je ne sais pas ce que je te dis! Jamais, au grand jamais, je n'ai tant regretté d'être bête! »

Tantôt elle parlait d'aller querir main-forte, tantôt elle voulait courir à l'église et *faire* un cierge à saint Martin, patron des soldats. Cette scène de désordre et d'épouvante durait depuis deux heures, quand la porte s'ouvrit.

M. Bitterlin apparut sur le seuil. Sa figure rouge était presque violette. Il jeta son sabre sur le piano ouvert, et les touches d'ivoires rendirent un gémissement épouvantable. Les deux femmes saisirent dans cette cacophonie le cri de toute une armée expirante. Agathe tomba sur ses genoux, le nez dans la poussière, en murmurant un *De profundis*. Emma se leva en pieds et glissa jusqu'à l'extrémité du salon, par un mouvement d'horreur et de dégoût. Elle voyait le sang de Meo sur les mains et les habits de son père.

« Bonjour, Agathe, dit le capitaine. Il y a longtemps qu'on ne vous a vue, ma fille. N'ayez pas peur, je ne vous mangerai pas. Il s'est passé bien des choses. Emma, viens t'asseoir sur mes genoux. »

La victime s'approcha en tremblant. Son père la prit par la main et l'attira jusqu'à lui :

« Écoute-moi, lui dit-il, et pas d'objections ! Tu te maries d'aujourd'hui en quinze, avec M. Narni. »

XV

TAMBOUR BATTANT.

Voici la comédie qui s'était jouée au bois de Vincennes :

A sept heures précises, les combattants et les témoins se rencontrèrent sur le terrain du rendez-vous, avec une exactitude militaire. Les quatre officiers s'étaient habillés en bourgeois, pour effacer l'inégalité de leurs grades : c'était M. Médine qui l'avait demandé. On se salua de part et d'autre en grande cérémonie, suivant l'usage. Les témoins mesurèrent les armes ; le capitaine et Meo mirent habit bas, et ne gardèrent que leur pantalon et leur chemise. Mais au moment où ils s'apprêtaient à croiser le fer, M. Médine, la canne à la main, s'avança vers son champion et il lui dit :

« Monsieur le comte, puisque c'est vous qui êtes

l'agresseur, je crois qu'il est du devoir des témoins de vous soumettre une dernière observation avant de passer outre. On a toujours le temps de se couper la gorge, et dans un quart d'heure d'ici nos conseils pourraient bien se trouver en retard. Ces messieurs sont assurément de mon avis ?

— Comment donc, colonel ! Faites, dit Boucart.

— J'y pensais, ajouta Roblot. »

M. Médine poursuivit : « Je me ferais scrupule de vous interrompre par mes objections si je n'avais pas devant moi deux hommes d'un courage reconnu : M. le capitaine Bitterlin a fait ses preuves au régiment. Quant à vous, monsieur, j'ai eu l'honneur de vous rencontrer sur un terrain où il faisait chaud, et je puis certifier que vous ne ménagiez pas votre vie »

Le beau-père et le gendre firent un léger salut à l'orateur et s'appuyèrent sur leurs sabres pour attendre la fin de son discours. Il reprit, en s'adressant à Meo :

« Je ne sais, monsieur le comte, quelles sont vos raisons pour refuser la main d'une jeune fille honorable que vous avez innocemment compromise. Quel que soit votre secret, je le respecte.

— Et moi, monsieur, interrompit Meo, je n'ai pas de secret à garder. Quoi qu'il arrive de ce combat, dont l'issue est encore incertaine, je tiens à déclarer formellement, devant les hommes d'honneur qui m'entourent, que la vertu de Mlle Bitterlin est au-dessus de toutes les atteintes comme la loyauté de son père et la mémoire de sa mère. Si j'ai résisté au désir bien légitime de devenir son mari, le seul motif de mon refus est dans l'humeur impérieuse et le caractère dominateur de monsieur le capitaine ici présent. Je sentais qu'il faudrait abdiquer mon libre arbitre en entrant dans la famille d'un homme si entier et si absolu. »

Un éclair de satisfaction furtive brilla dans les petits yeux du capitaine.

« Du reste, ajouta vivement Meo, monsieur ne m'a jamais offert sa fille, et je nie qu'elle ait été compromise par ma faute.

— Pardon, monsieur, dit le capitaine de sa voix la plus aigre. Nous ne sommes pas ici pour discuter, mais votre ami M. Le Roy m'a avoué lui-même que vous compromettiez ma fille. »

Meo s'arrêta comme pour chercher une réplique. M. Médine profita de son silence et lui dit :

« Il ne nous appartient pas de revenir sur le passé, et je me plais à croire, monsieur le comte, que vous n'avez rien fait volontairement pour nuire à la réputation d'une personne vertueuse. Mais il y a deux choses que je ne dois pas vous laisser ignorer : l'une, c'est qu'après la discussion armée à laquelle nous assistons aujourd'hui, Mlle Bitterlin reste compromise au point de ne pouvoir épouser que vous; l'autre, c'est qu'après un duel, si par malheur vous persistiez à aller jusque-là, la pauvre enfant n'aurait plus même la ressource de devenir votre femme, et vous la condamneriez à un célibat éternel.

— C'est évident, cria Roblot.

— Parbleu ! ajouta Boucart.

— Eh bien, reprit le capitaine, elle n'en mourra pas ! Il y en a bien d'autres qui sont restées filles. Mais quant à vous, monsieur....

— Moi, monsieur, je ne chargerai pas ma conscience d'un tel remords. En présence de ces messieurs, j'accepte la main de mademoiselle votre fille. »

M. Bitterlin ne s'attendait pas à ce coup de théâtre, et peut-être aurait-il assez mal reçu le consentement de l'Italien, mais les quatre officiers tombèrent sur lui tous à la fois, et le félicitèrent si chaudement qu'il en fut abasourdi. Les plus bruyants, les plus empressés, les plus triomphants étaient Boucart et Roblot, qu'on n'avait pas mis dans le secret.

Pour que l'ennemi n'eût pas le temps de se reconnaître, Meo souleva un incident. Il supposa des obstacles, et demanda un délai de trois mois. Boucart et Roblot se récrièrent; MM. de Médine se mirent en devoir de lui faire entendre raison; M. Bitterlin, emporté par le mouvement, lui dit : « Les dettes d'honneur ne se payent pas à longue échéance. J'exige que votre faute soit réparée dans les vingt-quatre heures. »

Il fallut de nouveau se mettre en frais d'éloquence pour prouver au capitaine que les mariages ne s'improvisent pas comme les victoires. Après une discussion d'un quart d'heure où Meo se fit beaucoup prier, on ajourna la fête à quinzaine.

« Mais entendons-nous bien, dit le beau-père. Ces messieurs nous feront l'honneur d'assister au mariage. Et si, d'aujourd'hui en quinze, vos papiers ne sont pas arrivés ou votre habit de noce n'est pas fini, il faudra en découdre, nom d'un tonnerre ! »

Meo s'inclina comme un roseau sous la tempête.

« D'ici là, poursuivit le capitaine, j'exige que vous veniez tous les jours faire votre cour à ma fille, pour la disposer à la cérémonie.

— Tous les jours ! demanda Meo.

— Tous les jours. Et si vous y manquez une fois, je me charge de vous relancer jusque chez vous. Touchez-moi dans la main ! Bon. Affaire conclue. Maintenant venez à trois pas d'ici que je vous dise un mot à l'oreille. « J'ai votre argent dans la poche de ma capote. Vous allez me faire le plaisir de l'emporter. »

Sur ce point seulement, Meo fut inébranlable. Il déclara qu'il ne prendrait les cent vingt mille francs qu'au sortir de la mairie.

On se sépara sans déjeuner : M. Roblot et le jeune M. Médine étaient de service. Un traiteur voisin, qui avait tordu le cou à deux poules, en fut pour ses frais de tuerie.

Pendant quinze jours, M. Bitterlin resta comme un arc tendu : il vibrait. La joie de la victoire et les compliments de ses témoins l'étourdirent jusqu'au milieu du faubourg Saint-Antoine. Lorsqu'il eut jeté ces messieurs à leur porte, il sentit comme un vide dans son cerveau. Mille idées contradictoires défilaient devant lui comme à la parade, sans qu'il pût en regarder une en face et la méditer à loisir.

« Allons, pensait-il, voilà ma fille mariée. Je veux que le diable m'emporte si je comprends comme cela s'est fait. Dans tous les cas, je me suis bien conduit : c'est une journée mémorable. Ils sauront au régiment que je ne me mouche pas du pied. Emma va pousser les hauts cris ; quant à ça, je m'en moque. Si son ancien amour lui trotte encore par la tête, elle le mettra dehors. Le jeune homme est noble ; il ne me l'avait pas dit. Je me débarrasse de ce maudit argent ; ils seront riches, et je ne touche pas à mes rentes. Cela vaut encore mieux qu'un coup de sabre dans la figure d'un nigaud. Mme la comtesse Narni, née Bitterlin. J'aimerais mieux comtesse Bitterlin de Narni : c'est plus honorable pour la famille. Qu'est-ce qui m'a manqué pour être comte de l'Empire ? Une occasion. J'en ferai ce que je voudrai, de ce garçon : il le sait bien. L'ai-je assez mené, dans le voyage! Je suis un homme supérieur. Mais s'il allait se sauver en Italie avant la noce! J'y aurai l'œil, car enfin il n'est pas amoureux de ma fille. Morbleu! Je le retrouverais jusqu'au fond des enfers. Eh! mon vieux sabre! nous n'avons rien fait ce matin. J'avais trouvé un joli coup hier au soir : une, deux! Tu peux te vanter d'appartenir à un rude lapin. Allons déjeuner. On parlera de moi ce matin à la table des capitaines. Il n'y a plus de gaillards de ma trempe au 104°. » Etc., etc., etc.

La présence d'Agathe dans sa maison ne lui causa ni surprise ni curiosité : il avait assez d'autres soucis. Il démontra à sa fille, en quatre mots, tous les avantages de l'union qu'il venait d'arrêter pour elle. Emma pâlit, rougit, craignit un piége, et n'ouvrit la bouche que pour exprimer sa soumission en formules banales. Il la quitta presque aussitôt pour aller querir M. Narni, qu'il amena de force, à la façon des gendarmes. « Voici votre future, lui dit-il en le poussant dans le salon. Vous la connaissez, elle vous connaît. Maintenant, si vous êtes un honnête homme, vous allez me faire le plaisir de la courtiser, et vivement. »

Le premier regard des deux amants fut tout un poëme en abrégé; il faudrait des volumes pour exprimer tout ce qu'il contenait. Mais le bel amoureux, instruit par l'expérience, se garda bien de témoigner sa joie devant M. Bitterlin. Il attendit l'instant favorable pour expliquer à sa maîtresse le secret d'un bonheur si imprévu. La petite rusée comprit les choses à demi mot, et se mit aussi à jouer la comédie.

Comme un âne devant un ruisseau, le capitaine faisait un pas en avant chaque fois qu'on le tirait par derrière. Emma et Meo manœuvrèrent si savamment, qu'au bout de la première entrevue M. Bitterlin les força de s'embrasser. « Rien ne me résiste! » dit-il en se frottant les mains.

Si Meo s'était écouté, il eût passé sa vie dans le salon de la rue des Vosges. Il se maîtrisa si bien, que le capitaine en vint à blâmer la brièveté de ses visites. « Ce n'est pas ce que vous m'avez promis, disait quelquefois ce beau-père intraitable. Vous arrivez en retard, et vous vous sauvez comme si le feu était à la maison. On ne se conduit pas de la sorte, que diable! Est-ce que vous vous moquez de moi ? »

Il gourmandait aussi la froideur de sa fille. « Mademoiselle Pimbêche, lui disait-il, vous prendrez l'homme que je vous donne, ou vous direz pourquoi. Je sais bien ce qui vous chiffonne. Il y a quelque souvenir sous roche. Si jamais vous vous avisez de repenser à vos premières amours, ce n'est pas votre flandrin de mari qui vous battra, c'est votre père. »

Les deux enfants jouèrent si bien leur jeu, que M. Bitterlin devint magnifique d'impatience. Tout le jour il trottait de la mairie à l'église, et du tailleur à la couturière, pour hâter les apprêts et aplanir les obstacles. La nuit, il se relevait en sursaut et courait jusqu'à la rue Culture, pour voir si son gendre n'avait pas déménagé. Jamais il n'avait témoigné autant d'empressement pour son propre mariage. C'était mieux qu'un fiancé, mieux qu'un père; vous auriez dit un général en chef à la veille d'une bataille.

Enfin, le grand jour se leva. Ce n'était peut-être ni Emma ni Meo qui l'avaient attendu le plus ardemment. Peu d'hommes furent admis à contempler le capitaine dans sa gloire : les quatre témoins du duel, le médecin de la maison, M. Arthur Le Roy et M. Silivergo composaient tout le cortége. Encore M. Silivergo n'avait-il été prié que par hasard : Meo l'avait rencontré dans la rue et lui avait fait part de sa joie. L'imprimeur s'était invité à la noce, en disant : « Je veux vous assister dans ce beau jour, en qualité d'ancien patron et de futur allié. J'épouse dans un mois votre parente, Mlle Aurélia. »

Ce fut M. Bitterlin qui fourra les invités dans les voitures; ce fut lui qui les passa en revue à la porte de la mairie. Il entra dans la salle de la municipalité comme Alexandre dans Babylone. Quand l'adjoint fit à M. Narni la question solennelle : « Consentez-vous à prendre pour femme Jeanne-Françoise-Emma Bitterlin ? » on entendit le capitaine murmurer à demi-voix : « Je voudrais bien voir qu'il n'y consentît pas ! il aurait affaire à moi. »

La plume dont on se servit pour signer au registre de l'état civil était une grande et belle plume d'oie, munie de toutes ses barbes, et faite en lame de sabre. M. Bitterlin la présenta fièrement à son gendre avec un geste impérieux qui ressemblait à une feinte d'escrime : « Une, deux, trois ! » Meo sourit, signa, et tomba à demi pâmé sur la chaise la plus voisine. Il était heureux !

Les invités félicitèrent le capitaine avant d'aller à l'église ; car, pour les hommes, le mariage civil est tout. La simplicité saisissante de cet acte définitif a bien souvent fait couler des larmes sur une moustache grise, tandis que l'émotion des femmes n'éclate que devant l'autel, avec la musique des orgues. M. Bitterlin répondit au compliment de M. Le Roy : « Mon cher monsieur, on ne saura jamais tout le mal que cette affaire m'a donné. J'ai soulevé des montagnes ! Mais l'honneur parlait, j'ai voulu, j'ai vaincu. Ceci est ma bataille d'Austerlitz. Cependant, permettez, nous n'avons pas fini ; il faut que je pousse l'épée dans les reins à mes traînards. »

C'est dans ces sentiments qu'il conduisit son monde à la paroisse.

Il écouta la petite allocution du prêtre avec une attention active, je dirais presque violente. Tout ce qui fut dit sur les devoirs des époux, il l'appuya d'un geste énergique à l'adresse de Narni.

Au sortir de l'église, il le prit à part et lui dit à l'oreille : « Maintenant, monsieur, si vous étiez assez infâme pour trahir ma fille, je vous tuerais, non plus sur le terrain, comme un homme, mais n'importe où et n'importe comment, comme un chien !

— Vous auriez joliment raison, » répondit le gendre.

Un grand repas, cuisiné par Agathe, était servi dans l'appartement de la rue des Vosges. Ce fut ce que la bourgeoisie appelle un déjeuner dînatoire, car les convives, qui s'étaient mis à table vers midi, ne se levèrent pas avant onze heures. Meo jouissait pour la première fois, sans contrainte, du bonheur de regarder Emma. Rien n'aurait manqué à sa félicité, s'il n'avait pas eu cent vingt et un mille deux cent vingt francs dans les poches de son habit. Ce fardeau, imposé par M. Bitterlin après la messe, l'incommodait passablement.

MM. Boucart et Roblot donnèrent des coups de dent héroïques : les coups d'épée de Roland n'ont jamais rien fait d'aussi merveilleux.

Au dessert, M. Silivergo, allié de Narni par les femmes, demanda la permission de déclamer un sonnet de sa façon. Ce beau morceau de poésie italienne fut applaudi d'autant plus violemment, que personne n'en avait compris un mot. C'est ainsi que la vanité française a toujours fait des succès aux littératures étrangères.

M. Arthur Le Roy, chargé du département des liquides, porta les toasts suivants :

« Au soldat Bitterlin !

« Au caporal Bitterlin !

« Au sergent Bitterlin !

« Au sous-lieutenant Bitterlin !

« Au lieutenant Bitterlin !

« Au capitaine Bitterlin, chevalier de la Légion d'honneur ! »

Le capitaine, qui avait religieusement vidé son verre à chaque mot, s'attendrit. Mais M. Le Roy, qui comptait bien le mettre sous la table, jura que le plus grand capitaine de notre époque ne resterait pas en si beau chemin. Il le rappela sous les drapeaux, et but successivement au chef de bataillon, au colonel, au général, et même au maréchal duc de Bitterlin ! Le pauvre homme se défendait de tant de gloire, tout en buvant comme un tambour. MM. Boucart et Roblot venaient de temps en temps trinquer avec lui et le féliciter de son avancement, dont ils commençaient à ne plus douter.

On l'aurait noyé dans le vin, comme Clarence, si le médecin n'y avait mis bon ordre. Cet excellent docteur s'effrayait de voir un tempérament si brutal entraîné dans un tel excès. Il demanda en confidence au capitaine s'il avait pensé à se faire saigner ; le vieux héros lui répondit d'un ton de voix inimitable : « Jamais ! monsieur ; je ne verse mon sang que devant l'ennemi. »

Il était ivre, et pourtant M. Médine, spectateur de sang-froid, admirait sa solidité. Il se penchait vers son neveu et lui disait à l'oreille : « Regarde-moi ce vieux soudard : c'est un des derniers échantillons de la grande armée. Il représente une race qui a péri entre Moscou et Waterloo. Les femmes n'en font plus de pareils, on dirait que le moule est brisé. Il a soixante ans, et il vient de boire la ration de vingt-quatre hommes. Quel aplomb sur sa chaise ! quelle fermeté dans le commandement ! cette voix s'entendrait à demi-lieue sur un front de bataille. Note bien qu'il est un des fruits secs de son temps, et juge d'après lui ce que devaient être les autres ! Je suis sûr qu'en ce moment, à travers les vapeurs qui troublent son cerveau, il s'élève une idée fixe, stable, immobile ; elle perce dans chacun de ses mouvements, elle éclate dans tous les regards qu'il jette sur son gendre. Cet invalide a le sentiment de la domination ; il se réjouit d'avoir imposé à tout le monde un mariage que nous avons fait malgré lui. S'il apprenait que le comte, sa fille et tout le monde l'a berné, il éclaterait comme un obus.

« Chut ! dit le sous-lieutenant, il vous parle.

— Colonel ! criait Bitterlin, vous direz au 104ᵉ que je suis toujours solide au poste, et que lorsque j'ai mis quelque chose dans ma tête, il faut que tout marche droit. Vive moi, ventrebleu ! et à la vôtre ! »

La chaleur et la fumée devenaient intolérables, malgré deux fenêtres ouvertes. D'ailleurs, les mariés commençaient à se regarder languissamment.

Comme un vieux ressort rouillé qui n'a rien perdu de sa force, le capitaine se leva pour prendre congé de ses hôtes. Il les embrassa tous sur le seuil, et leur serra la main à les faire crier.

Resté seul avec sa fille et son gendre, il leur cria de sa voix la plus mâle : « Changement de garnison ! Par file à droite ; en avant, marche ! Attendez que je trouve mon ceinturon : la compagnie ne voyage pas sans son capitaine ! »

Il les conduisit lui-même, à pied, jusqu'à la rue Culture-Sainte-Catherine. C'était là que la grosse Agathe avait fait leur nid, en attendant que Meo en trouvât un autre. Il les bénit militairement sous la porte cochère, et dit à son gendre, en manière d'allocution :

« Vous seriez un grand lâche si vous ne la rendiez pas heureuse ! »

Meo ne se le fit pas dire deux fois.

XVI

POST-SCRIPTUM.

A MONSIEUR JULES GIREAUD.

Permettez-moi, monsieur, de vous dédier cette histoire. C'est dans le temps où je l'écrivais que j'ai appris à aimer les qualités charmantes et solides qui sont en vous. Que l'on serait heureux si, dans une vie consacrée au travail, on pouvait à chaque œuvre nouvelle attacher le nom d'un nouvel ami!

Mais il faut que je rouvre le volume pour vous faire part d'une triste nouvelle. On me l'annonce à l'instant; j'étais loin de m'y attendre, et vous m'en voyez tout consterné. Que l'homme est peu de chose! La santé la plus robuste, le corps le plus solide, l'esprit le plus compacte et le plus vigoureux peuvent-ils donc s'anéantir en si peu de temps, et par une cause si futile ? Pauvre capitaine ! A soixante ans, il était plus jeune que nous, qui avons la moitié de son âge. Tous ceux qui le connaissaient, excepté peut-être son médecin, lui auraient conseillé d'acheter des rentes viagères. Il était bâti pour durer un siècle, et il se flattait de la douce espérance d'enterrer sa fille et son gendre.

Toutes les puissances de l'Europe avaient tiré le canon contre lui sans l'atteindre, et il était heureux et fier de n'avoir jamais été tué. Lui-même avait tué beaucoup d'étrangers sur les champs de bataille, quelques amis sur le terrain, et sa femme dans l'intimité. Quelquefois il avait reçu des blessures, mais jamais il n'était tombé malade. Rien n'égalait la gaieté franche et cordiale avec laquelle il effaçait sur l'Annuaire le nom des imbéciles qui s'étaient laissés mourir.

Certes il avait quelques défauts, choisis parmi les plus désagréables ; mais sa mort subite est d'autant plus fâcheuse qu'il lui fallait du temps pour se corriger. Je comptais qu'il pourrait vivre assez pour devenir un excellent homme. Je me promettais de l'admirer dans ses fonctions de grand-père, lorsqu'il aurait un petit-fils à fouetter jusqu'au sang. Pauvre capitaine ! Il ne peut plus faire enrager personne ; les pleurs que ses enfants ont versés à sa mort sont les derniers qu'il fera couler sur cette terre !

Au moins permette le ciel que son ombre habite

avec Mme Bitterlin dans le même compartiment! Je ne te plaindrais plus, âme trois fois maussade et acariâtre, si tu trouvais là-bas une victime à persécuter!

Sa fille était mariée depuis quinze jours. Emma et Meo, follement heureux, prenaient soin de lui cacher leur ivresse, car ils savaient par expérience combien le bonheur d'autrui le chagrinait.

L'argent du trente et quarante avait déjà racheté bien des choses : le domaine, le nom et les portraits des Miranda. La belle propriété du comte, arrachée aux griffes d'un faquin et affermée à quelques honnêtes gens, promettait un revenu assuré de dix à douze mille francs. Le fidèle Marsoni avait arrangé les affaires et joué le rôle d'un véritable ami. Il s'obstinait même à offrir de l'argent à Meo, depuis que Meo n'en n'avait plus besoin.

La jeune comtesse embellissait tous les jours, aux rayons de la lune de miel. La beauté des femmes est un fruit délicat : elle fleurit à peu près partout, mais elle ne mûrit qu'en espalier, contre un mari. Meo prenait l'aplomb et la sagesse d'un père de famille. Le bonheur qui fait extravaguer les philosophes (lisez le dernier ouvrage de M. Michelet) rend quelquefois la raison aux fous. Ce prodigue apprenait à compter : il se privait des chaînes d'or les plus nécessaires et des épingles de cravate les plus indispensables, pour donner un cachemire des Indes à sa femme. Sa seule dépense extra-conjugale fut l'achat d'un de ces bracelets solides, simples et magnifiques, comme on n'en fait qu'à Londres, chez Hancock. Il fit écrire en poussière de brillants sur l'or mat du bijou : *I Remember*, « je me souviens. » Ce fut son cadeau de noces pour Mlle Aurélia. M. Silivergo trouva ce présent de très-bon goût; Emma n'en entendit jamais parler. Ah ! tout le monde était bien content !

Agathe, créature infatigable, se partageait entre la maison du capitaine et le nid du jeune ménage. La rentrée de cette fille dans l'appartement de la rue des Vosges fut un grand malheur pour M. Bitterlin. Elle n'était pas méchante, vous le savez bien, mais elle était cruellement bornée : c'est pourquoi elle tua son maître sans songer à mal. Agathe, je prévoyais depuis longtemps que votre sottise jouerait quelque mauvais tour à la famille. Agathe, où aviez-vous la tête? Agathe, qu'avez-vous fait ?

Un matin qu'elle époussetait le salon à tour de bras, le capitaine, qui s'ennuyait tout seul, lui dit en mâchant son cigare :

« Il faut avouer que pour une dévote vous avez fait un drôle de métier.

— Moi, monsieur? répondit-elle en jetant le plumeau sous son bras.

— Dame! vous n'avez peut-être pas servi les amours de votre maîtresse avec son premier galant? Est-ce pour autre chose que je vous ai mise à la porte?

— Quel premier.galant?

— Celui dont on n'a jamais voulu me dire le nom.

— Vous le savez maintenant de reste, puisque c'était M. Narni.

— Narni !

— Croyez-vous pas que mademoiselle aurait aimé deux hommes? Non-dà, notre maître ; il n'y en a jamais eu qu'un. Mais le pauvre monsieur a joliment politiqué pour vous faire avaler la pilule ! »

Le capitaine réfléchit en une minute plus qu'il n'avait fait dans toute sa vie, mais il ne s'en trouva pas bien. Le sang lui monta au cerveau avec les idées. Il se dit que si l'amoureux d'Emma était véritablement Narni, ce garçon l'avait berné de la bonne manière ; que le voyage en Suisse, où il s'était cru si fort, avait été une longue mystification; qu'il avait joué au trente et quarante pour l'amusement de son gendre et peut-être sous ses yeux; qu'il avait cherché pendant quinze jours un gibier fort malin qui l'attendait au gîte; qu'on n'avait refusé son argent que pour obtenir sa fille, et dédaigné sa fille que pour le contraindre à l'offrir ; que la querelle où il avait cru jouer le rôle d'un héros n'avait été nullement à son honneur; que M. Narni, ses témoins, et peut-être même Roblot et Boucart s'étaient amusés à ses dépens au bois de Vincennes; que le jour du mariage avait mis le comble à sa honte, et qu'il était sans doute en ce moment la risée du 104ᵉ de ligne, depuis le colonel jusqu'aux tambours. Ce raisonnement traversa son crâne avec la rapidité de l'éclair, et il en fut pour ainsi dire foudroyé. Il se leva tout droit comme un point d'exclamation, et cria d'une voix étranglée :

« Mais alors, tout le monde s'est f.... »

Sans doute il voulait dire que son gendre, sa fille, sa servante, les officiers et ses témoins eux-mêmes s'étaient moqués de lui. Mais il n'acheva ni le mot ni la phrase, car il fut frappé d'apoplexie et mourut sans avoir pu développer sa pensée. Peut-être un tel malheur ne fût-il pas arrivé, si le capitaine avait écouté l'avis de son médecin qui lui conseillait depuis longtemps la saignée. Tel fut du moins l'avis de ce brave docteur. Lorsqu'il arriva chez son malade, ou plutôt chez son mort, il ne put s'empêcher de pousser un cri de joie. « Bon ! dit-il. C'est un grand malheur pour la famille ; mais comme j'avais raison ! »

Emma et Meo sont en grand deuil et pleurent du matin jusqu'au soir. Ces cœurs angéliques ne se consoleront peut-être jamais d'un événement qui assure leur bonheur.

SANS DOT

SANS DOT.

A MADAME SIDONIE FLAHAUT.

I

Chacun sait que le 23 juin 1855 fut un samedi, et que la Saint-Jean-Baptiste tomba un dimanche. Une chose moins connue, c'est la prudence et la sagacité de M. Jean-Baptiste Penouille, associé de la maison Penouille frères et Cie, ancien juge au tribunal de commerce. Apprenez que le célèbre M. Prudhomme n'était qu'un étourneau en comparaison de M. Penouille, car M. Prudhomme a posé souvent un pied devant l'autre sans choisir le pavé; M. Penouille, jamais. M. Prudhomme, entraîné par le feu de la discussion, s'est quelquefois mouché à la légère dans le premier coin venu de son mouchoir; M. Penouille, chaque fois que l'occasion s'en présente, déploie attentivement un vaste carré de toile de Hollande, examine la marque, s'il fait jour, applique son ongle à l'ourlet, s'il fait nuit, et s'assure qu'il ne prend pas l'endroit pour l'envers. Alors seulement il réunit le mouchoir à un vaste cartilage, et fait retentir les airs d'une fanfare mélodieuse. Jamais M. Penouille n'a manqué l'heure du chemin de fer ; jamais il n'a passé devant la Bourse sans régler sa montre, ou devant la Civette sans vérifier le contenu de sa tabatière. Il tâte ses poches avant de monter en omnibus, et, s'il entre chez un pâtissier, il ne mord dans une brioche qu'après en avoir demandé le prix. Le soir, au moment de s'endormir, il ne se contente pas de souffler sa bougie ; il comprime la mèche entre ses doigts, et se brûle héroïquement le pouce et l'index, tant il a peur du feu !

Le 23 juin de l'année dernière, ce bourgeois prudentissime cheminait en rêvant le long des boulevards. Son ventre le précédait, et sa femme — une très-confortable personne de quarante ans — marchait à sa gauche, sans toutefois lui prendre le bras. M. Penouille était rasé de frais. Son large menton bleu réfléchissait quelque chose de l'azur du ciel. Ses gros yeux regardaient les boutiques avec une sérénité bovine ; sa main gauche plongeait dans sa poche ; la droite, gantée de filoselle, ballottait régulièrement le long de son corps, comme le pendule d'un énorme coucou. Son paletot de drap léger s'entr'ouvrait à la brise du matin pour laisser voir un gilet jaune et des breloques de poids. Les bords de son chapeau étaient assez larges pour tenir lieu d'un parasol. Il portait un ample pantalon blanc et des bottines de coutil gris. Je ne crois pas vous surprendre en ajoutant qu'il avait des lunettes d'or. Mme Penouille, petite, grasse, blonde et saupoudrée de taches de rousseur, marchait dans son corset comme un chevalier dans son armure. Elle portait un peu haut la tête, pour ne pas perdre un pouce de sa taille ; peut-être aussi pour admirer de plus près la face radieuse de son mari. Depuis vingt-deux ans, Jean-Baptiste était, sans concurrent, l'idéal de sa Cunégonde. Dans ce ménage exemplaire, la lune de miel était en permanence. On la gardait quelque part, à la cuisine, sur une planche, au milieu des casseroles de cuivre étamé. Le seul travers de Mme Penouille était de porter des robes de soie puce et d'entasser trop de fleurs sous le même chapeau. Que voulez-vous ? on n'est pas parfaite.

Les deux époux, qui avaient déjeuné chez eux, à la Vilette, s'avancèrent parallèlement jusqu'à la porte Saint-Denis. Là, Cunégonde donna un ordre à sa modiste. A la hauteur du Gymnase, M. Penouille entre dans une boutique, et soumet quelques observations à son tailleur. Le dernier but de cette excursion matinale était le Palais-Royal. Il s'agissait de commander chez Chevet quelques fines provisions pour le dîner du lendemain et la fête de M. Penouille.

Mais au coin de la rue Vivienne, le bonhomme s'arrêta tout court, le nez en l'air, comme un chien devant un écureuil. Il raffermit ses lunettes, qui avaient insensiblement glissé vers la pointe de son nez, puis il montra du doigt une grande enseigne en lettres d'or, appliquée au balcon du premier étage. C'était une enseigne comme nos ancêtres n'en savaient pas faire; une de ces enseignes provocantes qui forcent l'attention publique et vont, pour ainsi dire, chercher le passant dans la rue. Non-seulement elle occupait toute la façade de la maison sur le boulevard, mais elle venait se répéter tout au long sur la rue Vivienne.

« Veuillez lire cette inscription! dit M. Penouille à Mme Penouille.

— *Cocheret, chirurgien-dentiste de la Faculté de Paris*. Tu n'as pas mal aux dents, mon ami?

— Pourquoi aurais-je mal aux dents? Et maintenant regardez par ici.

— *Cocheret, chirurgien....* La même chose pour changer. Eh bien!

— C'est une maîtresse enseigne, poursuivit M. Penouille en descendant à petits pas la rue Vivienne. Avouez qu'il est difficile de passer auprès sans la voir.

— Sans doute, elle crève les yeux.

— La place est bonne pour un dentiste. Je parie qu'il passe ici plus de cinquante mille personnes par jour : je dis en temps ordinaire, car pendant l'exposition il faut compter le double.

— Oui, mon ami.

— Sur cent mille personnes, combien y en a-t-il qui aient mal aux dents? Mettons cinquante. Un sur deux mille, est-ce trop?

— Non, mon ami.

— A cinq francs par personne — car tout se paye suivant le quartier — nous disons deux cent cinquante francs par jour. Si vous trouvez que j'exagère, vous n'avez qu'à parler.

— Tu sais cela mieux que moi, mon ami. Mais où veux-tu en venir?

— A vous prouver que ce M. Cocheret gagne de bonnes journées. Savoir s'il est marié?

— Qu'est-ce que cela nous fait, mon ami?

— Cela n'est pas au nombre des choses indifférentes. Permettez-moi de vous faire une question sans sortir du domaine de l'hypothèse. Mère de famille, refuseriez-vous votre unique enfant à un homme qui gagnerait deux cent cinquante francs par jour?

— Ma fille! Y penses-tu? Et ce pauvre Gandon?

— Gandon, madame, serait décidément un gendre trop cher.

— Dans quel pays a-t-on un notaire pour rien?

— J'ai mûrement réfléchi sur les destinées futures du jeune Gandon. Il est maître clerc depuis trois ans; il va traiter à Paris; ses parents lui viendront en aide : c'est leur devoir. Mais au prix où sont les études, je vous défie de nous en tirer à moins de cent mille francs. Supposé que je débourse la somme, ce qui me coûterait, croyez-vous que les notaires gagnent deux cent cinquante francs tous les jours?

— Je crois tout ce que tu veux, mon ami.

— Qu'est-ce qu'un cabinet de dentiste? Je parle d'un bon cabinet, comme celui-ci. C'est une étude de notaire qui ne coûte rien à acheter et qui rapporte deux cent cinquante francs par jour.

— Certainement, mon ami.

— La supériorité d'un dentiste sur un notaire, c'est qu'il peut se marier simplement, honnêtement, sans jeter un beau-père sur la paille et sans lui arracher, sous prétexte de dot, cent mille francs d'argent comptant. »

Mme Penouille se plaça devant son mari dans l'attitude respectueuse d'un conscrit qui regarde la colonne Vendôme. « Est-ce bien sérieux? lui dit-elle. Penses-tu à rompre avec le petit Gandon?

— Allez, madame, allez à vos affaires, et oubliez tout ce que nous avons dit : J'ai plaisanté. »

Il prit congé de Cunégonde, traversa la place de la Bourse, regagna le boulevard par la rue Montmartre, et marcha gravement vers le concierge de M. Cocheret.

« De deux choses l'une, pensait-il : ou ce monsieur est marié, ou il est garçon. S'il est garçon, je prendrai des renseignements sur lui. »

Il demanda au portier si Mme Cocheret était chez elle. Le portier lui répondit qu'il ne connaissait que M. Cocheret, dentiste et garçon. Il monta donc au premier.

Le salon du dentiste occupait l'angle de la maison ; il avait quatre fenêtres. Le tapis était d'Aubusson ; les meubles et les rideaux de lampas rouge semblaient tout neufs. Trois grands cadres richement dorés s'étalaient sur les murs : le premier contenait une marine rose et jaune de M. Gudin ; le second renfermait un tableau très-spirituel de M. Biard ; le troisième entourait un portrait luisant comme une porcelaine. C'était un gros garçon rouge et souriant, peint en pied par M. Dubufe. M. Panouille, qui était connaisseur, admira. Le gros garçon lui parut un gendre souhaitable ; la livrée d'un valet qui rangeait des journaux sur un guéridon acheva de l'éblouir. « Ma fille serait bien ici, » murmurait-il en lui-même. Il évaluait le mobilier du salon à vingt mille francs. Il eut l'adresse de faire causer le domestique, et il apprit que la maison était bonne. Les gens de M. Cocheret étaient engagés à raison de huit cents francs par an.

Mme Penouille n'avait jamais donné plus de trente francs par mois à sa cuisinière.

Il en était là de ses réflexions lorsqu'une porte s'ouvrit, et M. Cocheret, très-ressemblant, s'avança vers lui dans une de ces robes à grands ramages qui sont l'uniforme des dentistes et des prestidigitateurs. Le bonhomme, prévenu comme il l'était, crut voir apparaître un prince de l'Orient. Il suivit la robe de chambre dans un cabinet somptueux où trois vitrines d'ébène étalaient une ferraille éblouissante. Il s'installa carrément dans le grand fauteuil, et entama la conversation avec cette prudence solennelle dont il ne s'est jamais départi.

« Monsieur, dit-il, si j'étais le premier venu, je ne me serais pas permis d'entrer chez vous sans motif plausible. Je n'ai pas mal aux dents; mes dents sont excellentes, quoiqu'elles ne soient pas tout à fait neuves : car il y a cinquante-trois ans que je m'en sers sans interruption. Je passais sur le boulevard avec ma femme; votre enseigne a attiré mes yeux, et il m'a pris une envie de faire votre connaissance. Je suis très-vif, quoique prudent, et je ne sais pas résister à mes inspirations. Me voilà en voisin. Ce n'est pas que nous soyons précisément voisins; mais à Paris, comme dit un auteur, il n'y a plus de distance. Je suis M. Penouille, le frère et l'associé de la grande raffinerie de la Villette. Si je ne suis pas une bonne pratique pour les dentistes, je n'en suis pas moins capable de vous amener une jolie clientèle : car, tel que vous me voyez, nous sommes trente-huit dans la famille. »

M. Cocheret, contrairement aux habitudes de sa profession, parlait peu. Il ne mit pas son visiteur à la porte parce qu'on respecte malgré soi un homme en lunettes d'or; mais il répondit discrètement et par monosyllabes aux questions du raffineur. Il laissa entrevoir qu'il était fort occupé, qu'il avait peu de temps à lui, et qu'il consacrait ses rares loisirs à un ouvrage en trois volumes sur la deuxième dentition.

II

La réserve et la froideur du dentiste firent la conquête de M. Penouille. Il se connaissait en hommes; il n'aimait pas les bavards, et il méprisait les étourdis.

Cependant, comme il était plein de sagesse et qu'il savait depuis lontemps que le mérite d'un homme ne réside ni dans sa figure ni dans son esprit, mais dans sa caisse, il voulut connaître au plus juste les revenus de M. Cocheret. Il n'avait pas le droit de le questionner : à quel titre lui aurait-il demandé des comptes? Il usa de stratagème.

« Monsieur, lui dit-il, vous jouissez déjà d'une grande réputation dans Paris. Il me semble pourtant que vous êtes depuis peu dans la carrière.

— Deux ans, répondit M. Cocheret.

— Avez-vous acheté une clientèle toute faite, ou est-ce vous qui avez fondé la vôtre?

— C'est moi.

— Bravo, jeune homme! c'est un trait de ressemblance entre nous, car moi aussi, tel que vous me voyez, j'ai été l'artisan de ma fortune. Quand je suis entré dans les affaires, je n'avais rien ; et vous?

— Peu de chose.

— Je vous en fais mon compliment. »

Tout en causant, M. Penouille examinait en commissaire-priseur le mobilier du dentiste. Il calcula que les splendeurs de son futur gendre pouvaient s'évaluer à quatre-vingt mille francs. Le loyer était de six mille, pour le moins. Les dépenses annuelles du locataire, tant pour sa table que pour sa toilette, devaient se monter à une quinzaine de mille francs, car il était bien mis et bien nourri. M. Penouille compta sur ses doigts et se convainquit aisément que M. Cocheret avait dépensé plus de cent mille francs en deux années.

« S'il les a dépensés, se dit-il, c'est qu'il les a gagnés. J'en étais bien sûr! il fait de l'or. »

A voir le digne homme se promener de long en large dans le salon, vous ne l'auriez pas soupçonné de calculer si solidement. Il touchait à tout, il disait des paroles en l'air; il jouait la naïveté bourgeoise.

« Monsieur, disait-il d'un ton noble et innocent, les beaux meubles sont, pour ainsi parler, le criterium du bon goût. »

S'il avait été un homme superficiel, comme on en voit beaucoup en ce monde, il aurait peut-être oublié de prendre des renseignements sur son gendre. S'il avait été confiant, comme la plupart des pères de famille, il aurait demandé à M. Cocheret la liste des personnes recommandables qu'on pouvait interroger sur sa conduite. Il fit mieux : il lui soutira habilement et sans en avoir l'air, les noms de tous ses fournisseurs. Il apprit que la robe de chambre était de Girhs, les pantoufles de Lorski, les meubles de Rosenquin, les instruments de chirurgie de Perroy, les tapis de la maison Juliette frères. Il incrusta tous ces noms dans sa mémoire, et se dit en riant sous cape :

« Le jeune homme a peut-être des dettes. Si j'allais prendre des renseignements chez ses amis, ils ne me le diraient pas. Peut-être même n'en savent-ils rien ! Ses fournisseurs, gens établis, personnes honorables, ne voudront pas me tromper et ne pourront pas se tromper ; car à qui doit-on, lorsqu'on doit ? à ses fournisseurs ! »

Il n'oublia pas de s'informer si le propriétaire habitait dans la maison . il savait que les propriétaires ne se font pas d'illusions, et qu'ils se renseignent quatre fois par an sur la solvabilité de leurs locataires.

Il sortit enfin, marcha gravement jusqu'au cabinet de lecture le plus proche, feuilleta l'almanach des 25 000 adresses, monta dans le premier cabriolet qu'il vit passer, et visita successivement tous les fournisseurs de M. Cocheret. Le préambule qu'il improvisa pour cette circonstance vous donnera une haute idée de ses talents diplomatiques :

« Monsieur, dit-il en entrant dans le cabinet de M. Perroy, je suis M. Penouille, de la Villette, ancien juge au tribunal de commerce du département de la Seine. Un honorable capitaliste de mes amis est sur le point de donner sa Pauline à M. Cocheret, votre client. Entre gens riches, on se doit la vérité, et je me flatte de l'espoir que vous m'apprendrez sans restriction tout ce que vous savez sur cet excellent jeune homme. »

M. Perroy, M. Girbs et tous les fournisseurs firent l'éloge de M. Cocheret comme s'ils avaient été ses meilleurs amis. Le plus éloquent fut sans contredit le propriétaire de la maison, un petit vieillard à l'œil vif appelé M. Torlottin.

« Si j'avais une fille, dit-il, je la lui donnerais. Mais je n'ai que deux fils, et ils sont en Crimée. »

Tandis que le prudent beau-père faisait sa récolte de renseignements, M. Cocheret cherchait le mot de la visite énigmatique qu'il avait reçue. Sa première idée fut qu'il avait eu affaire à un importun de haute futaie ou à un mystificateur de grand talent. Puis il s'assura que sa montre et ses bijoux étaient restés à leur place. Puis la peur le prit; il examina sa conscience; il se demanda s'il n'avait pas parlé légèrement de la république de Venise, et si ce prétendu Penouille n'était pas un inquisiteur du Conseil des dix. Au milieu de ses délibérations, la porte s'ouvrit, et M. Penouille reparut, plus solennel que jamais. Il tendit la main à M. Cocheret, et lui dit avec une majesté douce et bienveillante :

« Mon jeune ami, demain nous célébrons ma fête. Si vous n'aviez pas disposé de votre dimanche, je vous prierais de venir dîner avec nous en famille. Nous serons trente-neuf, en vous comptant. Voici ma carte. Je vous présenterai à Mme Penouille, qui est le phénix des épouses, et à ma fille Pauline, que nous avons surnommée entre nous la perle de la Villette. »

Le dentiste ouvrait la bouche pour demander des explications : M. Penouille l'arrêta court.

« Permettez-moi, lui dit-il, de m'enfermer dans un silence diplomatique. Si l'avenir vous garde une surprise, elle n'aura rien de désagréable. Qu'il vous suffise de savoir qu'en refusant mon invitation, vous refuseriez peut-être votre bonheur. »

M. Cocheret voulut savoir jusqu'où irait la plaisanterie : il accepta.

Le lendemain, dès neuf heures du matin, le clan des Penouille était réuni au chef-lieu de la famille.

Le héros du jour, le vénérable Jean-Baptiste, encadré dans un habit bleu à boutons d'or, présidait à la fête. Il n'avait prévenu ni sa femme ni sa fille de la surprise qu'il leur ménageait pour six heures. Mais à midi, lorsqu'il vit entrer Léopold Gandon, il laissa errer sur ses lèvres ce sourire mystérieux que les sculpteurs égyptiens ont dessiné sur le visage des sphinx.

Léopold Gandon est un jeune homme de trente ans, ni beau ni laid, mais grand, bien fait, bien mis et bien élevé. Son père, inventeur des bougies de l'*Arc-en-ciel*, et l'un des plus honorables industriels de la banlieue, lui a fait faire de bonnes études dans un collége de Paris. Il est licencié en droit depuis 1849, et premier clerc dans l'étude de Me Ledoux qu'il achètera un jour ou l'autre. En attendant qu'il s'enterre tout vif dans les tracas uniformes du notariat, il va dans le monde, conduit le cotillon, joue le whist, et organise au besoin les charades en action. Les parents le recherchent parce qu'il sera riche, et les jeunes filles parce qu'il est bien.

Mlle Penouille semblait née pour lui; vous auriez dit qu'on la lui avait faite sur commande. Elle était juste assez grande pour qu'il la baisât au front sans se pencher. Sans être de ces femmes qu'on remarque dans la rue, elle avait, comme lui, de beaux yeux, de beaux cheveux bien épais, trente-deux dents blanches, une figure agréable et intelligente. Elle le connaissait dès l'enfance, elle avait été en pension à Paris, comme lui; elle n'était ni plus sotte ni moins aimable que lui. Elle avait vingt-deux ans et lui trente, et elle trouvait tout simple de devenir sa femme. Son mariage avec lui était décidé par une convention tacite; les Gandon et les Penouille le prévoyaient avec plaisir, sans empressement, sans inquiétude, comme une chose naturelle et qui doit arriver. Léopold ne lui faisait pas la cour, mais il dînait auprès d'elle tous les dimanches, et il l'embrassait le soir avant de partir. Je ne sais pas s'ils avaient de l'amour l'un pour l'autre; ils n'en savaient rien eux-mêmes, par la raison qu'ils se voyaient sans contrainte et à satiété. Le jour de la fête de M. Penouille, ils jouèrent au volant, aux grâces, au tonneau et aux quilles; ils se promenèrent tout seuls au fond du jardin sous la grande tonnelle, et les moineaux du voisinage n'entendirent pas le bruit d'un seul baiser. Vous reconnaîtrez à cette marque qu'ils étaient nés pour se marier ensemble et avoir beaucoup d'enfants.

Une demi-heure avant le dîner, M. Penouille, qui était la prudence même, s'avisa qu'il y aurait peut-être un danger à séparer deux cœurs si bien faits l'un pour l'autre. Il s'était formellement promis de ne pas doter sa fille; mais si, par impossible, Gandon l'aimait assez pour la prendre sans dot, n'était-il pas plus sage de la donner à Gandon? Il chercha le jeune homme au jardin, le saisit paternellement par le bras, l'entraîna dans un coin, et le questionna avec cette circonspection qui était, pour ainsi parler, le plus beau fleuron de sa conduite.

« Mon jeune ami, lui dit-il, y a-t-il des circonstances où un notaire bien épris puisse épouser une fille sans dot?

— Certainement, répondit Gandon.

— Ah! ah! s'écria le bonhomme avec un gros sourire de satisfaction, vous me faites plaisir, Léopold, et cette réponse vous honore. »

Le maître clerc qui connaissait la manie de M. Penouille, et qui comptait bien en triompher par la force du raisonnement, se hâta d'ajouter :

« Un notaire peut épouser une fille sans dot, s'il a payé son étude. Sinon, non.

« Vous connaissez trop bien les affaires, ajouta-t-il, pour ne pas me comprendre. Un jeune notaire doit cent mille francs à son prédécesseur. S'il se contente de payer les intérêts, il prélève tous les ans cinq ou six mille francs sur le produit de son étude, et il se gêne. S'il veut amortir le capital en quelques années, il donne dix mille francs par an, et il s'épuise. Je ne vois qu'un parti à prendre, c'est d'épouser une honnête femme et cent mille francs; une femme pour le bonheur, cent mille francs pour le repos. Supposez qu'il s'embarrasse d'une fille sans dot : il ajoute à ses charges sans augmenter ses revenus; la dette qu'il a contractée devient de jour en jour plus lourde; il s'aperçoit un beau jour qu'il a des capitaux dans sa caisse : les capitaux de ses clients. Il les emprunte sans rien dire, il veut tenter la fortune; il sait un endroit où l'on gagne beaucoup d'argent, il suit le monde, il va à la Bourse; et pour un notaire, mon cher monsieur Penouille, la Bourse est l'antichambre des galères. Voyez un peu à quoi l'on s'expose en prenant une fille sans dot! »

Là-dessus, Léopold Gandon se frotta les mains. Il ne doutait pas qu'un raisonnement si vigoureux n'eût ébranlé son beau-père.

« Les jeunes gens d'aujourd'hui, reprit M. Penouille, sont terriblement positifs. Moi, jeune homme, j'ai épousé une fille sans dot, et cela ne m'a pas empêché de siéger honorablement au tribunal de commerce.

— Vous n'étiez pas notaire! Vous étiez contre-maître. Vous avez fondé une raffinerie; on ne fonde pas une étude : la loi s'y oppose absolument. Un industriel, un commerçant, un avocat, un médecin peut épouser une fille sans dot : c'est un luxe interdit aux notaires.

— Tu n'auras pas ma fille! » s'écria M. Penouille, mais en lui-même.

Gandon voyant qu'il ne répliquait pas, crut l'avoir converti.

M. Cocheret arriva comme on allait se mettre à table. Une bombe tombée au milieu du salon n'aurait pas produit plus d'effet. De temps immémorial cette fête de famille se passait en famille ; aucun étranger n'y était admis que Gandon. Or, il était à la connaissance de tous que Gandon ne serait pas longtemps un étranger. Le dentiste avait fait une toilette éblouissante. Il portait un habit marron à boutons de métal, un pantalon gris à bande noire et un chapeau blanc à longs poils. Ses gants étaient de soie paille, ses souliers de cuir verni ; sa cravate longue faisait penser à l'arc-en-ciel, et ses cheveux sentaient bon. Il portait un scarabée d'or en épingle, des boutons d'or à sa chemise, une chaîne d'or à son gilet, et une énorme bague d'or au doigt. Au milieu de ces splendeurs, il n'était pas précisément à son aise, car il ne savait pas encore s'il ne venait pas chercher une mystification. Il était rouge comme une pivoine, et, en cherchant M. J. B. Penouille, il roulait de gros yeux effarés. Il fit peur aux enfants ; un bambin de six ans se réfugia dans les jambes de sa mère, et une petite fille se mit à pleurer. Pauline étouffait de son mieux un éclat de rire ; Léopold ne riait pas. Un vague instinct l'avertissait de la présence d'un ennemi. Quant à M. Penouille, il marcha au-devant du nouveau venu avec la grâce d'un maître de danse ; il le prit par la main, le conduisit devant sa femme, et le présenta en ces termes :

« Madame Penouille, je vous présente un jeune homme de mes amis. »

Il ajouta tout bas :

« Placez-le à côté de Pauline. »

La bonne dame se leva précipitamment : il fallait ajouter un couvert, déranger les petits papiers qui marquaient à chacun sa place, rapprocher les chaises : que d'affaires! Pauline s'asseyait d'ordinaire entre son aïeul maternel, âgé de quatre-vingts ans, et Gandon. Il était moralement impossible de priver le vieillard du voisinage et des soins de sa petite-fille : ce fut Gandon qui perdit sa place. On le mit en face de Pauline pour qu'il ne se trouvât pas trop dépaysé.

« Quelle idée a donc Jean-Baptiste? » murmurait Mme Penouille en trottinant par la salle à manger. « Mais ce ne sont pas mes affaires : il sait ce qu'il fait. »

Quand la servante annonça que le dîner était servi, M. Penouille dit solennellement à M. Cocheret :

« Offrez votre bras à ma fille! »

Le pauvre Gandon sentit que la terre manquait sous ses pieds. Il se retourna le plus vivement qu'il put et chercha femme ou fille à qui il pût donner la main ; mais toute la compagnie s'était déjà divisée par couples, et il dut suivre tout seul, debout au milieu des petits enfants comme un clocher au milieu d'un village. Ses bras tombèrent piteusement le long de ses jambes lorsque Mme Penouille lui désigna sa nouvelle place. Il déploya sa serviette avec désespoir, il mangea sa soupe avec rage. Ses yeux étaient braqués sur M. Cocheret comme les deux canons d'un fusil sur une bête malfaisante.

Excepté lui, tout le monde dîna bien. M. Cocheret n'ouvrait la bouche que pour manger, mais son appétit flatta Mme Penouille comme le compliment le plus délicat. Il offrit de tout à sa voisine.

Pauline, qui avait fini par surmonter son envie de rire, remarqua l'abattement de Léopold. Elle en fut touchée, et son ami d'enfance lui parut plus intéressant de face que de profil. Elle lui envoya pour le consoler un joli sourire plus amoureux que fraternel, et d'une nuance que Gandon ne connaissait pas encore. Il répondit par un regard foudroyant qui tomba d'aplomb sur la tête du dentiste. Elle répliqua par un imperceptible mouvement d'épaules qui témoignait de son mépris pour le gros voisin. Ils continuèrent longtemps cette conversation silencieuse, et ils se dirent une foule de choses auxquelles ni l'un ni l'autre n'avait pensé le matin. Leur amour naissant circulait au milieu des réchauds et des surtouts sans rien renverser sur son passage, et les assistants ne soupçonnèrent pas plus la portée de leur conversation que vous ne lisez les dépêches du gouvernement en passant le long des fils d'un télégraphe. La table était longue et étroite; si étroite qu'au dessert les fines semelles de Pauline avaient laissé une trace de poussière sur les escarpins du jeune Gandon.

Après le café, et tandis que les petits Penouille préparaient un feu d'artifice au fond du jardin, le prudent Jean-Baptiste, un des sept sages de la Villette, dit en confidence à M. Cocheret :

« Monsieur, j'ai six cent mille francs de fortune. Comment trouvez-vous ma fille ?

— Magnifique, monsieur Penouille !

— Elle a un grand défaut : pas de dot. »

Le dentiste fit une énorme grimace qui se termina en sourire.

« N'est-ce que cela ? dit-il.

— Pauline est fille unique. Je n'emporterai pas mon bien dans l'autre monde; elle aura donc tout. En attendant, je ne veux me spolier au profit de personne. Ne croyez pas qu'un vil égoïsme préside à ma conduite : je ne dépense rien pour moi. Mais mon argent, placé dans la fabrique, me rapporte vingt pour cent. Supposez que je donne cent mille francs à mon gendre; je le pourrais. Pensez-vous qu'il saurait les placer à vingt pour cent ? La terre rapporte deux et demi, la rente cinq, les meilleurs chemins de fer huit ou dix ; le sucre vingt! Jeune homme, que pensez-vous de mon raisonnement?

— Monsieur, j'ai l'honneur de vous demander la main de Mlle votre fille. »

III

Je suis convaincu que si le vin de M. Penouille avait été moins bon, le sieur Cocheret n'aurait pas émis une proposition si audacieuse. En demandant la main de Pauline, il balbutiait un peu. Était-ce timidité? était-ce autre chose? Le fait est qu'il avait dîné rustrement; et je sais plus d'un poltron qui ne craint rien au sortir de table.

M. Penouille, homme de sens profond, ne put s'empêcher de faire une comparaison entre la conduite du dentiste et les procédés du maître clerc. L'un connaissait Pauline depuis assez longtemps pour l'aimer d'amour solide; l'autre venait de dîner auprès d'elle pour la première fois. L'un végétait encore dans une condition médiocre, au fond de l'étude de M⁰ Ledoux; l'autre avait une position faite, un bel appartement, un mobilier riche, et son portrait par M. Dubufe. Et cependant le premier n'avait pas honte de mettre sa main au prix de cent mille francs, tandis que le second était assez grand pour se donner gratis. M. Penouille, qui avait autant de justice que de sagacité, se fit un devoir de retirer son estime au jeune Gandon pour en faire hommage au généreux Cocheret. Il lui prit tendrement la main et la serra si fort, que le dentiste sentit les moulures de sa bague s'incruste. dans ses doigts :

« Jeune homme, lui dit-il, ma Pauline est à vous ! Vous ne vous repentirez pas de l'avoir épousée sans dot. Souvenez-vous que si je ne vous donne rien le jour du mariage, c'est parce que tout ce que j'ai vous appartient. Vous aurez un jour une belle fortune ; et en attendant, si vous avez besoin d'un service, vous me trouverez ! »

Pendant cet entretien, les deux amants, qu'on n'avait pas coutume de surveiller, étaient assis côte à côte, sous la tonnelle. Ils se contaient leurs craintes, ils maudissaient l'importun, ils se juraient une éternelle fidélité. Leur amour brisait sa chrysalide et développait hardiment ses ailes. Leurs mains se trouvèrent et ne se quittèrent plus. Leurs lèvres, qui ne s'étaient jamais rencontrées, se rejoignaient pour la première fois au moment où un feu de Bengale éclaira la tonnelle et montra à Mme Penouille un groupe qu'elle n'avait pas dessiné. Heureusement M. Cocheret et M. Penouille ne regardaient point de ce côté-là. Tout le monde fut bien heureux jusqu'à onze heures du soir. Pauline et Léopold chantaient à voix basse cet éternel duo dont les paroles sont si simples et la musique si douce : Je t'aime !

« Ils s'aiment ! » pensait Mme Penouille en les couvant des yeux. M. Penouille, trop grave pour accorder son attention aux détails de la fête, usait ses deux mains l'une contre l'autre, et se disait : « Je garderai mon argent ! »

M. Cocheret voyait briller à l'horizon l'argent de M. Penouille. On se quitta pourtant. « Il n'est si bonne compagnie, dit M. Penouille, que la faux du Temps ne sépare à la fin. Cocheret, mon vieil ami, je vous permets de cueillir un baiser sur les joues de ma fille. » Pauline tendit son front d'un air si maussade, que ce baiser donna peu de jalousie à Gandon. M. Cocheret, qui s'avançait la bouche en cœur, vit la grimace. « Tant mieux ! se dit-il. Principes sévères, éducation de province : celle-là ne me trompera pas ! »

Une demi-heure après, M. et Mme Penouille s'étendaient parallèlement dans leurs lits jumeaux : « Qu'est-ce donc que ce monsieur-là ? demanda Mme Penouille.

— Mon gendre.

— Bonté divine !

— Un homme qui a plus de cent cinquante francs

à manger par jour, et qui prend ma fille sans dot. J'ai gagné cent mille francs dans ma soirée.

— Et Gandon ?

— Je désire formellement que ce nom ne soit plus prononcé devant moi : Pauline n'épousera jamais un homme d'argent, amoureux de mes écus. M. Léopold s'est coté trop haut pour qu'il me prenne envie de l'acheter. »

Il se fit un grand silence. « Mais, mon ami.... » reprit la digne femme.

Un ronflement lui répondit. Y a-t-il une musique plus douce et plus sereine que le ronflement auguste du père de famille qui va marier sa fille sans dot ?

Mme Penouille n'eut pas même la tentation de résister à son mari : elle considérait ses volontés comme les arrêts de la sagesse. Mais elle fit une longue visite aux parents de Léopold. Elle leur conta l'étrange résolution de M. Penouille, qui ne voulait se dessaisir de sa fille qu'à la condition de garder son argent. Elle espérait que la famille Gandon tiendrait compte de l'amour des deux enfants, et ne sacrifierait pas leur bonheur à un calcul d'intérêt. Après tout, Pauline, pour être sans dot, n'était pas moins un excellent parti. Ne pouvait-on pas attendre quelques années pour compléter le payement de l'étude ? ou, si l'on voulait payer comptant, M. Gandon n'était-il pas assez riche pour avancer la somme ?

« Je ne le suis pas plus que vous, répondit M. Gandon. Pourquoi ferais-je des folies, quand votre mari refuse de faire ce qui est juste ? Léopold a 80 000 francs de son oncle ; je lui en donne cent mille : c'est un joli denier. M. Penouille dit que son argent lui rend vingt pour cent : j'ai vu des années où le mien m'en rapportait vingt-cinq. Il est certain que l'industrie est un meilleur placement que le notariat ; mais un fabricant n'est pas l'égal d'un notaire. J'ai fait de grands sacrifices pour l'éducation de Léopold, parce que je voulais qu'il fût plus que moi. Si M. Penouille ne comprend pas cela, il peut garder sa fille ; nous ne sommes pas embarrassés de notre fils. »

Mme Penouille pleura éloquemment, mais ses larmes ne persuadèrent pas les Gandon. Elle se tourna d'un autre côté, et essaya de fléchir son mari : « Je sais bien que tu as raison, lui dit-elle ; tu as toujours raison. Mais accorde-moi, par grâce, la dot de Pauline. Vous autres, profonds raisonneurs, vous êtes des gens terribles. Moi, je n'entends rien aux affaires, mais quelque chose me dit que le bonheur de ma fille est avec Léopold.

— Trouvez-vous que mon candidat soit mal tourné ? demanda le raffineur.

— Je le trouve bien, mon ami, puisque tu l'as choisi ; mais si Pauline en aime un autre ?

— Patience ! ils ne seront pas mariés depuis six

mois, qu'elle aura oublié Gandon. J'ai l'expérience des choses de la vie, et un ancien juge au tribunal de commerce n'est pas sujet à l'erreur. »

Pauline et Léopold apprirent en même temps qu'ils étaient condamnés à ne plus se voir. Pauline ne protesta que par ses larmes ; Léopold courut à la raffinerie, mais M. Penouille n'y était pas pour lui. M. Cocheret fut admis à faire sa cour. Il ne rencontra aucun obstacle ; il ne soupçonna pas l'existence de son rival. Il faisait tous les soirs le voyage de la Villette. Mme Penouille le recevait avec une politesse contrainte ; Pauline essayait de le rebuter par sa froideur ; mais M. Penouille était tout feu. C'était lui qui mettait dans l'eau les bouquets de son futur gendre.

Quand Léopold vit bien que M. Penouille serait inexorable, il écrivit à Pauline. Il confia sa lettre à la servante, qui se garda bien de le trahir. Toute la maison était pour lui, excepté le farouche Jean-Baptiste. Pauline n'eut pas le courage de lui refuser une réponse ; et c'est ainsi que la correspondance s'établit. Au bout de quinze jours, les deux amants s'ennuyèrent de verser leurs larmes sur le papier : on prit un rendez-vous. M. Cocheret se retirait tous les soirs à dix heures, et il n'avait pas plus tôt fermé la porte, que tout le monde était au lit. Le 9 juillet, à onze heures, Pauline se glissa sous la tonnelle du jardin, et trouva Léopold qui l'attendait.

M. Penouille, en père sage et en propriétaire prudent, n'oubliait jamais de lâcher dans son jardin un horrible Médor aux yeux rouges, aux oreilles droites, au poil hérissé. Ce monstre de fidélité prenait si chaudement les intérêts de son maître, qu'il aurait dévoré un malfaiteur en deux bouchées. Même en plein jour, dans sa niche, à la chaîne, il montrait les dents à tout mollet inconnu. M. Cocheret ne passa qu'une fois à sa portée, mais cette imprudence lui coûta un pantalon de quarante-cinq francs. Par compensation, la brave bête prenait plaisir à lécher les mains de Léopold, son ami d'enfance.

Le jour où Médor écrira ses mémoires, nous saurons au juste ce qui s'est passé dans les dix ou douze tête-à-tête qu'il embellit de sa présence Quant à moi, je pense que Léopold respecta scrupuleusement sa chère Pauline, parce qu'il ne désespérait pas de l'épouser. Il avait pris des renseignements sur le dentiste, et il avait eu la satisfaction de les obtenir mauvais. On lui avait certifié, entre autres choses, que M. Cocheret gagnait peu, dépensait beaucoup, et devait à tout le monde. Il écrivit à M. Penouille pour lui faire part de ses découvertes, mais le judicieux raffineur savait depuis longtemps qu'il ne faut pas condamner un homme sur le témoignage de ses ennemis : il mit la lettre en petits morceaux

Sur ces entrefaites, M. Cocheret envoya une corbeille magnifique, que les experts de la famille estimèrent huit ou dix mille francs. Pauline examina avec une curiosité douloureuse son cachemire des Indes, ses dentelles, ses robes en pièces et ses bijoux. Toutes ces jolies choses, qui l'auraient ravie venant d'un autre, l'attristaient fort. Elle avait le cœur aussi serré qu'un conscrit breton à la vue d'un uniforme. Ces robes étaient la livrée du maître qu'on lui imposait. M. Penouille, en revanche, était radieux. Il prit son gendre à part et lui dit à l'oreille :

« Jeune homme, vous m'avez trompé ! »

Cocheret devint pâle et balbutia une réponse.

« Oui, reprit le raffineur, vous m'avez trompé. Il y a quelque chose que vous ne m'avez pas dit.

— Je.... ne.... sais pas.... monsieur.... murmura le dentiste.

— Vous m'avez caché l'état de vos affaires.

— Mais, monsieur....

— Vous ne m'avez pas dit que vous aviez déjà fait des économies !

— Ouf ! » fit M. Cocheret, qui s'attendait à autre chose.

Le lendemain, on signa le contrat : ce fut une fête pour tout le monde, excepté pour Pauline. On avait mis des fleurs dans le salon, et les allées du jardin étaient soigneusement ratissées. M. Penouille avait minuté avec M° Ledoux un contrat de l'âge d'or.

« Mes enfants, dit-il aux futurs époux avec des larmes dans la voix, vous n'avez rien ni l'un ni l'autre. Stanislas Cocheret apporte le talent et le travail ; Pauline Penouille apporte l'ordre et l'économie, et vous vous mariez sous le régime de la communauté. Vous mettrez en commun, comme dit le code, les peines et les plaisirs de la vie. C'est ainsi que j'ai fait avec Mme Penouille, et nous avons amassé six cent mille francs, qui vous reviendront un jour.

— Le plus tard possible, » ajouta pieusement M. Cocheret.

Pauline pleurait de ses deux yeux.

Toute la famille Penouille, convoquée pour la solennité, murmurait à demi-voix, comme le chœur des tragédies antiques :

« Il est fort ; il marie sa fille sans un sou de dot. »

A minuit, dans une obscurité profonde, Léopold et Pauline, par-devant maître Médor, dressèrent un plan audacieux qui devait les lier indissolublement l'un à l'autre. Il fut convenu que le lendemain, à la même heure, Pauline s'enfuirait de la maison paternelle. Une fois compromise, il faudrait bien qu'on la donnât à son amant, car il ne se trouverait plus un homme assez désintéressé pour l'épouser sans dot.

Mais le lendemain, comme M. Penouille exécutait au jardin sa promenade matinale, cet esprit observateur remarqua l'absence de plusieurs morceaux de verre sur le sommet du mur de clôture. Cette nouveauté le frappa d'autant plus, que deux bottes à talons avaient laissé leur empreinte au beau milieu de la plate-bande. Il suivit dans la grande allée la trace accusatrice, qui le conduisit à un certain banc de pierre établi sous la tonnelle. Les bottes n'avaient pas été plus loin. Mais M. Penouille avait de trop bons yeux pour ne pas voir l'empreinte d'un joli petit soulier sans talon, qui semblait avoir piétiné longtemps à la même place. Le petit soulier le conduisit jusqu'à la fenêtre de Pauline. Le bon père de famille s'avisa que la jeune fille serait infiniment mieux logée au premier étage, auprès de ses parents, et il opéra le déménagement sur l'heure.

Il fit mieux : il hâta les préparatifs du mariage, et huit jours après Pauline échangea le nom de son père contre celui de M. Cocheret. Ce ne fut pas sans verser quelques larmes; mais M. Penouille savait que les larmes d'une mariée sèchent toujours dans la soirée. Le repas des noces fut splendide, et tous les petits Penouille en firent une maladie. On déboucha le vin de Champagne après le potage. Mme Penouille avait une migraine qui ne lui permit pas de faire les honneurs aussi bien qu'elle l'aurait dû. Quant au raffineur, il se multipliait, il versait rasade à tous ses voisins. « Buvez mon vin, disait-il, buvez-en beaucoup, ne le ménagez pas ; vous n'en boirez jamais pour cent mille francs ! »

Et de rire.

M. Cocheret, rouge comme une écrevisse, buvait, mangeait, et ne parlait point ; personne ne l'aurait pris pour un dentiste. Pauline avait les yeux dans son assiette.

M. Penouille avait eu soin d'inviter le propriétaire de son gendre et les principaux fournisseurs à qui il avait demandé des renseignements. Au sortir de table, il prit M. Torlottin par le bras, le tira à part dans un coin du salon, et lui dit :

« Auriez-vous cru cela il y a six semaines ? Dire que le 23 juin, à huit heures du matin, je ne savais pas le nom de mon gendre ! Je suis un homme prompt en affaires, comme disait autrefois M. Lebeau, président du tribunal consulaire ; prompt, mais circonspect, mon cher monsieur Torlottin. Je sais à qui je donne ma fille.

— Moi aussi, dit le propriétaire.
— Un grand talent, n'est-il pas vrai.
— Immense.
— Belle réputation !
— Magnifique.
— Cet homme-là vaut cent mille écus.
— Au moins.

— Eh bien ! devinez ce qu'il me coûte.

— Moitié ?

— Pas un centime, monsieur ; j'ai marié ma fille sans dot.

— Vertuchoux ! cria M. Torlottin, comme s'il avait marché sur un aspic.

— Est-ce bien joué ?... Vous comprenez cependant que le jour où Cocheret aura besoin de quelques billets de mille francs, il les trouvera ici.

— Ouf ! vous me rassurez.

— Qu'est-ce à dire ? lui auriez-vous prêté de l'argent ?

— Jamais.

— J'en étais sûr.

— Il ne me doit que deux années de loyer.

— Vous lui avez fait crédit de huit termes ?

— J'étais garanti par son mobilier.

— Et vous m'avez dit qu'il était un honnête homme !

— Le plus honnête homme du monde peut être gêné. On se remet, les affaires reprennent, on se marie.

— Mais il a gagné plus de cent mille francs en deux ans !

— Si vous en êtes sûr !

— Je suis sûr.... je suis sûr.... Il est donc mal dans ses affaires ?

— Je n'ai jamais compté avec lui ; mais qu'importe ? vous êtes riche, monsieur Penouille, et vous ne voudrez pas que votre fille soit veuve au profit de la maison de Clichy !

— Pas un mot de plus, monsieur, voici ma femme. »

M. Penouille reçut dans la quinzaine six ou sept mémoires formidables, qu'il paya après avoir marchandé. Le valet de M. Cocheret vint lui-même, en livrée, réclamer deux années de gages. Le digne homme perdit patience. L'addition des sommes qu'il avait déboursées se montait à quatre-vingt-dix mille francs. Il serra dans son portefeuille la note exacte de ses déboursés, et courut au boulevard. M. Cocheret était sorti ; Pauline pleurait dans un beau fauteuil. Elle protesta que l'air de Paris ne lui valait rien, et demanda à passer la fin de l'été à la Villette. Au milieu de ses confidences, un vigoureux coup de sonnette l'interrompit désagréablement.

« C'est un client, dit M. Penouille. Comment votre mari n'est-il pas ici ? »

Heureusement ce n'était qu'un garçon de caisse des *Statues de Saint-Jacques*, qui venait toucher le prix d'une corbeille de dix mille francs. M. Penouille promit de payer.

Un mois après, il rencontra Léopold Gandon, qui remontait le faubourg Saint-Martin. Le jeune homme le vit venir, et l'évita discrètement, en regardant une devanture de boutique. Mais M. Penouille, homme juste, lui frappa sur l'épaule et lui dit : « Pourquoi ne vous voit-on plus, mon cher Gandon ? vous négligez vos amis. Ma femme me demandait encore hier : « As-tu vu Gandon ? »

— Que voulez-vous, dit Léopold avec un gros soupir, je n'étais pas assez riche pour l'épouser sans dot !

— Venez dîner ce soir avec nous, pauvre et intéressant jeune homme. Pauline est à la maison, son mari n'y sera point. Nous n'avons pas été contents de son mari. »

Cette véridique histoire prouve aux pères de famille qu'ils doivent donner une dot à leurs filles, et aux clercs de notaire qu'il ne faut désespérer de rien.

LES
PARENTS DE BERNARD

LES
PARENTS DE BERNARD

A MADAME
LA COMTESSE MATHIEU DE VANTAVON.

Il y a tout juste un an et demi que le docteur nous a conté cette histoire. En ce temps-là, madame, nous étions vos proches voisins, puisque nous vivions en famille à deux lieues de Grenoble, dans la maison de notre excellent ami Ladevèze. J'avais cru bien faire en amenant un médecin de Paris, car ma nièce Jeanne ne se portait pas trop bien, et ma sœur était grosse de la petite Germaine qui a eu dix-sept mois au jour de l'an.

Je suis sûr que vous n'avez pas oublié la physionomie du docteur : il suffit de l'avoir vu une fois. Son corps maigre et nerveux, ses cheveux blancs, sa figure fine, ses yeux vifs, son menton bien rasé, ses dents un peu ébréchées qu'il racommodait lui-même par des procédés mystérieux, ses gros souliers à lacet de cuir, sa houppelande de fourrure et le chapeau de Broussais, formaient un ensemble assez original. La coiffure périssable de l'immortel professeur nous égaya plus d'une fois par sa forme antique et sa couleur fauve. Mais le docteur, qui en avait hérité vers 1838, à la mort de son maître, la portait comme une relique, ou plutôt comme une auréole.

Cet homme religieux (il a surtout la religion du souvenir) nous distribua en trois mois plusieurs volumes d'anecdotes. Il avait beaucoup vu et beaucoup appris, d'abord dans les hôpitaux et les armées, puis dans la vie civile, après être sorti du service. Il contait avec plaisir et sans se faire prier. La principale qualité de ses récits était une concision rapide que je voudrais pouvoir égaler dans mes livres. Il avait de plus le mérite de dire finement les choses. Jamais il ne brutalisait les oreilles de ses auditeurs; jamais ses discours ne contrastaient trop violemment avec ses cheveux poudrés par l'âge. On aurait dit que le chapeau de Broussais exerçait sur son cerveau une action antiphlogistique. Si j'avais eu l'heureuse idée de noter son répertoire, j'en ferais un livre à donner en prix dans les pensionnats. Malheureusement j'ai la mémoire courte. De tous les récits du docteur, un seul m'est resté dans l'esprit, parce qu'il m'a vivement frappé. Le voici, tel que nous l'avons tous entendu sous la charmille de Ladevèze, dans ces belles montagnes du Dauphiné où l'on prend le meilleur café du monde.

I

En mil huit cent.... (dispensez-moi de la date précise : ces maudits chiffres nous vieillissent trop), j'étais attaché à l'hôpital militaire de Montpellier. La guerre n'était pas finie ; le trop-plein des ambulances affluait chez nous ; nous n'avions ni assez de place ni assez de linge, ni un service médical suffisant. Il fallut prendre des auxiliaires parmi les étudiants de la ville. Le Val-de-Grâce nous en prêta aussi quelques-uns.

Parmi ces derniers, je remarquai un jeune homme du nom de Bernard. Il avait peut-être vingt-cinq ans, mais vous ne lui en auriez pas donné dix-sept, tant il était mignon, joli, frais et rose. L'ange de la chirurgie, en deux mots. Il ne lui manquait que des ailes.

On le mit dans mon service, et je demandai sérieusement au major si c'était pour se moquer de moi. J'avais soixante lits, tous occupés, et une moyenne de trois ou quatre opérations par jour. Ce qu'il me fallait pour le moment, c'était un homme robuste, et non une religieuse en frac. On me répondit de le mettre à l'épreuve et de faire mon rapport, s'il y avait lieu. Trois jours après, je retournai, un peu confus, chez mon chef, pour le remercier du cadeau qu'il m'avait fait. Le nouveau venu était d'une dextérité merveilleuse dans les pansements : il jouait avec les bandes comme un prestidigitateur avec ses muscades; le blessé n'y voyait que du feu. La première fois qu'il m'aida dans une opération, je reconnus que ces petites mains si légères ne manquaient pas de solidité, et qu'on pouvait, sans barbe au menton, avoir un poignet de fer. Ce n'est pas tout ; il se présenta bientôt deux ou trois circonstances où, changeant de rôle, il fut le maître et moi l'écolier.

« Parbleu ! lui dis-je un beau matin, vous êtes un fameux gaillard, pour un élève de première année ! Où avez-vous appris ce que vous savez ? ce n'est pas au Val-de-Grâce. » Il rougit jusqu'au blanc des yeux et répondit avec embarras, quoiqu'il essayât de prendre un ton dégagé : « Mon père m'a donné des leçons ; je suis un enfant de la balle.

— De quel pays êtes-vous ? »

Il se mit à rougir de plus belle et répondit : « De Lyon. »

Nous habitions deux chambres voisines, nous dînions à la même table, et le service nous retenait ensemble, excepté pendant les heures du sommeil. Cette vie en commun nous fit devenir intimes, sans toutefois que nous fussions amis. Nous étions au *tu* et au *toi*, mais sans confidence. Il ne savait pas si j'avais des frères ou des sœurs, si j'étais riche ou pauvre, indifférent ou amoureux. Ses affaires aussi étaient pour moi lettre close. Je le voyais travailler vigoureusement toutes les fois qu'il y avait un coup de main à donner, et lire des romans de cabinet de lecture quand il n'avait rien autre chose à faire. De la science et de ses secrets, il s'en souciait autant que de l'épervier qui vole là-haut. Moi qui étais déjà un mangeur de livres, j'étudiais activement le passé et l'avenir de la chirurgie. Je lisais Guy de Chauliac, et même je le commentais. Vingt fois je mis ma bibliothèque à sa disposition ; il n'y prit jamais un volume.

Son caractère était doux, égal, mais peu ouvert. Il ne parlait pas sans être interrogé. Lui faisait-on une question, il souriait et répondait tout de suite, avec une hâte fébrile, qui est presque toujours un symptôme de timidité. C'était d'ailleurs le garçon le plus honnête, le plus digne et le plus obligeant du monde. Il n'offrait ses services à personne, mais il les refusait encore moins. Sa sobriété et sa bonne conduite auraient pu être citées en exemple. Il était le plus jeune de l'hôpital ; cependant je ne lui ai connu ni liaison, ni aventure, ni caprice. Je m'étonnais quelquefois de sa sagesse ; mais ce qui m'émerveillait le plus, c'était son adresse et sa fermeté dans les travaux de notre art. Je pensais, à part moi, que M. Bernard père devait être un grand homme inconnu.

Le hasard fit tomber entre mes mains un Annuaire du département du Rhône, et j'eus la curiosité de chercher M. Bernard parmi les chirurgiens de Lyon Ce nom n'était pas dans le livre. J'en fis la remarque à mon jeune camarade, sans mauvaise intention. Il rougit et sourit comme à son ordinaire :
« Cela n'a rien de surprenant, me dit-il ; mon père exerce sans diplôme, en amateur.

— Ma foi, répondis-je aussitôt, je connais plus d'un docteur à diplôme qui enseigne moins bien que lui. »

Quand nous étions tous réunis à la salle de garde, il nous arrivait de discuter bruyamment sur quelque point de science. Bernard écoutait en fumant sa pipe, mais sa timidité l'empêchait de se mêler à la conversation. Un jour pourtant il prit la parole ; voici dans quelle circonstance : Nicolas Vien, qui depuis est mort du typhus aux Dardanelles, soutenait qu'une tête séparée du tronc peut vivre encore quelques minutes. C'est un paradoxe que le docteur Sue a mis à la mode, et que les adversaires de la peine de mort ont répété sur tous les tons. Bernard rougit et répondit par quelques arguments sans réplique. Lisez Bichat, vous comprendrez qu'une tête coupée a sept ou huit raisons excellentes pour mourir instantanément. Vien ne voulut pas s'avouer vaincu : c'était un esprit faux, mais un raisonneur infatigable. Mais Bernard, au lieu de défendre sa thèse, prétexta une affaire et tourna les talons. C'est la seule fois qu'il se soit hasardé à parler en public.

Après un an de travaux et de fatigues au-dessus de ses forces, il fut pris d'une fièvre adynamique ou putride, si vous comprenez mieux l'ancien nom. Je le soignai comme un frère pendant deux mois, et je lui fis subir un petit traitement antiphlogistique qui est infaillible, je m'en vante. Il me témoigna beaucoup de reconnaissance, et je crois même qu'il me prit tout de bon en amitié. Mais il ne me permit jamais d'écrire à ses parents pour leur donner de ses nouvelles. Il aimait mieux, disait-il, les laisser dans une inquiétude vague que de leur apprendre le danger où il était. Enfin il entra en convalescence et fit tous les jours quelques pas dans la chambre. Nous comptions sur une surprise agréable pour le remettre tout à fait : il était porté pour a croix, et l'on attendait sa nomination d'un moment à l'autre.

Un matin, j'étais allé aux nouvelles, et j'avais

appris qu'il n'y avait rien de nouveau. En rentrant à l'hôpital, je rencontrai sur le trottoir une ombre vacillante qui semblait flotter dans des habits trop larges : c'était mon Bernard qui se traînait vers le bureau de poste. Je lui criai, du plus loin que je le vis : « Animal ! tu veux donc te tuer ! » Il sourit, fit un effort héroïque, avança de trois pas, jeta sa lettre dans la boîte et s'appuya au mur pour ne pas tomber. « Tu as raison, me dit-il, j'avais trop présumé de mes forces. » Je le rapportai dans son lit, et il y resta encore au moins quinze jours.

Il entrait dans sa deuxième convalescence quand les nominations et les promotions arrivèrent de Paris. Il y en eut sept ou huit pour le corps médical, mais le nom de Bernard n'était pas sur la liste. Cette omission fit crier tout le monde, moi surtout. Le pauvre garçon me dit avec son sourire pâle : « Oh ! je ne suis pas étonné. Je te parie que je n'aurai jamais la croix.

— Tu es absurde.
— Tu verras bien.
— Pourquoi ?
— Parce que. »

Je n'en pus jamais tirer une autre explication.

La paix se conclut, et l'hôpital de Montpellier rentra dans son état normal. Le personnel fut réduit de moitié ; nos camarades se dispersèrent dans toute la France. Bernard, qui avait repris ses joues de chérubin, fut invité à venir à Paris se mettre aux ordres du conseil de santé. Son départ m'attrista un peu et m'embarrassa beaucoup. Je lui devais trois cents francs, je ne les avais pas, et je tenais d'autant plus à les lui rendre que je l'avais soigné dans sa grande maladie. Au premier mot que je lui touchai de l'affaire, il comprit le sentiment qui me poussait, car il était plein de délicatesse. « Ne t'inquiète de rien, me dit-il ; je ne suis pas homme à refuser ton argent. Quand tu pourras me le rendre sans te gêner, tu l'enverras à Paris.

— Où? Paris est grand.

— C'est juste. Eh bien, je serai dirigé sur un régiment ou sur un hôpital, et tu auras mon adresse par *le Moniteur de l'Armée.* » Je lui fis remarquer que sa nomination pouvait se faire attendre, que mon père m'enverrait la somme avant huit jours, et que je serais heureux de m'acquitter le plus tôt possible, pour que l'argent ne fût plus en tiers dans notre amitié.

Ce fut à lui d'être embarrassé, et, dans son trouble, il me parla pour la première fois de ses affaires de famille. Il me dit qu'il allait profiter de quelques jours de congé pour se marier à Paris avec une cousine qu'il aimait. Cette union était décidée de longue date entre les parents de la jeune fille et les siens. On s'était hâté de publier les bans depuis qu'on avait appris son prochain retour. Il comptait descendre tout droit chez son oncle et attendre sa nomination dans les sept joies du mariage.

« Hé bien, lui dis-je, sois heureux, et donne-moi adresse de ton oncle : je t'écrirai chez lui. »

Il hésita de nouveau, et me dit avec un trouble toujours croissant : « Tu peux adresser ta lettre à mon nom, rue des Couvents, n° 37, faubourg du Temple. »

Je ne compris nullement la timidité qui lui faisait monter le sang au visage dans une circonstance si vulgaire. Ses moustaches naissantes étaient semées de petites gouttes de sueur. On aurait dit que le simple énoncé de l'adresse de sa future lui coûtait autant que l'aveu d'un crime.

Le lendemain, il nous embrassa tous et partit.

Mon père ne me fit pas longtemps attendre les trois cents francs que je lui avais demandés ; mais, le jour même où cette somme arrivait à Montpellier, je reçus une lettre de M. Broussais, mon illustre maître et mon meilleur ami. Il m'appelait à l'honneur de travailler sous ses yeux, au Val-de-Grâce. « Bravo! m'écriai-je en sautant de joie ; j'irai moi-même porter l'argent à Bernard ! »

II

Le docteur s'interrompit pour vider sa tasse de café et demander une cigarette. Cet homme sans défaut se permet de fumer un peu de papier blanc dans ses jours de débauche.

Son exorde ne nous avait ni attendris, ni effrayés, ni charmés, et pourtant chacun de nous éprouvait comme une émotion sourde. La précision des détails et la véracité bien connue du narrateur nous prouvaient que nous n'écoutions pas un roman fait à plaisir. Nous ne doutions point que ce Bernard aux joues roses n'eût existé, soit à la fin de l'Empire, soit en 1824, pendant la guerre d'Espagne. Mais le mystère dont il s'environnait, sa timidité, sa rougeur nous mettaient mal à notre aise. Son ancien ami nous laissa le temps de faire toutes nos conjectures sur ce personnage inquiétant. Chacun dit son mot et donna son avis :

« C'est un prince !

— C'est un scélérat !

— C'est une femme ! »

Ma sœur, qui ne méprise pas le merveilleux, car elle a fait tourner des tables et suivi un traitement homœopathique, inclinait à le prendre pour un sorcier. « Il n'était rien de ce que vous supposez, reprit le docteur en jetant sa cigarette. Aujourd'hui Bernard est chirurgien de première classe.

— Et décoré ?

— Non ; mais il a quatre enfants, une douzaine de petits-enfants, et du ventre. D'ailleurs, ce n'est pas lui qui est le héros de cette histoire ; il ne s'agit que de sa famille et de la façon dont elle m'a reçu. »

La première semaine que je passai à Paris fut prise entièrement par M. Broussais. Ce grand homme daigna me mettre au courant du service et m'apprendre en quoi je pouvais l'aider dans ses travaux. Mais le dimanche arriva, je fus libre à midi, et je pris le chemin du faubourg du Temple. La rue des Couvents, qui n'existe plus depuis l'année dernière, était peu connue et difficile à trouver. Je la demandai à trois commissionnaires du quartier avant de tomber sur le vieillard qui me l'indiqua.

C'était une rue comme on en voit beaucoup, ni bien large ni bien étroite, médiocrement pavée, un peu sale, bordée de maisons hautes et mal entretenues, telles qu'on les bâtissait il y a cent ans pour les petits bourgeois et les ouvriers.

Tous les marchands avaient fermé boutique en l'honneur de saint Dimanche. L'épicier seul restait ouvert, mais ses deux commis jouaient au volant dans la rue, sans souci des voitures qui n'y passaient presque jamais.

Lorsque j'arrivai devant le n° 37, la maison me surprit par sa physionomie antique. La porte, épaisse et renforcée de gros clous, était ornée d'un de ces marteaux que les forgerons du moyen âge contournaient capricieusement. Il n'y avait point de fenêtres au rez-de-chaussée. Celles du premier et du second figuraient de véritables *croisées* du XIV° siècle : croix de pierre taillée, armature de fer, châssis de plomb, carreaux verdâtres, plus impénétrables à l'œil que les rideaux les plus épais. Du reste, le bâtiment était en bon état, propre, et gratté depuis six mois au plus. Je frappai.

Mon coup de marteau produisit le même effet dans la rue que le premier coup de fusil de Robinson dans son île. Les passants s'arrêtèrent, les fenêtres d'en face s'ouvrirent, le volant des jeunes épiciers demeura suspendu en l'air. Moi qui savais tirer les conséquences de tous les phénomènes naturels, j'en conclus que la famille de Bernard ne recevait pas souvent des visites.

Ce qui me confirma dans cette idée, ce fut l'ouverture d'un guichet pratiqué dans l'épaisseur de la porte. Une grande et belle fille, coiffée comme une servante, montra sa figure derrière le grillage, et me demanda brusquement ce qu'il y avait pour mon service.

« M. Bernard est-il à la maison?

— Qu'est-ce que vous lui voulez?

— L'embrasser, d'abord, puis m'acquitter d'une dette envers lui.

— Comment c'est-il que vous vous appelez? »

Je dis mon nom, et la soubrette mal avenante fut métamorphosée à l'instant. « Comment, s'écria-t-elle en fermant le guichet et en tirant les verrous de la porte, c'est vous qui avez soigné notre Bernard! Entrez bien vite; ils seront tous fièrement heureux. Et moi donc! »

Jugez si je dus être surpris quand cette créature, qui avait une demi-tête de plus que moi, me prit à deux mains par le col et me baisa rustiquement sur la bouche! Je n'eus pas même le temps de m'en défendre. Cela fait, elle me traîna dans la pièce voisine, en criant d'une voix qui remplissait la maison :

« Hé! cousin! cousine! Angélique! tout le monde! En voilà, de la chance! L'ami de Bernard qui nous tombe de Montpellier! »

Une réception si peu parlementaire me transporta d'emblée à deux cents lieues de Paris. En effet, nous étions en province. La soupe fumait sur la table à une heure de relevée. Le maître de la maison ressemblait à un notaire campagnard, avec son habit noir et sa cravate blanche. La bourgeoise (passez-moi le mot) était en robe de soie puce, avec des agréments d'un goût douteux ; les rubans de son bonnet semblaient dater d'un quart de siècle. La fiancée de Bernard aurait passé en tout pays pour une beauté, mais la couturière qui l'avait endimanchée ce jour-là n'avait pas consulté la mode.

Tels qu'ils étaient, ces bonnes gens me reçurent à bras ouverts. Je me rappelle que Bernard, tout le premier, me serra contre son cœur avec une sorte de reconnaissance. « Merci ! me dit-il. Voilà une marque d'amitié que je n'oublierai jamais, quand je vivrais cent ans ! » Moi, je trouvais ma démarche bien simple, et le remerciment tout à fait inutile.

« Puisque tu as tant fait que de venir ici, poursuivit-il en me prenant par la main, je veux que tu fasses connaissance avec ma famille : tu verras que nous sommes de braves gens, malgré tout. » Personne ne m'avait jamais dit le contraire. D'ailleurs, la soupe grasse répandait dans la pièce un parfum de bonhomie qui prévenait l'odorat en faveur des habitants.

« Monsieur, me dit à son tour la fiancée, vous n'êtes pas un étranger pour nous ; il y a six mois que votre nom a pris sa place dans mes prières. »

Elle était décidément très-bien, cette petite

blonde, quoique fagotée médiocrement ; on l'eût fait faire tout exprès pour mon ami Bernard, je ne sais si l'on aurait mieux réussi. Les grands cils bruns qui voilaient à demi ses yeux bleus donnaient à son visage une expression céleste. Peut-être les pieds et les mains laissaient-ils quelque chose à désirer, mais que voulez-vous ! la *race* ne s'improvise pas ; il faut plusieurs générations.

Lorsque j'eus acquitté ma dette et conté à Bernard l'événement inespéré qui me rapprochait de lui, je pris discrètement mon tricorne, que la servante m'avait arraché des mains, et j'entamai le chapitre des adieux. Ah ! bien oui ! la fille géante avait déjà mis mon couvert. Le maître de la maison me jeta de force sur une chaise, et je sentis à son geste que la vigueur des poignets était endémique chez ces gens-là. J'eus beau jurer mes grands dieux que j'avais déjeuné au Val-de-Grâce : « Si vous vous en allez, dit le notaire de campagne, nous croirons que vous avez honte de boire un verre de vin avec nous. » Bernard, qui était assis à ma droite, ajouta tout bas : « Tu as été noble et bon, sois-le jusqu'à la fin ; n'humilie pas des pauvres diables qui sont plus à plaindre qu'à blâmer. » Je veux être pendu si je songeais à les blâmer ou à les plaindre.

« Eh bien ! répondis-je, il sera fait selon votre désir, et nous nous mettrons à table quand vous voudrez.

— Dans un instant, dit la belle Angélique, voici grand-papa qui vient. »

La porte du fond s'ouvrit, et toute la famille se leva en signe de respect. Je vis entrer un grand vieillard solennel, un vrai Burgrave. Il était borgne, mais l'œil qui lui restait m'étonna par sa vivacité.

L'âge avait courbé son dos, et cependant nous étions des nains autour de lui. Sa voix semblait sortir d'une caverne profonde. Il marchait à pas lents, comme un cortége funèbre. Sa figure, bien rasée, était d'un brun tirant sur le rouge ; ses cheveux blancs s'échappaient, en boucles vigoureuses, sous une calotte de velours noir. Il avait encore toutes ses dents. Son costume était celui de son fils.

Il nous salua tous comme un roi salue ses sujets, et il s'avança vers la place d'honneur, marquée par un grand verre de cristal rose. Bernard lui dit ce que j'étais : il me souhaita gravement la bienvenue et m'écrasa la main entre ses cinq doigts.

Toute la famille, y compris la servante, se mit à table. Les femmes murmurèrent le *Benedicite* entre leurs lèvres et firent le signe de la croix. On mangea la soupe dans un profond silence. J'eus le loisir d'examiner l'ameublement : il était plus riche que je n'avais supposé d'abord. Au-dessus d'une boiserie bien sculptée, s'étendait une tenture en cuir de Grenade, rehaussée de fleurs de lis d'or. La table nue était en vieux chêne de Hollande, comme aussi les escabeaux ; le tout d'une bonne époque et d'un travail précieux. Un lustre *rococo*, d'une rare élégance, pendait au plafond, et une pendule de Boule, évidemment authentique, sonnait les heures dans un coin. Je tournais le dos à un dressoir d'ébène massive, royalement garni ; j'y comptai du coin de l'œil huit ou dix pièces de haute orfévrerie.

Quand la soupe fut mangée, on fit passer les assiettes à la ronde. La servante les emporta et revint aussitôt avec le bouilli. Ce manége se renouvela jusqu'au dessert. Je me rappelle le menu du repas comme si cette histoire datait d'hier. Le bœuf fut suivi d'un haricot de mouton, d'un poulet rôti et d'une purée de pommes de terre. Une tarte aux poires était le seul entremets. Le dessert fut à peu près nul : nous étions au mois de mars. On ne servit qu'une espèce de vin, mais c'était un excellent cru de Bourgogne. Le notaire campagnard buvait sec, en levant le coude, et remplissait obstinément mon verre jusqu'au bord. Quand au Burgrave, il ne prenait que de l'eau.

La conversation fut difficile et entrecoupée de longs silences. On était bien aise de m'avoir, et, malgré tout, j'étais de trop. Bernard lui-même se retournait sur son escabeau comme saint Laurent sur le gril. Il insista cependant pour que je vinsse au mariage qui devait se célébrer le samedi suivant. Je refusai d'abord, et puis, soit amitié, soit curiosité, je promis. Quand la servante apporta le café, j'essayai de parler musique avec la fiancée, pour qu'il ne fût pas dit que j'étais resté muet. Je fis l'éloge de Dalayrac, de Nicolo, de Grétry. Elle répondit mollement, par la raison qu'elle ne connaissait presque rien de ces maîtres. Elle avait entendu *Joconde*, *Aladin*, *Nina*, et rien de plus. Pourtant elle était musicienne, et d'une certaine force sur le clavecin. Le Burgrave fredonna de sa grosse voix quelques romances pastorales, avec une affectation qui sentait le style de Garat. La femme du notaire campagnard me demanda si je connaissais l'abbé Potain, qui prêchait le carême à la paroisse. Sur cette question oiseuse on leva la séance, et j'éprouvai un véritable soulagement.

Au sortir de table, la belle Angélique offrit de nous montrer ses fleurs. Elle en avait une assez jolie collection en serre et sous châssis, dans un jardin enclos de hautes murailles. Je louai l'adresse et le bon goût de la jardinière ; après quoi l'on fit un tour dans les allées. Mais je découvris sur un toit du voisinage un ouvrier qui nous regardait avec une curiosité avide. Je le montrai à la compagnie en demandant ce que nous pouvions avoir de remarquable sur nos personnes. On ne me répondit rien, et l'on se hâta de rentrer dans la maison.

Le Burgrave s'aperçut que j'examinais les meubles en connaisseur :

« Venez là-haut, me dit-il, je vous ferai admirer mes joyaux. »

Dans l'escalier, il me serra la main aussi fort que la première fois, en disant :

« J'aime les docteurs, parce qu'ils n'ont pas de préjugés. Du reste, sans être docteurs, nous sommes tous un peu chirurgiens dans la famille. »

Je compris que j'avais affaire à une de ces dynasties de rebouteurs qui se transmettent de père en fils une sorte de science empirique.

Il m'introduisit dans une grande chambre au second étage de la maison. Le premier objet qui frappa mes yeux fut un portrait magnifique, signé Porbus. Je courus à ce chef-d'œuvre, et je vis dans un coin l'estampille du musée royal. Dix ou douze autres tableaux d'une valeur au moins égale avaient appartenu à des musées ou à des collections célèbres.

« Où diable avez-vous acheté tout cela? lui demandai-je assez brusquement.

— Un peu partout. J'ai trouvé des occasions comme il ne s'en rencontre plus. Ce n'est pas tous les jours 93. Le Porbus m'a coûté trois louis d'or. Le Van Ostade de droite, je l'ai payé quatorze mille livres en assignats : ils me reviennent tous les deux au même prix. Quant à ce Rembrandt, on me l'a cédé contre une mèche de cheveux ; mais c'est toute une histoire. Voici des meubles de la Renaissance : on en fait peu de cas aujourd'hui, et ils vaudront leur pesant d'or avant trente ans. Le beau est toujours beau, quoiqu'il ne soit pas toujours à la mode. Voulez-vous jeter un coup d'œil sur mes livres ? »

Il ouvrit une grande bibliothèque de marqueterie, et je vis un trésor qui ferait pâmer les frères de Bure, M. Cousin, M. Solar, M. de Sacy et tous les honnêtes gens qui ont l'amour des beaux volumes bien habillés. Oh ! les bons papiers de Hollande ! les admirables éditions ! les précieuses reliures ! les belles armoiries imprimées dans le chagrin ! Je n'étais qu'un barbare, ou plutôt, non, j'étais un demi-profane ; je n'avais des yeux que pour un Ambroise Paré de 1561, relié aux armes de Navarre, avec le chiffre de Jeanne d'Albret.

Le vieillard jeta quelques réflexions mélancoliques au travers de mon plaisir. Il s'attristait à l'idée que le mari de sa petite-fille n'aimait ni la lecture ni les livres, et qu'une collection si chère s'éparpillerait un jour dans les bibliothèques publiques dont elle était sortie un peu violemment.

Une pente naturelle l'amena bientôt à parler de

la grande époque qu'il avait traversée, et où il semblait avoir joué un rôle assez actif. Jugez si je l'écoutais de toutes mes oreilles! J'étais alors républicain (pardonnez à ma jeunesse), et je fréquentais les fous les plus exaltés. Quelle fête de causer avec un vieillard qui avait vu Robespierre, coudoyé Marat, connu personnellement tous les hommes de la révolution !

Marat le dégoûtait un peu, je l'avoue; mais il gardait précieusement un gilet jaune, le dernier que Robespierre eût porté. Il me fit toucher un mouchoir de toile marqué aux initiales de Charlotte Corday : il me donna à lire quatre lignes, écrites au crayon, de la propre main d'André Chénier.

Il parlait de toutes les victimes de la Terreur avec une impartialité frappante, sans haine et sans pitié; cependant il loua Bailly, comme un vrai savant et un vrai brave. J'essayai de l'interroger sur Condorcet.

« Quel Condorcet? répondit-il. Celui qui s'est tué dans sa prison? Je ne l'ai pas connu. »

En revanche, il se souvenait parfaitement de Lavoisier.

Sa bête noire était Danton.

« Je comprends tout, disait-il, excepté les journées de septembre. Qu'on exécute, c'est dans la nature, mais l'assassinat me fait horreur. »

Je lui serrai la main à mon tour, et je le remerciai de parler en vrai républicain.

« Moi! s'écria-t-il en riant, je ne suis pas plus républicain que votre lancette! J'ai travaillé sous tous les gouvernements, et avec honneur, j'ose le dire, car je n'ai jamais obéi qu'à la loi. »

Il était cinq heures, et ma visite commençait à tirer en longueur. Je pris congé de l'intéressant Burgrave, et je descendis faire mes adieux à ces dames qui jouaient au loto dans le salon avec la servante et Bernard.

III

Bernard m'écrivit dans la semaine pour me rappeler et ma promesse et la date de son mariage. Il tenait d'autant plus à me voir ce jour-là qu'il devait partir le lendemain pour rejoindre son nouveau régiment à Valenciennes.

Le *Post-Scriptum* de la lettre m'apprit qu'il ne se mariait pas en uniforme, et que je ferais bien d'arborer l'habit bourgeois, comme lui. Cette recommandation ne me fut pas désagréable; car j'avais un habit neuf et un beau pantalon à la cosaque, et j'étais bien aise de les montrer à Paris.

Il ne me manquait plus que la permission de M. Broussais. Je la demandai le vendredi matin après la visite. « Déjà! » s'écria-t-il en fronçant le sourcil. « Vous êtes donc un amateur comme les autres? »

Je protestai de mon zèle et je donnai mes raisons.

Il voulut savoir quel camarade j'allais marier, et, comme je n'y voyais aucun mystère, je le dis.

Au nom de Bernard, il dressa l'oreille et s'écria en homme étonné :

« Bernard de Lyon ?

— Oui, monsieur. Il a étudié ici.

— Je m'en souviens. Et où diable a-t-il pu trouver femme ?

— Je crois qu'il épouse la fille d'un ancien notaire.

— Eh bien, c'est un beau mariage pour lui. »

En ce temps-là, j'avais pour principe de défendre mes amis contre ceux même qui ne les attaquaient pas. J'étais si jeune ! Je fis l'éloge de Bernard avec une certaine emphase, et j'osai parler de lui devant mon maître comme d'un jeune chirurgien du plus grand avenir.

« C'est égal, dit M. Broussais en me tournant le dos, il ne guérira jamais autant de gens que son père en a tué. »

Je n'eus garde de relever ce propos. Je savais que le premier théoricien de notre siècle avait les empiriques en horreur.

Le lendemain, je me fis beau, et je pris un fiacre au Panthéon pour arriver dans toute ma fraîcheur ; on n'avait pas encore inventé les voitures de remise, et le fiacre était le dernier mot du luxe bourgeois. Lorsque nous fûmes à l'entrée de la rue des Couvents, je crus qu'il me faudrait sauter à terre et gagner à pied le n° 37. Il y avait un tel encombrement de piétons que les chevaux n'avançaient qu'au petit pas. Je mis la tête à la portière pour admirer cette cohue. Une vieille femme s'écria :

« C'est le marié ! »

Un gamin me fit la nique et dit tout haut à ses voisins :

« En voilà un qui a de la chance ! Il vivra longtemps ! »

Ce rassemblement de petit monde et ces exclamations de bonne augure me prouvèrent que la famille de Bernard était populaire dans les classes inférieures de la société. J'avais déjà remarqué, à la campagne, que certains rebouteurs à miracles obtenaient des succès plus bruyants que les princes de la science. Des deux côtés de la rue des Couvents, je ne vis pas une fenêtre qui ne fût envahie par les curieux. Les toits eux-mêmes en étaient surchargés. Le mariage d'un roi n'aurait pas attiré plus de peuple. On dit que nul n'est prophète dans son pays ; les voisins de mon ami le Burgrave donnaient un beau démenti au proverbe.

En approchant du n° 37, j'observai un nouveau phénomène qui me parut également digne de remarque. La foule, au lieu de s'entasser sur le seuil de la maison, se tenait à distance respectueuse. Vous auriez dit qu'une haie de soldats invisibles défendait aux curieux de se rendre importuns. Il y a mieux, je ne vis personne aux fenêtres d'en face ; les volets même étaient fermés.

Je descendis facilement de mon fiacre, et je gagnai la porte de la maison sans être coudoyé. Le marteau, le guichet, la servante firent leur devoir comme à ma première visite, et j'entrai dans un salon peuplé de géants. Ils étaient soixante environ, tant hommes que femmes, et tous de la famille, autant j'en pus juger, car ils se traitaient de cousins et cousines. Le beau sang ! Bernard, sa femme et moi, nous avions l'air de trois épagneuls de marquise dans une meute de boule-dogues. Je comptai une ou deux douzaines de gaillards qui ressemblaient à des hommes d'armes du moyen âge. Ils auraient porté sans ployer les plus lourdes cuirasses du musée d'artillerie. Du reste, leur tenue était moderne et correcte : habit noir et cravate blanche. Peut-être, cependant, avaient-ils trop de clous à leurs souliers, et la grimace qu'ils faisaient pour mettre leurs gants me permit de supposer qu'ils n'en portaient pas tous les jours.

Le Burgrave me reçut cordialement, mais il ne jugea pas à propos de me présenter à personne. Toutes les cérémonies se bornèrent à un grand salut que je fis à la foule et qu'elle me rendit en rond. Quelques invités parurent un peu surpris de voir au milieu d'eux une figure nouvelle ; mais on leur dit qui j'étais, et j'entendis circuler ces trois mots répétés à demi-voix :

« L'ami de Bernard. »

Je priai mon ami de me présenter à son père. Il accomplit cette formalité avec une émotion visible. Il me montra un sexagénaire grand et fort, de la figure la plus noble, qui s'était assis à l'écart dans un angle du salon, et qui tenait son pied dans sa main, par contenance. « Le voilà, me dit-il; c'est un homme qui a fait pour mon éducation les sacrifices les plus honorables. Il ne m'a jamais donné que de bons conseils et de beaux exemples. Toutes les fois qu'il trouve l'occasion d'obliger un malheureux, il y court. S'il y a une autre vie et que les œuvres de chacun soient mises dans la balance, mon père n'a rien à redouter de la justice de Dieu. Cause avec lui, et tu verras qu'il est aussi digne de ton estime que beaucoup d'autres. »

Bernard répondait ainsi, sans le savoir, au propos un peu vif de M. Broussais. Il me conduisit à son père, et l'accueil de ce brave homme me toucha profondément. Lorsqu'il me remercia des soins que j'avais donnés à son fils, deux grosses larmes roulaient dans ses yeux. Je lui parlai de la belle conduite que Bernard avait tenue à Montpellier, de l'amitié que ses camarades et ses chefs lui portaient tous, de l'espérance que nous avions conçue d'attacher la croix d'honneur aux rideaux de son lit.

A ce discours, les larmes du vieillard se mirent à couler lentement sur ses moustaches grises.

Sa conversation était d'un homme peu lettré, mais non d'un esprit vulgaire. On voyait qu'il avait étudié bien des choses sans autre maître que lui-même. Je le mis sur le chapitre des opérations chirurgicales. A peine s'il avait une teinture d'anatomie, et pourtant il m'attacha par le récit de faits curieux qu'il avait observés tout seul. Lorsque les voitures de la noce arrivèrent pour nous prendre, je ne me séparai pas sans regret de ce digne et intéressant vieillard.

Je montai en fiacre, moi sixième, avec des jeunes gens d'un commerce beaucoup moins agréable. Ils me fatiguèrent par l'empressement d'une politesse lourde et campagnarde. L'étui de leurs pipes mettait le nez hors de leurs poches; quelques pièces de cent sous carillonnaient impertinemment dans leur gousset; le vin blanc qu'ils avaient bu le matin débordait en plaisanteries grossières. Ils s'administraient réciproquement des coups de poing homériques pour égayer le voyage. L'un deux tira la langue à la foule et provoqua des grognements épouvantables. Certes, je n'étais pas aristocrate, mais je fus pris d'une sorte de nausée au contact de ces garçons bouchers.

Enfin, je mis pied à terre devant la porte de la mairie. La foule était drue autour du palais municipal. Il fallut traverser une double haie de curieux pour arriver à la salle des mariages, et les intrus s'y glissaient en tel nombre à la queue de la noce que je faillis être étouffé dans mon coin.

Ce fut bien pis à l'église. Les gamins grimpaient aux piliers, comme dans le premier chapitre de Notre-Dame de Paris. Si nous n'avions pas eu des chaises réservées, je ne sais pas où nous aurions pu nous asseoir. J'étais émerveillé d'une telle affluence, mais elle m'intriguait un peu. Raisonnablement, je ne pouvais pas supposer que tant de personnes, de tout âge, se fussent réunies pour admirer mon pantalon à la cosaque et mon habit neuf.

Mes réflexions prirent un autre cours, lorsque, après la bénédiction nuptiale, on nous fit entrer dans la sacristie. J'embrassai la jolie Mme Bernard sur le duvet de pêche de ses deux joues, et je pensai, comme Titus, que je n'avais pas perdu ma journée.

Dès ce moment, tout alla bien, ou du moins tout alla mieux. Le cortége de la mariée s'acheminait au petit trot vers le bois de Boulogne, et l'attention du public s'était détournée de nous. J'étais seul dans un fiacre avec le Burgrave et un grand vieillard à lunettes bleues, qui semblait être un professeur d'écriture. Le burgrave parlait peu, mais bien; l'autre ne manquait ni de faconde ni d'instruction. Il habitait la Bourgogne et s'occupait de questions archéologiques à ses moments perdus. En traversant la place de la Concorde, le Burgrave nous esquissa les changements qu'elle avait subis. Il fut assez aimable pour me la dépeindre telle qu'il l'avait vue en 93, vers la fin du mois de janvier. Le maître d'écriture nous entretint de choses moins actuelles; cependant, je me rappelle avec plaisir certaine dissertation qu'il nous fit entendre sur le véritable emplacement d'Alésia. Mes deux compagnons s'exprimaient avec l'onction paternelle et solennelle des beaux vieillards que Fénelon a mis en scène dans Télémaque. Une promenade de trois heures s'écoula comme un instant, au bruit doux et monotone de leur conversation.

Il était cinq heures du soir quand la noce descendit devant les *Vendanges de Bourgogne*, où le dîner et les violons étaient commandés. Il faut croire que toute la rue des Couvents avait appris l'heure et le lieu de cette fête de famille, car une foule décidément importune nous attendait sur le seuil du restaurant. Nous fûmes passés en revue comme des bêtes curieuses, et j'appréciai la vigueur de mes jeunes garçons bouchers, qui fendirent la presse à coups de poing sur le passage de la mariée.

Le repas était servi avec une certaine magnificence, dans la plus grande salle du premier étage. Chaque couvert était accompagné de quatre verres de diverse grandeur : luxe banal aujourd'hui, mais assez rare en ce temps-là. La place de mon ami le

Burgrave se reconnaissait à un grand fauteuil, imposant comme un trône. Les autres convives avaient leur nom écrit sur un papier. En cherchant le mien, je lus toute une série d'inscriptions bizarres : *monsieur de Paris* (c'était le père d'Angélique), *monsieur de Lyon*, *monsieur de Bordeaux*, *monsieur de Poitiers*, *monsieur de Marseille*, *mademoiselle d'Orléans*. Un autre que moi aurait pu supposer qu'il dînait avec la plus haute noblesse du pays ; mais je devinai que tous ces gens-là s'appelaient Bernard, et qu'on les distinguait par le nom de leur résidence. Mon voisin de droite était *M. de Dijon*, en qui je reconnus l'homme à lunettes bleues, l'archéologue, le maître d'écriture. J'avais à ma droite un certain *M. de Beauvais*, gros buveur, parleur inépuisable, et le plus bel esprit de la famille, car tout le monde riait à l'unisson chaque fois qu'il ouvrait la bouche.

Vous m'excuserez si je ne vous parle pas des dames ; elles étaient en petit nombre, quatorze ou quinze tout au plus, et leur conversation, non plus que leur beauté, n'avait rien de remarquable. Excepté la femme de Bernard et la grande servante qui avait un faux air de Charlotte Corday, les jeunes ressemblaient à des cuisinières, les vieilles à des loueuses de chaises, et les intermédiaires à des nourrices. Évidemment les hommes valaient mieux. *M. de Bauvais*, mon voisin de gauche, était superbe avec ses moustaches rousses Je le pris, au premier coup d'œil, pour un ancien militaire.

Le dîner fut trop long, mais parfait et correctement servi. C'est un des meilleurs repas dont il me souvienne. Je ne sais si le restaurant des *Vendanges de Bourgogne* est toujours à la hauteur de sa réputation, car je n'ai pas osé y retourner depuis la noce de Bernard. Une franche cordialité, sans excès de vin ou de paroles, anima les deux premiers services; mais au dessert, quand le vin de Champagne fit sauter ses bouchons, lorsqu'un jeune garçon eut dérobé la jarretière d'Angélique, les figures se colorèrent en rouge vif, et les hommes jetèrent plus de sel dans la conversation que je n'en aurais désiré. Mon voisin de gauche lâcha trois ou quatre mots qui auraient fait rougir tout un escadron de Cosaques, sans excepter les chevaux. On en rit à gorge déployée, et les dames ne se voilèrent point la face de leurs ailes. Quant à moi, j'étais tout aux discours de l'archéologue. Ce digne homme m'expliquait comment l'humeur de chaque nation se révèle en s'exagérant à la fin d'un repas. Il comparait le vin à une lentille de microscope qui grossit les défauts et les qualités des hommes, et, par une sorte de caricature, les rend plus saisissables à l'œil.

« Les Grecs, me disait-il, avaient le privilége de boire impunément. Ce peuple délicat ne tomba jamais dans la grossièreté des barbares, quelques excès qu'il se permît. Lorsque Alcibiade était gris, son esprit, comme son front, se couronnait de roses, et Socrate se reculait pour le faire asseoir auprès de lui. Lisez le *Banquet* de Platon. Vous me direz qu'Alexandre avait le vin terrible, et je suis bien de votre avis. La conquête de l'Asie ne m'a jamais consolé du meurtre de Clitus. Mais, cher monsieur, Alexandre n'était pas un Grec. Il s'était emparé de la Grèce, ce qui est bien différent. L'homme du Nord, le dompteur de Bucéphale, le roi demi-sauvage de Pella perçait toujours sous le fils rétrospectif de Jupiter. On lit dans le Journal de la conquête des Indes : « Tel jour Alexandre a bu ; les deux jours suivants, il « a cuvé son vin. » Jamais, monsieur, un Athénien n'eût perdu soixante-douze heures à des occupations si peu libérales. Les Spartiates eux-mêmes, qu'on nous donne pour gens grossiers, prenaient soin d'enivrer des esclaves pour inspirer aux enfants l'horreur de l'ivrognerie. »

Il passa la revue de toutes les nations anciennes et modernes, depuis les Hébreux de Moïse jusqu'aux Américains de Washington : quelques-unes des idées qu'il mit en avant me frappèrent par leur justesse autant que par leur nouveauté : « Monsieur, lui dis-je, il paraît que décidément je ne suis pas mauvais physionomiste. La première fois que j'ai eu l'honneur de me trouver avec vous, j'ai deviné un professeur. »

Il rougit modestement; mais mon voisin de gauche, ce *M. de Beauvais* qui parlait si haut, me dit en riant aux éclats : « Professeur ! professeur ! Oui, il donne des leçons, mais je ne vous conseille pas d'en prendre. Nom de nom ! ça vous coûterait plus de dix sous le cachet ! »

Toute l'assemblée éclata de rire à ce bon mot, dont le sel m'échappa entièrement. Mais trois coups frappés sur la table par la puissante main du Burgrave arrêtèrent le cours de l'hilarité publique. Il se leva, et personne n'osa rester sur sa chaise dès que le colosse fut debout. Je le vis tirer de sa poche une grande feuille de papier pliée en quatre. Il se fit un profond silence, interrompu seulement par les mots : « Chut ! Écoutez ! »

Alors le doyen de la famille, l'homme qui avait connu Robespierre et tutoyé Marat, promena doucement autour de la table le regard de son œil unique. Lorsqu'il se fut assuré de notre attention respectueuse, il toussa gravement, vida son verre d'eau, et débita, non sans une certaine affectation, les vers qu'il avait écrits pour la circonstance.

Pourquoi n'ai-je point conservé la copie qu'il m'en avait donnée ? Je vous ferais connaître tout au long un curieux modèle de poésie, sans compter l'autographe qui valait bien son prix. Ce papier s'est perdu, avec beaucoup d'autres, dans une affaire que je vous raconterai tout à l'heure. A peine si quelques vers sont demeurés en réserve dans un coin de ma mémoire. J'ai su la pièce d'un bout à l'autre, et je ne me rappelle plus que le commencement.

A DAMIS,

Le jour de son mariage avec la jeune Églé.

Cher Damis, aujourd'hui que ton bonheur commence,
D'un conseil paternel permets-moi la licence.
De ta lèvre joyeuse écarte le nectar ;
Écoute en fils soumis les leçons d'un vieillard.
Tu brûles pour Églé ; je sais qu'elle t'adore.
Demain, lorsque Phébus, sur le char de l'Aurore,
Des mortels du vallon viendra dorer le toit,
Ses yeux n'en verront point un plus heureux que toi.
Demain, quand ta moitié, palpitante et confuse,
Ira plonger ses mains dans les flots d'Aréthuse,
Les bergères ses sœurs, en la voyant rougir,
Liront dans ses doux yeux un tendre souvenir.

Mes souvenirs, à moi, ne vont pas plus loin, et peut-être suis-je le seul ici qui regrette la suite du morceau. Vous verrez mille et un exemples de ce genre de littérature dans la collection des poëtes français. Mais le nom de mon Burgrave ne s'y trouve pas.

La lecture fut interrompue cinq ou six fois par des applaudissements unanimes, dont l'auteur donnait le signal, suivant l'usage. Il y a une façon d'arrêter les alinéas, qui veut dire : « Applaudissez ! » On pleura à chaudes larmes durant toute la péroraison ; le poëte nous montrait, dans un avenir prochain, les rejetons de Bernard suspendus au sein de leur mère.

> Et buvant à longs traits, à cette source pure,
> Le respect de la loi, l'amour de la nature!

Sur cette chute admirable, le Burgrave fut entouré, fêté, embrassé, et baigné d'un torrent de larmes, où je n'apportais pas mon contingent. Ce n'était pas que je fusse resté froid ; les vers me semblaient médiocres, mais la peste du sentiment me gagnait. C'est la discrétion qui me retenait à ma place. Je servis mon compliment à part, lorsque la grande embrassade fut terminée.

Une série de toasts vint ensuite, car on ne se lassait ni de boire ni de crier. Le seul discours digne de mémoire fut celui de mon voisin l'archéologue.

« Amis, dit-il, je bois à l'âge d'or, si élégamment décrit par Ovide dans le premier livre des *Métamorphoses*. A ce siècle regretté, où l'homme, exempt de vices, contemplait, dans le miroir des fontaines, un front sans ride et sans remords! Que les temps sont changés, comme disait Racine, et comme le prouvait tout dernièrement le rapport de S. Exc. Mgr le ministre de la justice! Le nombre des vols qualifiés, des homicides, des infanticides, et même des parricides, s'accroît annuellement dans une proportion effrayante, que les poëtes eux-mêmes n'avaient pas prévue, lorsqu'ils peignirent le tableau de l'âge de fer. C'est à nous qu'il appartient de faire rétrograder l'espèce humaine vers son innocence primitive, et cela non-seulement par le châtiment des coupables, mais encore, et de préférence, par le spectacle de nos vertus! »

Minuit n'était pas loin lorsque le pousse-café, l'âge d'or, le vin chaud, le punch et la vertu nous permirent de quitter la table. Tandis qu'on s'avançait, en trébuchant un peu, vers le salon réservé pour le bal, je pris la liberté d'ouvrir une fenêtre, et je me trouvai en face de quatre ou cinq curieux qui avaient escaladé le premier étage. Notez bien que, depuis neuf heures du soir, il tombait une pluie de Bretagne. Je ne compris pas pourquoi, dans une capitale si riche en spectacles de toute sorte, on se faisait tremper jusqu'à la moelle pour regarder une noce à travers les rideaux.

Les violons ne me laissèrent pas le temps de sonder ce mystère; j'avais engagé une grosse femme pour la première contredanse, et je courus à mon devoir.

Mais au moment où j'offrais le bras à ma danseuse, *M. de Beauvais*, plus ivre que de raison, vint me barrer le passage. « Monsieur, me dit-il, savez-vous quelle est la personne avec qui vous allez danser?

— Monsieur....

— C'est ma nièce! ma propre nièce!

— Hé bien ! monsieur ?

— Si je vous demandais la permission de prendre votre place ? car enfin, les oncles ont des priviléges, que diable !

— Assurément, monsieur. Si vous désirez beaucoup.... et si madame....

— Alors, vous me laisseriez le champ libre ?

— Sans doute, monsieur.

— Mais vous ne tenez donc pas à danser avec ma nièce ?

— Pardonnez-moi.

— Si vous n'y tenez pas, c'est que vous méprisez la famille ?

— A Dieu ne plaise. Je m'estime très-heureux de l'honneur que madame me fait.

— Mais, si vous dansez avec elle, qu'est-ce que je deviendrai pendant ce temps-là ?

— Ce que vous voudrez, mon cher monsieur. Voici la deuxième figure qui commence, et je ne la laisserai point passer en conversation. »

Il s'éloigna en culbutant la moitié du quadrille, et je me crus débarrassé de lui. Mais je comptais sans l'obstination implacable du vin. Dès que l'ivrogne me vit seul, il revint à moi et me dit : « Faisons la paix. J'ai eu tort. Voulez-vous m'embrasser ? » Je n'éprouvais aucune démangeaison de lui sauter au cou. « Jeune homme, me dit-il, vous ne savez donc pas ce qu'on gagne à embrasser un gaillard comme moi? Ça prolonge la vie. Mon Dieu, oui! on en a au moins pour une minute de plus. » Ce galimatias me rompait la tête. Je me dérobai de nouveau, et je valsai avec la mariée. L'adorable enfant! Elle était pâle et fatiguée, mais sa fatigue et sa pâleur lui allaient si bien! Du reste, légère comme un oiseau. On ne valsait qu'à trois temps, à l'époque dont je vous parle. Quand la valse à deux temps s'est installée chez nous, j'ai appris le whist.

Je ne vous ennuierai point du détail de cette soirée. Sachez seulement que Bernard bâillait, que son père dormait, que *M. de Beauvais* donnait des crocs-en-jambe, que l'archéologue dissertait, que les jeunes gens levaient le pied jusqu'au lustre, et que le Burgrave, debout contre le mur, avait l'air d'une montagne qui regarde une bataille. Moi qui aimais la danse pour elle-même, je m'en donnai cordialement jusqu'à trois heures du matin.

Tout le monde se retira en même temps, et Bernard fit ses adieux à chaque membre de la famille, sauf à *M. de Lille*, qui allait être son voisin.

L'insupportable seigneur *de Beauvais* voulut absolument me ramener au Val-de-Grâce. J'eus beau dire et beau faire; il fallut en passer par là. Je comptais dormir un peu dans la voiture; vain espoir! Il parla sans relâche jusqu'au sommet du faubourg Saint-Jacques. Je ne sais plus à quel propos je lui demandai s'il avait servi? Comment donc? » répondit-il, mais je sers encore! Est-ce que j'ai l'œil d'un homme hors de service?

— Avez-vous fait la dernière campagne?

— Moi? J'ai fait plus de campagnes que pas un soldat de l'armée. Je me flatte d'avoir livré à moi seul des combats terribles, et je suis toujours resté maître du champ de bataille. »

Enfin il fut obligé de me déposer à ma porte. « Allons, me dit-il, au plaisir de ne jamais vous revoir. C'est dans votre intérêt, mon garçon. »

Un sommeil pénible termina cette petite fête que j'avais si joyeusement commencée. Le lendemain et les jours suivants, je repassai dans ma mémoire tous les incidents de la noce, et après y avoir mûrement réfléchi, je me dispensai de faire au vieux Burgrave ma visite de digestion.

IV

Bien des années après le mariage de Bernard, la cour des pairs eut à juger plusieurs hommes que j'avais fréquentés, aimés, tutoyés, et mal connus. Un horrible attentat avait été commis par des mains que je croyais loyales. La police saisit quelques correspondances : c'est alors que je jetai au feu tous mes papiers et une bonne partie de mes opinions. Personne ne songea à me poursuivre, et je fus quitte pour la peur.

Mais plus d'une fois, dans mes nuits d'insomnie, je songeai à Lally-Tollendal qui fut décapité, avec tous les égards imaginables, par un brave homme chez qui il avait dansé.

FIN.

TABLE.

Trente et Quarante.............................. Page 1
Sans dot.. 261
Les Parents de Bernard.......................... 301

FIN DE LA TABLE.

COULOMMIERS
Imprimerie PAUL BRODARD

Original en couleur
NF Z 43-120-8

www.ingramcontent.com/pod-product-compliance
Lightning Source LLC
Chambersburg PA
CBHW050806170426

43202CB00013B/2581